◎ 湖南财政经济学院学术专著资助基金资助出版

中国城市及城市群最优规模研究

Study on the Optimal Scale of Cities and Urban Agglomerations in China

◎ 张　扬 / 著

西安交通大学出版社
XI'AN JIAOTONG UNIVERSITY PRESS

图书在版编目（CIP）数据

中国城市及城市群最优规模研究 / 张扬著 .—西安：西安交通大学出版社，2022.10

ISBN 978-7-5693-1889-0

Ⅰ. ①中… Ⅱ. ①张… Ⅲ. ①城市群－规模－最佳化－研究－中国 Ⅳ. ①F299.2

中国版本图书馆 CIP 数据核字（2020）第 238825 号

书　　名　中国城市及城市群最优规模研究
　　　　　ZHONGGUO CHENGSHI JI CHENGSHIQUN ZUIYOU GUIMO YANJIU
著　　者　张　扬
责任编辑　张瑞娟
责任校对　于睿哲

出版发行　西安交通大学出版社
　　　　　（西安市兴庆南路 1 号　邮政编码 710048）
网　　址　http://www.xjtupress.com
电　　话　（029）82668357　82667874（发行中心）
　　　　　（029）82668315（总编办）
传　　真　（029）82668280
印　　刷　湖南省众鑫印务有限公司

开　　本　710mm×1000mm　1/16　印张　16.5　字数　242 千字
版次印次　2022 年 10 月第 1 版　2022 年 10 月第 1 次印刷
书　　号　ISBN 978-7-5693-1889-0
定　　价　98.00 元

张　扬　1987年4月生，湖南省衡南县人，湖南大学与奥克兰大学联合培养博士，任教于湖南财政经济学院。主要研究领域为城市规模、中心城市与城市群、城乡融合等。在国内外期刊上发表学术论文十几篇，参与国家级、省级课题多项，多次获得学院及学校教学比赛奖项。

前 言

改革开放以来，我国经济社会的发展带动我国城市高速发展。一定程度上，城镇化状况反映了我国经济社会的巨大变革。然而，城市与城市群规模的不断扩大也产生了一些显著的负面效应，例如外来人口的大量流入与本地人口的过快增长会使就业压力增大，住房刚性需求增加，交通拥堵加剧，教育、医疗与养老等社会服务与保障供给不足，不利于城市经济的可持续发展，也加剧了人民日益增长的美好生活需要和不平衡不充分的发展之间的矛盾。可以说，城市与城市群规模并不是越大越好，而城市与城市群规模过小又不利于发展集聚经济，不能提供较高层次的消费、就业，以及公共服务，也不利于形成增长极，拉动区域经济的发展。因此，研究最优城市与城市群的规模问题，具有深远的理论意义和实际意义。本书将从以下几方面展开对比研究：

（1）通过梳理国内外学者的相关研究，本书根据一般均衡分析构建了城市用地规模的可计算一般均衡模型，对我国四大直辖市的最优建设用地结构及其变化进行模拟。以重庆市为例，通过分析可知：2015年，在国民经济各部门实现一般均衡的前提下，要逐渐提高商服用地供给比例，同时要大幅降低工矿仓储用地供给；在预期重庆市 GDP 增长6.5% 的情况下，要提高交通运输用地的供给比例，大幅增加公共管理与公共服务用地供给比例；在预期土地价格上涨20%、劳动力总量增加20% 与平均工资上涨10% 的情况下，模型给出的模拟结构较为稳健，与最优结构一致，即大幅提高商服用地供给比例。

（2）本书借鉴供给导向动态分析模型，利用2007—2016年面板数据对我国地级及地级以上城市的最优用地规模进行了估计与判断。研究表明：我国用地规模过大的城市较多地分布在中西部地区，我国直辖市、省会城市、自治区首府与计划单列市中用地规模过大的城市相对最少。

（3）本书根据 Henry George 定理（Henry George Theorem，HGT）提出了两个假设：第一，我国地级及地级以上城市都存在显著的城市集聚经济；第二，我国城市人口规模与最优值的偏离程度在同一级别中不会有太大差异，但是不同级别城市的这种差异显著。通过构建模型进行测算，本书验证了这两个假设是基本成立的，而我国广大中西部城市呈现集聚不经济状态。

（4）本书结合我国城市用地规模与人口规模进行了关联分析，结论表明：2007—2016年我国城市用地规模与人口规模的确存在显著的相关关系。本书发现，通过引入协调度模型，2007—2016年我国有超过2/3的直辖市、省会城市、自治区首府及计划单列市的用地规模与人口规模达到或基本达到协调程度；有近2/3的广大中西部地区的城市用地规模与人口规模发展不协调，值得各级决策者关注。同时，2007—2016年我国城市经济规模与人口规模协调程度较低。

（5）本书依据国家出台的相关规划选取了京津冀、粤港澳大湾区、长江三角洲等11个城市群，从环境、经济、社会3个维度构建指标体系，运用熵值法与主成分分析法估计各城市集聚效应与拥挤效应，从而分析城市群的最优规模。研究发现，我国哈长、北部湾、关中平原、成渝、京津冀等5个城市群发展状况良好、城市效率较高，但仍然存在进一步发展的空间，因此尚未达到最优规模。

本书的出版得到了湖南财政经济学院学术专著资助基金的支持，在此深表感谢。同时，湖南大学的陈紫烨与湖南财政经济学院的刘磊、唐梦娇、谭美玉、邹子薇、张紫昱、曾瑾（排名不分先后）合作编写了本书第7章“中国城市群最优规模分析”，具体分工如下：张紫昱负责章节7.1；曾瑾负责章节7.2.1至7.2.2；刘磊和唐梦娇负责章节7.2.3；谭美玉和邹子薇负责章节7.2.4；陈紫烨负责第7章的总体检查与修订。她们的工作认真细致，在此表示感谢！

张　扬

2020年5月

目　录

第1章 绪 论

1.1 选题背景与选题意义

1.1.1 选题背景

城镇化是近年来我国经济与社会的一个热点问题。城镇化的健康发展关系着经济的发展、社会的稳定与人民生活水平的不断提高，因此引起了党中央与国务院的高度关注。2013年举行的中央城镇化工作会议明确指出：城镇化是现代化的必由之路，是解决农业、农村、农民问题的重要途径，是推动区域协调发展的有力支撑，是扩大内需和促进产业升级的重要抓手，对全面建成小康社会、加快推进社会主义现代化具有重大现实意义和深远历史意义。2014年全国地方两会的政府工作报告共提及“新型城镇化”102次，可见城镇化问题引起了社会各界的广泛重视。目前，我国已进入全面建设小康社会的决定性阶段，也处于城镇化深入发展的关键时期。2017年，以城市群为主体构建大中小城市和小城镇协调发展的城镇格局的理念被提出。全党、全社会对新型城镇化以及城市与城市群的发展问题给予了越来越多的关注。

城市与城市群是城镇化的重要载体，城市与城市群的健康有序发展关系着新型城镇化的顺利推进。从企业的角度来看，城市与城市群集聚可以使企业充分接近市场，平摊厂房、水电、交通运输等基础设施成本，有效利用信息、金融与网络，享受知识与技术外溢等正的外部性，实现规模经济，不断降低各种交易成本与生产成本；从居民的角度来看，相对于农村居民，城市居民可以购买到更加多样化的产品与服务，享受更加健全与高质量的教育、医疗与卫生服务，获取更多的就业机会等。因此，自改革开放以来，伴随着市场经济的繁荣、交通运输条件的改善、户籍管制的放松、城乡收入与生活水平的差距显著加大，城市吸引了人口的不断流入，城市人口规模不断扩大。图1.1反映了2007—2016年中国城乡人口的数量变化。

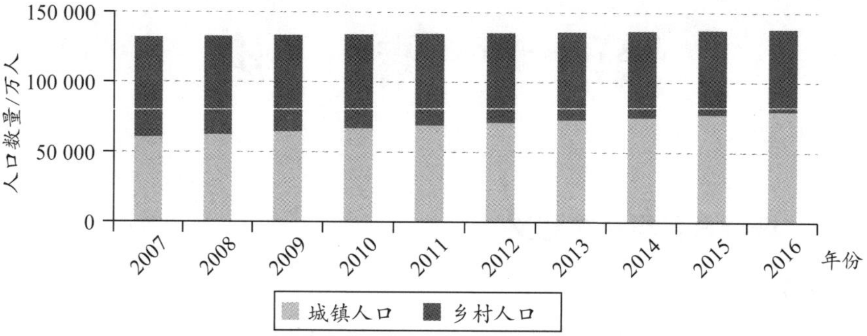

图1.1　2007—2016年中国城乡人口数量变化

数据来源：历年中国统计年鉴。

图1.1显示，我国2007—2016年的城乡人口相对变化趋势比较明显。伴随城镇化的发展，大量乡村人口涌入城市就业转变为城镇人口，因此近年来乡村人口不断减少，城镇人口不断增加。值得一提的是，从2011年开始，我国城镇人口开始超过乡村人口。城市人口规模的不断扩大也快速提高了我国的城镇化率，2007—2016年我国城镇化率由45.89% 上升至57.35%。这种趋势从2015年开始有所减缓。然而，与一些发达国家和地区90% 的城镇化率相比，中国的城镇化水平相对还较低。城市群是我国人口密度最高、产业竞争力最强、创新要素最集聚、经济效率最优的地区。我国应以城市群为主体构建大中小城市和小城镇协调发展的城镇格局，加快农业转移人口市民化。以疏解北京非首都功能为"牛鼻子"推动京津冀协同发展，高起点规划、高标准建设雄安新区。目前，"十三五"规划纲要中明确的19个城市群，容纳了我国78% 的人口，贡献了超过80% 的国内生产总值。其中，京津冀、长三角、珠三角、成渝、长江中游等城市群以10.4% 的国土面积，集聚了近40% 的人口，创造了超过一半的

国内生产总值。

在我国城镇化的快速发展过程中，城市规模划分标准也在不断发生改变。1955年我国发布的《关于当前城市建设工作的情况和几个问题的报告》首次提出了大中小城市的划分标准，即“五十万人口以上为大城市，五十万人口以下、二十万人口以上为中等城市，二十万人口以下的为小城市”。此后直到1980年我国颁布的《城市规划定额指标暂行规定》才对城市规模划定标准进行了调整，重点将城市人口100万人以上的城市命名为特大城市。然而伴随经济的发展与城镇化的快速推进、外来人口的大量流入与本地人口的高速增长，我国城市的规模与数量也发生了较大的改变，以往的城市规模划定标准已经跟不上时代发展的步伐。因此，针对我国城市人口规模普遍显著扩大的实际情况，2014年国务院对城市规模划分标准进行了修改，以城区常住人口为统计口径，将城市划分为五类七档。城区常住人口50万以下的城市为小城市，其中常住人口20万以上、50万以下的城市为Ⅰ型小城市，常住人口20万以下的城市为Ⅱ型小城市；城区常住人口50万以上、100万以下的城市为中等城市；城区常住人口100万以上、500万以下的城市为大城市，其中常住人口300万以上、500万以下的城市为Ⅰ型大城市，常住人口100万以上、300万以下的城市为Ⅱ型大城市；城区常住人口500万以上、1 000万以下的城市为特大城市；城区常住人口1 000万以上的城市为超大城市。但是，《中国统计年鉴2016》显示，2016年我国地级及地级以上的297个城市中，市辖区年末总人口为400万以上的城市达到了17个；市辖区年末总人口为200万~400万之间的城市达到了43个；市辖区年末总人口为100万~200万之间的城市更是达到了96个。按照现有的分类标准，2016年我国Ⅱ型大城市居然有将近100个，这个现象值得引起社会与学界的关注与思考。

与此同时，根据国内外政府与社会对城市规模的划定标准可知，人们一般是以人口规模衡量城市与城市群规模。从另外一个角度来看，城市与城市群的空间规模－用地规模也是衡量城市与城市群规模的一个重要指标。土地是一切经济与社会活动的物质载体。用地规模的大小是经济社会体量的直观体现，在一定程度上代表了劳动力的丰富程度与市场规模，反映了一个地区经济社会的发展程度，对提升城市与城市群的形象与影响力也有重要作用，是各级政府制定政策、企业进行投资决策的重要参考指标。衡量城市与城市群用地规模的指标包括建成区面积、城市建设用地面积与市辖区面积等。其中建成区面积是指城市行政区内已经实际成片开发建设、市政公用设施和公共设施基本具备的区域面积；城市建设用地面积指城市内的居住用地、公共管理与公共服务设施用地、商业服务业设施用地、工业用地、物流仓储用地、道路交通设施用地、公用设施用地、绿地与广场用地等的面积总和；市辖区面积包括所有城区用地面积，不包括辖县和辖市用地面积。可以看出，建成区面积主要是指城市区域内发展较为成熟、城市化比较明显的总用地面积，是城市区域的直观体现。城市建设用地依据土地利用现状对用地类型进行了细分，更加精确具体地反映了不同种类的生活与生产活动所占用的用地面积。市辖区面积重点规定了测度的范围是一个完整的城市区域，并不包括经济与地域联系并不紧密的下辖的县及县级市。因此，如果单独考虑某个地级城市的用地规模问题，市辖区面积无疑是一个合适的指标。

经济的发展必然带来产业的扩张与人口的增加，这无疑会增加对城市内部及城市周边地区的用地需求。因此，伴随着城市与城市群人口的显著增加，城市与城市群用地规模也必然相应扩大。与此同时，在承接东部沿海产业转移的浪潮下，广大中西部地区的城市通过改善基础设施，在高铁站、城市近郊等区域新建了大量的开发区与城市新区，吸引东部沿海产业投资与承接产业转移；人口的增加与对城市发展的预期也刺激了房地产与相关行业的发展，增加了用地需求。城市规模在一定程度上反映了城市劳动力储备与市场规模，是经济实力的体现，有利于提高城市影响力，在招商引资过程当中对企业也具备一定的吸引力。城市与城市群用地规模的扩大增加了对城市建设用地的需求，在一定程度上加快了土地征收与流转，其所带来的巨大经济利益不断刺激着地方各级政府掀起扩城和造城的运动。一些城市热衷于拉开城市框架，打造名目繁多的开发区与城市新区。因此，在经济发展的过程当中容易激发地方政府扩大城市用地规模的热情，造成城市用地规模超过合理程度，土地集约利用程度降低，人口密度不断下降，出现大量“鬼城”与“空城”。这不但造成了土地资源的浪费，也加剧了地方政府的债务负担与违约风险。国务院有关部门的数据显示，据不完全统计，截至2016年5月，全国县以上新城新区超过3 500个。同时，本书根据中国统计年鉴的数据计算发现，2016年我国地级及地级以上城市市辖区合计面积已经达到54 331平方公里，相比于2007年增长了53.17%，增长幅度非常大，值得引起广泛重视。2018年2月，国家发展与改革委员会也发布相关通知，要求加强审核地方政府付费类公共私营合作制（Public Private Partnership，PPP）项目，严禁采用PPP模式违法违规或变相举债融资，在城镇化快速发展过程中严控政府融资风险。

无论是从人口还是从用地的角度来看，城市与城市群规模的快速扩张所带来的负面效应都非常明显：

（1）外来人口的大量流入与本地人口的过快增长会引发就业压力增大，住房刚性需求增加，交通拥堵加剧，教育、医疗与养老等社会服务与保障供给不足等问题，不利于城市经济的可持续发展，也加剧了人民日益增长的美好生活需要和不平衡不充分的发展之间的矛盾。

（2）城市与城市群用地规模的扩张导致大量的耕地转变为城镇建设用地，而农村青壮年涌入城市也使得农村劳动力不断减少，这两点都直接导致耕地红线面临突破，威胁我国粮食安全。同时，劳动力的转移也容易引发“农村空心化”问题，造成土地资源浪费，以及孤寡老人与留守儿童缺少关爱与社会救助缺失等社会问题。

（3）地方政府需要承担土地一级市场中高额的土地征收、拆迁、安置、与配套设施等费用，且房地产市场与土地市场价格的剧烈波动会给地方政府债务带来巨大风险，有可能增加因为无法完全收回征收、拆迁等成本而产生的债务负担。

（4）城市过度扩张所产生的严重污染与能源消耗也使生态环境进一步恶化，对绿水青山的保护压力持续加大。

与此同时，由于存在门槛效应，城市与城市群规模也不是越小越好。根据中心地理论，由于提供的商品和服务的种类存在不同的等级，因此不同等级的中心地形成了。高级别中心地涵盖低级别的中心地，能为居民提供多种多样的商品与服务。但是由于高级别的商品和服务的需求门槛较高，换言之，需要较多的居民消费才能支撑其发展，因此高级别的中心地数量较少，且服务半径较大。从这个角度出发，高级别中心地代表规模较大的城市，由于其所辖人口众多，所形成的需求能支撑较高等级的商品与服务，比如较高等级的医院、学校，规模较大、商品较丰富的大型商场，较高级别的机场、火车站等。而这些层次较高的商品与服务反过来又能提高当地居民的生活水平，而较高层次的产业发展也增加了当地居民的就业机会，形成有利于创新创业的良好氛围，综合来看有利于提高全社会的福利水平。因此，城市与城市群规模并不是越大越好：城市与城市群规模过大不利于居民生活水平的提高，不利于资源与环境的节约与保护，不利于经济、社会与环境的可持续发展；同时，城市与城市群规模也不是越小越好，一定的城市与城市群规模才能提供较高层次的消费、公共服务、就业及社会福利，才能满足人民日益增长的改善生活品质的需要，才能实施创新驱动，推动经济的高质量发展。因此，必然存在一个最优的城市与城市群规模水平或者区间，在其发展的过程中对所产生的效益与成本进行平衡。

（1）研究城市与城市群最优规模问题，对于完善土地经济学、城市经济学与区域经济学的相关领域具有重要的理论意义；对于深入推动新型城镇化，加快产业结构转型升级，促进经济高质量发展，更好地满足人民在经济、政治、文化、社会、生态等方面日益增长的需要，都具有深远的影响和实际的意义。与此同时，通过对国内外文献进行梳理可知，国内外学者普遍从人口角度研究最优城市与城市群规模，而人口规模只是城市与城市群规模的一个组成部分，城市与城市群规模是一个综合体系，包含人口规模、空间规模、用地规模以及经济规模、经济总量，其中用地规模是城市与城市群规模的物质体现与直观表现。因此本书创新性地从用地规模角度研究我国城市与城市群的最优规模问题。

（2）无论是对城市与城市群人口规模还是对用地规模进行分析，国内外学者都停留在研究一个总体的最优规模水平。本书根据土地利用现状分类，利用可计算一般均衡（Computable General Equilibrium，CGE）模型，可以更加深入具体地对以直辖市为例的工矿仓储用地、交通运输用地、住宅用地、商服用地、公共管理与公共服务用地等几种城镇建设用地比例及结构变动进行较为精准的分析。

（3）本书将研究对象扩展到我国所有地级及地级以上城市，引入国际上比较成熟，但在我国尚未得到充分应用的供给导向动态分析（Supply-Oriented Dynamic Approach，SOUDY）模型，对我国地级及地级以上城市的最优用地规模进行总体研究，并且运用Henry George定理对我国地级及地级以上城市最优人口规模进行对比研究。

（4）结合我国城市用地规模、人口规模与经济规模进行关联分析，期待通过一个更全面的视角、更完整的体系对我国城市与城市群的最优规模进行研究。

（5）依据国家出台的相关规划选取城市群，从环境、经济、社会3个维度构建指标体系，估计各城市的集聚效应与拥挤效应，从而分析城市群的最优规模。

1.1.2 选题意义

在深入贯彻习近平系列重要讲话精神和治国理政新理念、新思想与新战略下，在深入推进新型城镇化，实现经济社会高质量发展的过程中，根据西方经济学、城市经济学与土地经济学等学科理论，研究城市与城市群最优用地规模问题，促进城市与城市群的社会、经济、环境的和谐统一，促进城市与城市群经济又好又快发展，既具有重要的理论意义，又具有重要的实践意义。

（1）理论意义。首先，以往学者大部分从局部均衡的角度出发，运用微观经济学成本－收益分析模式或者单中心城市模型，构建城市生产函数，通过最优化求解城市最优规模。本书的研究是从一般均衡分析这一视角，综合考虑我国三大产业中各个行业的投入产出关联、居民要素供给及居民消费与政府购买所形成的需求等因素，根据瓦尔拉斯的一般均衡理论，深入研究城市最优的建设用地比例与规模，以期丰富城市经济学与土地经济学的相关理论。其次，以往的研究大部分停留在城市最优规模总量这个层面，并没有具体探讨城市发展过程中城镇建设用地的结构变动问题，即城市经济社会发展过程对工矿仓储用地、交通运输用地、住宅用地、商服用地、公共管理与公共服务用地等几种城镇建设用地结构变动的精确影响。本书的研究目的最终落实到促进城市健康和谐发展的各项相关政策建议上，研究结论也是建立在各种类型产业用地规模比例能够得到精确估算的基础上，能够加强城市经济学、产业经济学和土地经济学在城市规模研究领域的有机融合。

（2）实践意义。首先，基于一般均衡分析所得出的城市最优规模能从不同角度为城市可持续发展与新型城镇化建设提供重要的实践启示，也能为国土资源部门定量研究与估算各种产业用地的规模大小提供依据。其次，基于SOUDY 模型与 Henry George 定理等科学方法分别测算我国地级及地级以上城市的最优用地规模与最优人口规模，并进行实证研究，能够从直辖市与普通地级市的用地规模与人口规模两个层面，更加系统、更加综合地为我国城市规划与建设各相关部门提供判断依据与实践指导。

1.2 城市最优规模与一般均衡分析文献综述

由于拥有更多的就业机会、更丰富的商品与服务以及更好的医疗与教育等社会基础设施，城市集中了现今世界的大部分人口。这个现象已经引起了许多城市经济学家、政府官员和地理学家的兴趣。数十年来，广大学者不断地对城市的形成问题进行研究与探讨。学者通常运用外部效应理论解释城市的形成。外部效应是指对其他人的福利产生了一种积极或者负面的效应，但是得不到相应补助或其他人不会承担相应的成本。居民、企业和公共部门集聚在一起能产生积极的外部效应并从中获益。具体来看，从产业层面来考虑，劳动力市场、交通基础设施、金融服务等生产性服务业集群能够产生正的外部性，可以降低企业的生产成本，提高企业的生产效率与创新能力。同时，新企业的迁入可能会对原来的企业产生积极的生产性或非生产性影响，比如知识、技术和信息溢出等。因此，正外部性与产业集聚之间为协同增长关系。另外，规模经济被认为是经济活动集聚的另一个原因。规模经济是指规模的增加所带来的企业单位成本的降低，包括三种类型：工厂规模经济是指企业采取专业化分工与适合规模生产的专业设备，提高生产效率，平摊产品成本，从而不断降低生产成本；企业规模经济是指大规模的采购和销售、研发成本分摊，以及学习效应等带来的成本节约；范围经济是指企业对生产要素的共同使用与优化重组，或者利用某一方面的优势，生产和销售多种产品而降低采购、销售与管理等方面的费用。为了获得规模经济，企业通过建造更多的工厂和雇佣更多的工人来扩大生产规模，引发了经济活动的进一步集聚。

因此，根据微观经济学理论，外部效应和规模经济的存在导致了不同类型的城市的形成。然而在现实世界中，城市形成的原因要复杂得多，还需要考虑历史、地理和政治等重要因素，比如沿海地区和交通枢纽形成了贸易型城市与加工工业型城市。但总体来说，地形地貌、水文与气候条件、区位条件等都影响着城市的形成与发展。城市的形成可以用图1.2来说明。

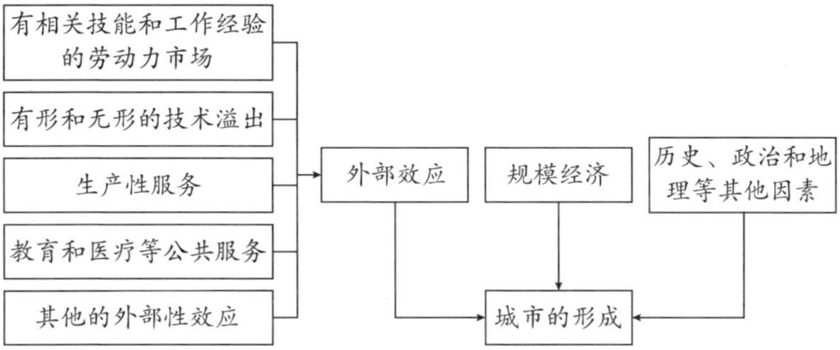

图1.2　城市形成的影响因素

城市的兴起伴随着人类文明的进步与发展，它在促进产业发展、居民就业与创新能力提高等方面发挥了巨大作用。城市集中了绝大部分的劳动力、资金与技术，成为世界各国与地区发展的重要支撑，尤其是我国高速化、大规模的城镇化进程有效地拉动了我国经济的增长。然而，伴随着城市的快速发展与城市规模的不断扩大，市场机制的扭曲和资源的过度使用导致了城市规模不经济现象越来越严重，具体包括交通拥堵与环境污染程度加剧、房价上涨过快、就业压力持续加大与资源过度浪费等，城市过度集聚产生的负面效应在一定程度上抵消了集聚所带来的收益。因此，关于城市规模产生了两个重要的问题：首先，众多经济学家对城市最优规模是否存在态度不一；其次，如果存在一个城市最优规模水平，如何定义与衡量城市最优规模也是一个值得探讨的问题。

有鉴于此，本节将对城市最优规模理论与实证研究进行梳理评论，试图阐述与总结城市最优规模的理论渊源与发展轨迹。本节的安排如下：

（1）讨论如何从微观经济学和城市经济学角度来分析城市最优规模问题，包括四个部分：基于成本－收益模型的城市最优规模的相关研究与应用；基于单中心城市模型与城市经济学的城市最优规模的相关研究与应用；基于 Henry George 定理的城市最优规模的相关研究与应用；基于 SOUDY 模型的城市最优规模的相关研究与应用。

（2）介绍一般均衡分析与 CGE 模型的相关研究。本节第三部分为文献评述。

1.2.1 城市最优规模研究

1.2.1.1 基于成本－收益模型的城市最优规模研究

1. 国外研究

20世纪50年代，城市最优规模问题引起了学术界的重视，中心地理论提供了关于该问题的第一个理论框架，学者开始从经济地理学的视角考虑最优或合适的城市规模。中心地理论试图解释城市的形成与城市体系。在一些简单的假设条件下，中心地理论认为城市体系中不同等级的城市提供不同的商品和服务，因此形成了层层嵌套的各级中心地。但是因为缺乏严格的经济学理论，中心地理论具有一定的局限性，并且它只是从整体的角度，根据城市承载的职能定位来划分不同规模的城市，并没有对单个城市的最优规模进行详细的研究。之后学者开始运用微观经济学的成本－收益模型来分析城市规模问题，其核心思想是分析城市规模变化所产生的成本与收益，构建城市生产函数或者居民效用函数，通过收益最大化或者居民效用最大化来确定城市最优规模。

阿朗索（Alonso）[1] 等学者较早地对城市最优规模问题进行了研究，通过构建类似微观经济学中生产曲线的城市收益曲线与成本曲线，提出基于成本－收益分析框架的集聚经济理论。他们指出，伴随城市的不断发展，城市集聚边际效益不断下降而城市集聚边际成本不断上升，因此城市集聚产生的边际效益与边际成本相同时，城市规模达到最优状态。在这个临界点上或者附近，可以实现城市最佳的综合效益。研究表明，从经济增长和生产率的角度来看，以往学者认为规模过大的一些城市其实并没有超过其最优规模的最大值。巴尔（Barr）[2] 认为城市是一个连续的市场区域，并且较早地定义了城市发展带来的收益与成本。他指出，城市发展的成本包括交通设施建设费用、相对于乡村来说更高的地租、拥挤的社区等；但是城市发展也带来一定的收益，比如更高的工资、更好的公共服务以及社会临近性带来的好处。理查德森（Richardson）[3] 认为对于目前的居民来说，当平均收益与平均成本之间的差距达到最大时的城市规模是最优的；对于未来的居民来说，边际效益与边际成本相同时的城市规模达到最优状态。埃文斯（Evans）[4] 运用内部生产成本进行分析，认为城市达到最优规模时的成本最低。

此后，城市最优规模的研究不断被拓展与深化，研究方法和研究角度也更广泛。同时，之前简单的成本－收益分析也受到了质疑。亨德森（Henderson）[5] 通过分析指出：使居民实现潜在福利最大化的城市规模更加符合实际情况，因为城市规模的最优水平在一定程度上与社会福利相关，仅仅从经济学的角度出发研究是不够的。事实上，居民生活质量并不必然伴随经济增长而得到提高，所以城市最优规模的简单成本－收益分析是存在缺陷的；居民潜在福利最大化、土地产出率与规模经济收益率都对城市最优规模有重要影响。盖茨（Getz）[6] 从交通拥挤、犯罪、空气污染等方面定义福利损失，通过分析发现，福利损失与城市最优规模有密切联系，并提出市场不能自发地调节资源配置，形成城市最优规模，因此需要政府制定政策进行干预。安东尼（Anthony）和罗伯特（Robert）[7] 进一步分析了阿朗索（Alonso）的收益模型。他们认为城市实际规模取决于城市平均收益和城市平均成本相等的均衡点，而城市最优规模取决于城市边际收益和城市边际成本相等的均衡点，城市实际规模均衡点在城市最优规模均衡点的右侧，是被相关曲线的形状与位置所影响的。

由于城市经济是一个复杂的综合体系，简单地构建城市生产函数，通过总成本与总收益、边际成本与边际收益来进行最优化，从而求解城市最优规模存在诸多不足，从成本－收益视角切入分析的研究成果不断减少。日本学者水谷文利（Fumitoshi Mizutani）等[8]认为总收益与总成本之间的差异达到最大时城市规模是最优的，其中总成本是指包括环境污染在内的社会成本。他们通过计量经济学分析指出，城市最优规模会随着其承担的功能变化而变化。罗伯特•卡马尼（Roberto Camagni）等[9]放弃了边际成本与边际收益相等时所有城市达到统一的最优规模这个假设条件，假设不同的城市对应不同的成本与生产曲线，能实现不同的最优规模。他们建立了基于传统城市经济学与考虑环境质量、城市类型和城际网络联系等因素的成本－收益模型，并对59个欧洲城市进行了实证研究，指出实际城市规模与城市最优规模之间的差异可以通过政府管理效率来解释，由此提出了如何提高城市规划能力的相关政策建议。

2. 国内研究

国内学者从成本－收益角度对城市最优规模问题的研究起步较晚。王小鲁和夏小林[10]以Cobb-Douglas生产函数为基础，分析了城市规模与城市收益之间的非线性关系。同时，他们从居民与政府的角度定义了城市总成本，通过实证研究，分析了不同规模的城市规模净收益，研究发现城市最优人口规模处于100万~400万之间。他们发现，达到城市最优规模之前城市规模净收益不断增加，超过最优规模之后城市规模净收益不断下降。他们通过对比发现，目前我国没有城市处于最优规模区间。陈伟民、蒋华园[11]对我国城市的成本与收益进行了分析，指出城市规模净收益最大时的城市人口为100万~400万人之间。俞燕山[12]利用数据包络分析（Date Envelopment Analysis，DEA）方法分析了我国不同规模城市的资本、土地与劳动力等投入要素，发现人口规模与城市经济效益呈正相关关系，人口超过5万人后城市经济效益明显提高，但是100万人以内的城市之间并没有明显的差距。他提出要对较小规模的城市给予更多的重视。张宪平与石涛[13]也从城市效益角度出发进行研究，认为由于缺乏对社会福利变动、人文因素与城市系统效率的精准分析，城市规模与城市效益的正相关性并不明显。金相郁[14]运用成本－收益理论与阿朗索的模型，假设人均公共成本为抛物线式的，分析了北京市、上海市与天津市等三大直辖市的最优人口规模，得出结论：如果根据集聚经济大小来测度城市规模最优程度，那么北京市、上海市与天津市的城市最优规模分别为1 251.714万人、1 795.516万人与951.311万人；如果以最小成本进行定义，则北京市、上海市与天津市的城市最优规模分别为801.452万人、2 123.078万人与1 126.208万人。

宋戈、李静[15]从用地规模角度出发，运用成本－收益模型研究指出，城市经济效益最大时的城市用地规模为最优用地规模，并且对黑龙江省大庆市的城市用地规模合理性进行了实证分析，通过计算空间扩展度指出：大庆市城市适度规模比城市实际用地规模小。林目轩、何琼峰等[16]学者运用城市规模动态演进模型进行分析，认为目前长沙市城市人口规模已经超过了最优值，如果将污染治理成本计入城市集聚产生的总成本，城市净收益将会更低；通过对长沙市城市最优人口规模进行实证研究发现，在考虑污染治理费用的情况下长沙市城市最优规模是137.34万人，在未考虑污染治理费用的情况下长沙市城市最优规模有所增大，达到了158.32万人。他们研究发现，长沙市城市净收益处于递减阶段，因此必须降低城市污染治理成本，实现城市净收益持续增长。张自然[17]根据我国1990—2011年的地级及地级以上城市的数据，利用成本－收益理论对我国城市的最优规模与最大规模进行了研究，结论显示，在考虑规模收益与外部成本的情况下，556万~614万人为我国城市最优人口规模区间。

3．研究评述

综上所述，国内外学者运用微观经济学的成本－收益理论对城市最优规模问题进行了大量有价值的研究，取得了许多具有借鉴意义的成果。然而，城市是一个综合体系，不同的城市具有不同的历史、政治和地理背景，无法通过模型与定量方法分析城市最优规模的所有影响因素，比如生态环境、居民幸福感、行政效率、城市管理等因素很难被量化。单纯从经济维度对城市规模进行分析难以全面衡量城市规模在多维评价体系下的最优程度，运用成本－收益理论得出的城市最优规模也仅仅是经济层面上的最优规模。此外，由于分析视角、分析方法与采用的变量不同，学者们所提出的城市最优规模也不尽相同。最后，城市不是孤立发展的，需要从分工合作的角度考虑城市之间的相互影响与相互作用。

1.2.1.2　基于单中心城市模型与城市经济学的城市最优规模研究

1. 国外研究

运用成本－收益理论探讨城市的最优规模问题更多是停留在城市发展的总体与表面，所以更多的学者开始从城市发展的影响因素与过程着手，基于单中心城市模型，考虑外部性、集聚经济、土地租金与交通成本等因素对城市最优规模的影响。

胡佛（Hoover）[18] 从两个角度，即本地化经济（economies of localization）与城市化经济（economies of urbanization）分析了城市的外部性。其中本地化经济是指企业享受到的行业内部的外部性；城市化经济是指企业享受到的行业外部的外部性，比如基础设施与劳动力等。本地化经济与城市化经济逐渐成为城市经济学的核心理论，被广泛地运用。与马歇尔（Marshall）的观点不同，雅各布斯（Jacobs）[19,20] 从规模经济的角度出发，认为一个城市产业的多样化有利于城市经济发展，因为产业之间的联系会使得产业集聚在一起，从而平摊各种成本，消费者与企业的距离近也会降低运输成本。米尔斯（Mills）[21] 假设生产函数规模报酬是不变的，通过分析可以知道不变的规模报酬可以大幅度降低生产规模，因此劳动力的集聚程度较低，地价也不会因此而上涨，单中心城市模型中的运输成本对城市规模的影响并不重要。米尔斯运用两种方法对土地要素进行了分析：一种是将气候与自然资源等影响土地的变量引入生产函数中；另一种是假设生产函数只有土地这一种投入要素，但是根据不同区位设置不同的参数。米尔斯和迪费伦蒂（de Ferranti）[22] 指出了当外部经济不存在时，公共产品的供给、污染和拥挤等3种因素会影响城市规模。

理查德森[3] 认为城市的功能和结构、体系都对城市最优规模产生了重要的影响。亨德森[23] 分析发现，污染外部性对城市规模有重要影响，对污染外部性征税会提高城市居民的福利水平，进而吸引人口不断流入，使城市规模不断扩大。亨德森[5] 认为劳动力与资本潜在福利的最大化决定了城市最优规模，而这个过程中的区位决策与投资决策决定了城市均衡规模。托利（Tolley）[24] 分析认为，拥挤成本、污染成本与社会成本的不一致导致负外部性的产生，从而使城市规模过大。西格尔（Segal）[25] 认为城市规模经济不一定存在，这也是确定城市最优规模时的核心问题。宫尾（Miyao）和夏皮罗（Shapiro)[26] 改进了人口迁移模型，通过分析指出，政府对城市人口的调控不利于城市最优规模的形成。盖茨[6] 指出，城市最优规模是针对特定产业而言的，因此有着不同主导产业的城市应该具有不同的城市最优规模。除此之外，卡利诺（Carlino）[27] 认为城市生产函数并不是规模报酬不变或递减的。他利用美国1957—1977年的数据进行研究，得出城市最优规模为388万人左右。卡罗尔（Carroll）[28] 对美国城市规模体系进行了分析，提出了城市规模分布“帕累托法则”，即城市数量与城市规模存在某种相关性。亨德森[29] 考虑到城市之间的区别与特殊性，分析确定了不同的城市最优规模。布吕克纳（Brueckner）[30] 从静态的角度建立了一个经典的单中心城市模型，在这个模型中，居民的效用水平由居民对住房、土地与其他物品的消费量共同决定，城市中不同地点的居民效用相等时模型达到均衡状态。通过推导可以知道，城市最优规模不断扩大的前提是城市规模收益递增趋势更加显著或者运输成本不断下降。藤田（Fujita）[31] 指出在不存在外部性的前提下，单中心城市模型中的土地利用是有效的，土地利用决策由住宅空间和通勤成本共同决定。

杨（Yang）和霍格宾（Hogbin）[32] 从层级的角度讨论城市规模，指出随着层级数量的增加，城市数量与规模都在发生变化。克鲁格曼（Krugman）[33]

认为运输成本与收益递增都可以解释城市最优规模，城市最优规模具有区域特性并且结论不唯一。卡马尼[34]指出城市体系对城市最优规模有重要影响，以往的研究运用相同的生产函数必然会产生相同的城市最优规模。金元（Kanemoto）等[35]从集聚产生的经济收益出发，研究发现城市最优规模应该处于20万~40万人之间。阿纳斯（Anas）[36]改进了城市土地利用的可计算一般均衡模型，引入居住用地、生产用地、交通运输用地、交通拥挤和内生性的就业机会等因素进行研究，发现当消费不存在规模经济时，生产地根据工资、租金和通勤成本布局，在市中心最为集中；当消费存在规模经济时这种均衡不再稳定。根据分析，在很强的集聚经济影响下，城市中心的数量相对较小，而且城市综合效益伴随着城市中心数量的减少而增加；在交通拥挤程度很高的状态下，城市中心的数量增加，并且数量越大城市综合效益越大。穆玛（Moomaw）[37]指出，城市人口规模大于100万人的大城市具有文化、科技与创新等方面的显著优势，可以基于生活品质方面的指标来衡量城市最优规模。布吕克纳[38]从拥挤费的角度分析城市最优规模，研究表明，对基础设施的边际成本征收拥挤费有利于城市规模达到最优状态。

崔（Choi）[39]从集聚经济方面进行考虑，对韩国的某城市进行了实证分析，研究表明，该市城市最优规模为190万人，而从最小成本角度研究则显示该市最优规模为175万人。郑晓平（Zheng Xiaoping）[40]分析了东京最优人口规模问题，通过对1990年东京都市圈内的127个市、町、村的数据进行计量分析，指出东京都市圈内的城市最优规模半径是10千米。丁成日、纳普（Knaap）和霍普金斯（Hopkins）[41]建立了3个动态模型研究投资与城市规模之间的关系，第一个模型假设拥挤性基础设施投资总量不变，但人均公共产品总量不断下降；第二个模型假设人均公共产品总量与拥挤性基础设施投资总量都是固定的；第三个模型假设人均公共产品总量不变，但是拥挤性基础设施投资总量是增加的。研究表明，控制城市增长边界有利于提高居民福利水平，实现城市最优规模。布莱克（Black）和亨德森[42]扩大了研究范围，将城市规模、数量以及城市间收入差距结合起来进行分析。

卡佩罗（Capello）与卡马尼[43]认为传统研究存在一些明显的问题与缺陷，首次提出了“城市有效规模”的概念，指出城市间的网络效应，即城市之间的分工与合作对城市规模有重要影响。他们利用意大利1991年58座城市的数据进行了研究，结论表明，36万人左右的城市能获得最大城市效益，55万人左右的城市负担的成本最小。罗西·汉斯伯格（Rossi-Hansberg）[44]研究圆形城市中商业用地与住宅用地的最优配置问题，具体来说是通勤成本、外部性的变化、劳动力补助与地租等因素对用地配置的影响，结论表明，在最优用地配置下，商业用地更多地集中在城市中心，并且较高的通勤成本加大了最优用地配置与均衡用地配置之间的差异。贝尔蒂内利（Bertinelli）和布莱克[45]探讨了城市最优规模的影响因素，并且分析了如何通过提高人力资本积累和降低拥挤成本两个方面促进经济发展。藤田和亨德森[46]对中国城市化问题进行了研究探讨，认为中国的城市化进程呈现均等化现象，并且其城市规模普遍偏小。

郑（Zheng）[47]从新的角度定义了城市最优规模，指出城市居民可支配收入与总支出之差最大时的城市人口规模为城市最优规模。区春忠（Chun-chung Au）与亨德森[48]基于中国的相关数据，构建计量经济学模型估计了中国城市的集聚经济。结论表明，城市集聚效益显著存在，当城市规模从一个很低的水平逐渐提升时，人均实际收入的提高非常迅速。由于国家的政策管制、对劳动力迁移的限制，中国大部分城市的规模都偏小，造成了巨大的收益损失。伊藤（Itoh）[49]将集聚效益、拥挤成本与社会福利最大化结合起来进行研究，并由此分析了城乡二元结构条件下的城市最优规模问题。传统的经济模型认为城市就业与人均实际收入呈倒U形关系，并且因产业结构的不同而有所区别。但是由于数据的缺乏，很少有学者能对这种关系进行准确估计。哈斯纳·德旺（Hasnat Dewan）[50]基于单中心城市模型对均衡规模与最优规模进行了进一步研究，他把城市生产的商品分为两组，一组是规模报酬固定的，一组是规模报酬递增的，但是这些商品的生产与制造会带来污染等不利影响。研究表明，如果没有针对污染者的惩罚措施，城市集聚会超过合理水平，因此，要通过税收来进行调整，从而使城市达到最优规模。哈斯纳·德旺还对最优的税收水平进行了分析，认为最优的税收水平与污染排放密度、人均生产力、工资水平等有密切关系。雅莫哈马迪安（Yarmohammadian）等[51]学者提出了城市的可持续发展规模概念，并以伊朗为例进行了实证研究。通过构建剩余函数考察污染的负外部性，他们认为德黑兰人口规模比最优值高71%，比可持续发展规模高5%。伊朗其他几个大城市的规模也超过了最优值，但是没有超过可持续发展规模。

金义君（Euijune Kim）等[52]学者构建了动态跨区域可计算一般均衡模型，分析以首尔为中心的标准大都市地区（Standard Metropolitan Area，SMA）的人口规模是否达到最优状态。在模型中，金义君等运用每个地区的工业增加值与消费者价格指数来估计城市人口增长所带来的成本与收益，结论表明，城市人口分布的过度集聚对韩国经济发展会产生阻碍作用。当标准大都市地区的人口所占比重在短期达到39%、在长期达到35%时，韩国的国内生产总值（Gross Domestic Product，GDP）达到最高水平。但是标准大都市地区政府有动力将人口比重维持在40%左右，因为此时标准大都市地区的人均收入达到了最高水平。韩力建（Lijian Han）等[53]学者利用PM2.5值与大城市人口数据来研究城市化与城市空气质量之间的关系，结果表明：城市人口规模与PM2.5值之间的相互作用在不同的洲和不同的国家之间存在差别，其中中国城市人口总量与PM2.5值之间呈显著的U形关系，印度城市人口规模与PM2.5值之间呈倒U形关系。

伯内特（Burnett）[54]构建了一个中等规模城市的CGE模型，分析与模拟了城市人口规模的过度扩张问题，在假设土地与家庭资本收入都是随机分布的前提下进行研究，指出城市人口规模与人均实际收入呈倒U形曲线关系，与其他研究结论相类似。程（Cheng）与马（Ma）[55]认为城市网络是一个完整的经济系统，应该从城市网络与体系的角度重新思考城市最优规模问题，因此分析了城市体系对城市生产率与城市内部属性特征的影响，进而分析了城市体系对城市最优规模的影响。崔[56]认为城市最优规模存在一个区间范围，如果城市规模在这个区间以外，意味着城市管理效率低下，城市也失去了对居民的吸引力；他分析了首尔的城市最优规模，并且分析了首尔的人口密度高于其他城市的原因。

2. 国内研究

范芝芬[57]根据相关数据分析发现，行政级别的提升和区划调整显著地促进了城市规模扩张，而集聚经济对中国城市规模扩张的影响有限，因此制度因素对中国城市规模有重要影响。这一点与大部分国外城市不同。因此要重视行政级别对城市规模的影响。这启发我们可以根据行政级别划分城市等级。按照传统，我国一般将城市分为东部、中部与西部地区城市，但是这样的分类只是从地理角度进行的。实际上，我国直辖市、省会城市、自治区首府、计划单列市，与其他普通地级城市相比，在政策、资金、教育等方面具备明显优势，需要单独考虑。而东部地区城市的区位优势与中西部地区城市相比也较为突出，也应该区别对待。周加来和黎永生[58]指出，可以运用城市人口规模均衡动态分析模型来研究劳动力的流动性问题，城市最优规模的最大值是城市稳定时的均衡值，城市最优规模的最小值则是农村经济出现萧条状态时的均衡值。俞燕山[12]运用DEA模型，考虑资本等3种投入要素，对我国各个类别城市之间的规模效率进行了对比研究，指出大城市最优规模超过200万人，小城市最优规模超过10万人。他从产出效率角度进行研究，显然有别于之前的成本－收益分析，为研究城市最优规模问题打开了一扇新的窗口。王小鲁、夏小林[59]通过引入与城市规模相关的变量，构建城市经济学模型计算城市规模收益。

王放[60]对广大中西部地区城市规模分布的差异进行分析，总结得出了大城市规模效益最大的结论。他认为“控制大城市规模”方针在中西部地区值得商榷，因为中西部地区缺失以城市群为代表的“增长极”，不利于拉动中西部地区的经济发展。他的这一研究从理论上支持了建设成渝城市群等中西部地区城市群有一定的必要性，具有重要的借鉴意义。潘佐红与张帆[61]根据企业层面的数据，采用柯布－道格拉斯生产函数与CES生产函数等估算了我国28个行业的集聚弹性，并以此分析我国城市最优规模问题。马树才和宋丽敏[62]从城市规模可持续发展能力等方面分别研究了城市最优规模问题，指出如果考虑城市规模可持续发展能力，我国城市最优人口规模为100万 ~200万人；如果从城市规模效率来看，我国特大城市与大城市的最优人口规模分别为100万 ~200万人和50万 ~100万人。

金相郁、高雪莲[63]根据天津市数据对1987—2001年的城市集聚经济进行了实证研究，得出结论：天津市工业集聚经济在这15年里并不明显，1996—2001年间呈现集聚不经济状态；同时，可以从区域结构视角来考虑城市最优规模问题。吉昱华、马松[64]构建模型分析了企业区位选择对均衡城市规模的影响，结论表明，社会最优水平的城市规模要大于市场机制下形成的城市规模；同时，资本补贴是最有效的政策工具。俞勇军、陆玉麒[65]从经济效益的最优化出发，对城市最优空间规模进行了理论分析，并且以江苏的地级市为例分析与模拟了城市人口规模、经济规模与空间规模之间的关系，结果显示，城市最优空间规模是必然存在的；在目前的状况下，不同城市的最优规模差异较大，但是随着经济发展，不同城市的最优规模将趋于一致；目前最优人口规模为280万人，最优用地规模为2 030平方千米。值得一提的是，俞勇军、陆玉麒的研究角度从人口规模转向空间规模，即用地规模，并且结合经济规模综合探讨城市人口规模、用地规模与经济规模三者之间的关系，研究视角更加全面。陈良文、杨开忠和吴姣[66]对我国1949—2004年间的城市规模分布进行了研究，结论表明，我国大城市规模增长与中小城市相比较慢。高鸿鹰和武康平[67]也对我国城市规模分布进行了研究，运用1997年、2000年和2003年的数据对帕累托指数进行了估算，结论表明，我国城市规模分布相对于国外来说差异较大；同时，我国人口规模为100万人以上的城市集聚效应较高，但是为了使我国城市规模分布更加合理，应该鼓励和支持中小城市的发展。陈莞桢[68]根据城市PRED[人口（Population）、资源（Resource）、环境（Environment）、发展（Development）]系统理论与威尔逊模型构建了城市最佳规模模型，将城市人口区分为外来人口与本地人口，并考虑经济、人口与资源等相关因素，对我国城市最优用地规模进行了实证研究，结论表明，在人口规模一定的前提下，北京、天津、南京与广州的城市用地规模过大；沈阳、武汉、成都与西安的城市用地规模偏小。总体来看，陈莞桢的研究较为全面，研究对象也较为具体。

刘冰[69]对我国地级及地级以上城市的规模收益与外部成本进行了测度，根据比较研究指出，我国地级及地级以上城市的最优规模为270万人左右；通过对中国各地级市进行分析发现，目前只有济南市接近城市最优规模，有12个城市的规模明显过大，198个城市的规模尚未达到城市最优规模。周文和连洁[70]、李培[71]与陈卓咏[72]系统总结了国内外关于城市最优规模问题的研究，并且指出了相关研究存在视角过于微观，分析城市规模没有考虑历史、地理与资源环境承载力等问题；实际上，资源与环境承载力应该是城市最优规模的重要影响因素，但是目前为止很难从技术上衡量资源与环境的承载力。柯善咨与何鸣[73]结合中国实际情况建立了城市用地规模实证模型，发现工资水平、运输成本和人口流动等城市规划中较少考虑的因素都对用地规模有重要影响，并且经济因素对用地配置的影响日益加大。安虎森、邹璇[74]将人们关心的城市化与“三农”问题结合起来研究，认为城市最优规模是指城市实际收入水平最高时的城市人口规模，指出多样化需求偏好、工业品贸易成本与农产品贸易成本等是城市最优规模的影响因素，因此降低成本是实现城市化的根本途径，也有利于城市实现最优规模。

张应武[75]指出，有利于我国城市经济增长的最优规模大约为500万人，东部地区最优规模效应比较显著，且存在高位城市缺失的问题，表现为大城市规模不够大、数量也不够多，因此，不仅不能约束大城市扩张，而且要优先发展大城市。刘永亮[76]通过对首位城市规模经济系数进行研究，得出规模经济系数与人均 GDP 呈倒 U 形关系，而从目前全世界100多个国家的统计数据来看，由升转降的拐点还没有到来，城市规模经济的提高还有很大的空间。刘永亮还用城市首位度和大城市人口所占比重两个指标衡量城市规模经济，分析城市规模经济与人均 GDP 的关系，得出相同的规律：大城市集聚规模还应逐步扩大。许抄军[77]基于我国1997—2006年的城市相关数据进行分析，研究表明，最合理的城市人口总量为1 060万人，在环境约束下的最优城市人口总量为260万人。

闫永涛和冯长春[78]分析指出，我国城市用地规模与人口规模都不集中，但是2000年以后几个大城市的人口集聚现象日益显著。黄金荣、雷国平与马和[79]构建了评价指标体系，从经济、社会与生态3个角度对黑龙江的10个市县的合理用地规模进行评价，并且利用熵值法计算各市县的合理用地规模。李震和杨永春[80]从GDP的角度研究中国城市规模等级问题，结论表明，以GDP衡量的中国城市规模的等级性在不断加强。

王小鲁[81]首先对我国城市化进行了大量的思考，认为市场调节有利于大城市经济效益的提高与资源的节约；大城市与小城镇之间如果形成良好的合作与互补关系，将能促进城市群的健康发展；同时，他根据计量经济学分析，指出各国的经济发展水平、交通条件、人口密度等因素与城市规模有密切联系。王小鲁最后还预测了2020年我国100万人口以上规模城市所占比重将会达到30%左右，到了2030年将会达到39%左右。王筱明与郑新奇[82]定义了城市效益指标，以该指标分析城市用地规模产生的经济利益，并且以北京市、南京市、广州市等城市为例与济南市进行对比，分析济南市用地效益与城市规模扩大的合理性。

舒帮荣等[83]学者根据江苏省太仓市的相关数据构建生产函数并分析城市用地规模的偏离量与合理度，提出应该重视土地生态价值，以促进城市用地规模的有序扩张。袁正等[84]学者利用中国家庭收入的调查数据对居民主观幸福度与城市规模之间的关系进行了实证检验，结论表明，居民主观幸福度随着城市规模的扩张呈倒U形变化的趋势。焦张义[85]指出，房价与生态环境质量会显著影响区域人口分布，进而对城市最优人口规模也会有一定影响力。他在新经济地理模型中引入了房价和生态环境来估计这种联系。模型结论指出，均衡状态下的城市最优规模随着房价、生态环境质量以及政府政策的变动而变动。舒帮荣等[86]学者再一次以江苏省太仓市为例，运用加权最小二乘法估计城镇用地合理规模，结论表明：太仓市区2015年及2020年城镇用地合理规模在社会经济中速发展背景下分别为4 805.61公顷和5 495.88公顷。陈旭与陶小马[87]运用新经济地理模型，分析了厂商内部规模效应、外部规模效应与规模不经济对城市最优规模的影响，并且通过数值模拟发现存在使工资水平最高的城市最优规模。徐清、陈旭[88]根据我国286个地级市2004—2009年的数据实证检验了我国城市劳动力集聚规模，结果显示，不同产业类型存在不同的最优城市劳动力集聚规模，并且我国超过半数的城市的劳动力集聚规模没有达到最优状态。

苏红键、魏后凯[89]根据我国2006—2010年所有城市的数据对最优城市人口密度进行了分析，指出最优城市人口密度约为1.3万人/平方千米，并进一步分析了建设集约型城镇的必要性与可行性。段瑞君[90]运用模型实证研究了城市规模影响因素，并分别分析了市场规模、知识溢出等因素对城市规模的影响。纪爱华[91]根据生态学理论，构建了基于生态学的城市最优规模模型，并且以青岛市为例实证研究了城市最优规模。伍佳、吕斌[92]构建单中心城市模型，分析了土地消费、至CBD的距离、居民用于土地消费的支出等因素之间的关系，指出在土地是外生变量的情况下城市最优规模较小。王俊、李佐军[93]对经济增长、拥挤效应与城市规模之间的关系进行了研究，并从长期与短期两个角度分析了拥挤效应如何影响城市规模，最后指出城市最优规模应该因条件的不同而不同。

柯善咨、赵曜[94]运用城市集聚效应模型对与产业结构相适应的城市最优规模进行了研究，结论表明，我国大部分的地级及地级以上城市的最优规模大于城市的实际规模。赵曜、柯善咨[95]借鉴了NEG模型，构建了异质厂商的内生集聚模型，对城市最优规模进行了进一步的研究。梁婧、张庆华与龚六堂[96]构建了新经济地理理论（New Economic Geography Theory，NEG）分析劳动生产率与城市规模之间的相互作用，并结合相关数据进行估计后指出：大部分地级市接近城市最优规模，并且西部地区城市的劳动生产率随着城市规模的扩大而提高。易艳春、关卫军与胡宏昌[97]创新性地从温室气体排放的角度出发研究城市最优规模问题，在低碳约束的背景下，对我国地级及地级以上城市的碳排放与城市规模的相关关系进行了估计，结论表明，我国城市最优规模为1 128万人。孙祥栋、郑艳婷与张亮亮[98]对城市适度规模进行了定义，并对我国地级城市进行了实证研究，结论表明我国城市的适度规模为420万人，而且不同的产业特征对应不同的适度规模，生产性服务业集聚型城市的适度规模相对于制造业集聚型城市更大。

张杰、解扬[99]同样从碳排放的角度出发，运用我国地级城市数据检验城市规模与能源效率之间的关系，结论表明，经济、社会与环境质量均达到最高水平的城市最优人口规模为200万~500万人。赵曜[100]区分了城市集聚密度与集聚规模，构建模型，证明了城市集聚密度与城市集聚规模变化并不同步。田超[101]分析了我国各省首位城市的规模对省域经济协调发展的影响，发现使得省域经济增长最快的首位城市最优规模是存在的。王振波、徐小黎与张蔷[102]将研究视角转向我国城市的合理规模结构，通过分析外部规模体系与内部规模效率，指出我国城市规模结构较为合理，其中西部地区要优于中东部地区。魏守华、周山人与千慧雄[103]同样从城市体系出发，根据对数正态分布规律，对我国地级及地级以上城市实际规模与理论规模的偏差进行了检验，结论表明，偏大的城市主要是人口规模超过300万人的城市，人口规模低于50万人的小城市却相对合理。蔡之兵、张可云[104]对我国城市数据进行检验后认为，并不存在单一的城市最优规模，且我国城市体系总体规模相对偏小。金晓雨与郑军[105]采用 DEA—Malmquist 方法对2000年和2010年我国城市的城市效率进行估算，并估计了不同规模的城市间的城市效率分布，结论表明，我国城市最优人口规模在2000年为350万人左右，到2010年增加了一倍多，城市最优人口规模达到了717万人。孙久文、张超磊与闫昊生[106]运用城市内生性理论进行研究分析，指出中国城市的最优规模小于其均衡规模，但是规模差异造成的效率损失不大，现阶段我国大中小城市仍然应该协调发展。

李佳佳、罗能生[107]从生态视角研究城市最优规模问题，结果显示，城市最优规模大约为337.22万人。孙斌栋、李琬[108]指出经济发展水平对城市最优规模分布并没有显著影响。高健、吴佩林[109]运用广义矩估计方法分析了城市经济增长的影响因素，将我国分为东、中、西3个区域，探讨了我国城市的最优城市人口规模，但是研究表明，我国这3个区域的城市最优人口规模相差并不是很大，这显然与现实情况有一定差距。岳文涛[110]经过研究发现：如果从全要素生产率角度进行分析，城市最优规模会小于考虑劳动力生产率的城市最优规模。周景红、王筱明[111]的研究与以往对城市人口规模的研究不同，他们对我国城市用地规模的相关研究进行了梳理与评述，并提出了相应的研究展望。李怡达、余华义[112]运用新经济地理模型分析了拥挤效应与集聚效应对城市规模的影响，分析指出城市经济、等级、基本公共服务与房价都会影响城市适宜规模，并且对中国35个城市的数据进行了实证检验。傅红春、金俐与金琳[113]实证检验了居民幸福感与城市规模之间的关系，结果发现关系并不显著，但是考虑人均收入、教育机会等控制变量后发现居民幸福感与城市规模之间呈倒 U 形关系，计算可得最优城市人口规模大约为500万 ~780万人。高健[114]通过研究发现，经济发展与城市规模存在倒 U 形关系，即存在经济总量最大时的城市最优规模。他以此将城市规模对经济发展的影响分为4个阶段。曹聪丽[115]运用地级城市数据，应用空间面板计量方法估计与城市专业化经济相一致的城市最优规模，研究表明，与多样化水平相适应的最优城市人口规模为389万人，与专业化水平相适应的最优城市人口规模是262万人。王垚、年猛与王春华[116]运用新经济地理模型分析指出，小于城市最优规模带来的效益损失与超过城市最优规模带来的效益损失相比更大，城市最优规模不但受产业结构的影响，还受技术积累、市场潜力等因素影响。

苏红键、魏后凯[117]重新对城市最优规模问题进行了文献综述，认为城市最优规模实际上是由经济效应与拥挤效应共同决定的。项本武与张亚丽[118]利用国防气象卫星计划 / 线性扫描业务系统（Defense Meteorological Satellite Program/Operational Linescan System，DMSP/OLS）的全球夜间灯光数据核算了我国地级以上城市的人均碳排放量，指出人均碳排放量最小时城市人口密度与城市规模达到最优状态，而我国大部分城市实际人口规模低于最优人口规模。丁鸿君、周玉龙与孙久文[119]将研究对象细化到了县级城市级别，研究发现，县级层面的劳动生产率与城市规模同样符合倒 U 形关系，县级城市基于劳动生产率最高的最优城市人口规模为40万人左右，而目前我国县级城市均未达到城市最优规模。胡晨光、潘莉燕与王婷婷[120]梳理了对城市最优规模问题的最新研究进展，从单个城市最优规模、城市体系内城市最优规模等角度进行了归纳，并且对现有研究的差异进行了比较。邹一南[121]从户籍管制角度研究城市最优规模问题，指出户籍管制制度提高了特大城市的城市最优规模，从而进一步提高了特大城市的人口规模，因此严格的户籍制度对控制大城市人口规模的效果不明显。郭力[122]同样从生态角度出发，利用我国2004—2015年地级市面板数据进行了实证检验，指出生态层面的最优城市人口规模为750万人。王智波与韩希[123]认为废止收容遣送制度不影响城市最优规模，但会影响城市实际规模，因此检验城市实际规模与城市最优规模之间的差距是否发生了变化，结论表明，废止收容遣送制度确实有利于城市实际规模不断趋近于最优值。李神福[124]运用新经济地理模型研究指出，城市规模与实际工资水平确实存在倒 U 形关系；城市最优规模是指劳动力实际工资最高时的城市规模。

3．研究评述

总的来看，当前国内外学者基于城市经济学对城市最优规模问题的研究是对成本 – 收益理论的进一步扩展与细化，弥补了成本 – 收益理论的不足和漏洞，使这个领域的研究处在多学科交叉的前沿，研究对象与目标也更加具体和可行。同时，大部分学者都考虑劳动生产率与城市最优规模之间的关系，并定义人均产出或者劳动生产率最大时的城市规模为最优；对城市最优规模问题的研究视角更加多样化。一些学者从生态学的角度出发，从生态层面定义城市最优规模。也有一些学者指出，不同的产业结构对应不同的城市最优规模。还有学者从幸福感、房价等角度创新性地提出城市最优规模问题。但是大部分学者从微观角度出发研究城市最优规模，而忽略了其与中观和宏观之间的联系，没有从产业之间的联系与国民经济整体角度去考察城市规模。事实上，整个国民经济的产业之间以及经济与居民、政府之间的联系都非常重要，因为在城市这个综合体系中，居民、产业与政府行为息息相关、紧密相连，单方面的分析都是片面与孤立的。

1.2.1.3　基于 Henry George 定理的城市最优规模研究

西方经济学界认为 Henry George 定理是城市最优规模理论的重要分支。美国经济学家和社会学家亨利 • 乔治（Henry George）提出政府应该征收单一的土地税，自此“单一土地税”这个概念被广泛用来研究城市规模最优时土地价格与公共产品之间的关系。弗拉泰斯（Flatters）、亨德森与米斯克斯基（Mieszkowski）[125] 较早对这个问题进行了研究，认为在一个简单的经济体中，当人口规模最优时，土地价格总量应该与纯公共产品支出相等。在他们的研究基础之上，阿诺特（Arnott）[126] 提出最优人口规模是指级差地租收入等于公共物品支出时的规模；并且认为萨缪尔森所提出的公共物品概念是推进城市化的动力。与此同时，阿诺特与斯蒂格利茨（Stiglitz）[127] 提出在3个前提条件下 Henry George 定理可以得到更加广泛的应用：包括了所有的大型经济体；经济活动的空间分布已经达到帕累托最优状态；级差地租的概念有明确的定义。只要不满足其中的一个条件，就可能会导致 Henry George 定理的单一税种收入不能完全弥补公共物品支出，从而使 Henry George 定理无法成立。此外，阿诺特与斯蒂格利茨将交通拥挤成本引入 Henry George 定理分析，此时城市最优规模的满足条件发生了改变，“纯”地方公共产品被另一种城市经济变量所代替。哈特威克（Hartwick）[128] 扩展了斯蒂格利茨的单区域模型并提出了更加一般化的 Henry George 定理，即人口规模最优的情况下，要素的自由流动导致一个地区公共产品的生产要素总量与李嘉图自然资源租金（Ricardian Natural Resources Rents）相等。金元（Kanemoto）、大川（Ohkawara）与铃木（Suzuki）[35] 应用 Henry George 定理检验日本的城市规模是否过度扩张。他们首先估计了集聚经济，然后将其与土地价值总量进行比较，认为没有明显的证据证明日本城市规模过大。有两个原因可以解释这个结论：第一，很难找到日本的地租相关数据，用土地价格代替地租会产生偏误；第二，用每个市区土地总价值和庇古补贴（Pigouvian Subsidy）总价值的比值来表示两者之间的联系也可能会导致一定的误差。米奇 • 昆斯（Mitch Kunce）[129] 从税收和公共物品的角度出发，指出当政府的收入来源只有土地税时，公共物品的供给就是有效的，从而证明和扩展了 Henry George 定理。阿诺特[130]总结与比较了近年来一些对 Henry George 定理的研究，认为金元、大川与铃木所提出的假设之间有一些微弱的联系，这些假设应该得到应有的重视。此外，阿诺特提出了另一种估计城市最优规模的方法，即对个人与社会的边际成本 / 收益进行比较。

傅十和（Fu Shihe）[131]将 Henry George 定理由静态扩展为动态，指出在动态条件下，任何时间段的城市级差地租现值等于公共产品支出现值时城市规模达到最优。考虑拥挤外部性或者生产外部性时，只要能对外部性进行合理的测度，Henry George 定理都是有效的。由于未来的变化对现在的经济行为的作用难以估计，不确定性成为现代经济学中的一个重要的概念。李（Lee）[132]将不确定性原则引入 Henry George 定理的研究中，认为实现最优规模的城市能容纳更多的居民，也能增加地租收入，从而使其超过公共物品支出。他认为，在经济不确定性的前提下，城市最优规模趋于更大。贝伦斯（Behrens）与村田（Murata）[133]完善与发展了垄断竞争模型，在垄断竞争模型中用不变替代弹性（Constant Elasticity of Substitution，CES）取代可变替代弹性（Variable Elasticity of Substitution，VES），研究发现，由于存在竞争效应，Henry George 定理在次优情况下无法成立。李（Rhee）等[134]构建了一个一般均衡的空间模型来重新检验 Henry George 定理，研究发现，在考虑公共交通、劳动力自由迁徙等前提下，Henry George 定理仍然是成立的，此时级差地租与公共交通的财政支出相等。川野（Kawano）[135]再一次从动态的角度验证 Henry George 定理，通过建立一个动态模型进行研究，发现在动态变化下 Henry George 定理仍然成立。贝伦斯、金元与村田[136]对 Henry George 定理进行了修改，令财政盈余与超额税负相等，与新经济地理学、城市经济学对比分析单一的土地税是否能负担集聚成本。

鲜有国内学者对 Henry George 定理进行研究，武彦民、杨峥[137]以 Henry George 定理为基础，根据 Lindahl 均衡条件建立城市最优人口密度模型，运用1999—2009年相关数据构建了我国城市成本 - 收益模型，研究表明，我国大部分城市未达到城市最优人口密度，城市人口增长速度慢于城市面积扩张速度。

由于 Henry George 定理来源于对土地征收的单一税，此后被越来越广泛地应用于解决税收最优化与公共产品问题，对 Henry George 定理的研究逐渐偏离了城市最优规模的方向，因此 Henry George 定理与城市最优规模理论之间的联系不断淡化。

1.2.1.4 基于 SOUDY 模型的城市最优规模研究

卡马尼等 [138] 提出了一个具有重要意义的模型，即 SOUDY 模型，该模型将空间维度与微观经济分析结合起来，因此克服了成本 – 收益模型与中心地理论的相关缺陷与不足。根据卡马尼等人提出的模型，城市体系中所处位置不同的城市对应不同的生产函数，每个城市有不同的城市规模区间。城市规模区间包括城市规模上限与城市规模下限，城市集聚产生的不利影响即将超过城市集聚产生的有利影响时达到城市规模上限；城市集聚产生的有利影响克服城市集聚产生的不利影响时达到城市规模下限，也就是城市的门槛规模。从这个角度来看，城市规模区间也被称为有效规模区间，因为在此区间能实现城市净收益。卡佩罗、卡马尼 [43] 详细评述了与城市最优规模有关的经典文献，指出应该从城市系统的角度，针对每个城市的不同职能对城市的有效规模区间进行研究。同时，城市的发展会使城市体系中的城市结构发生改变，从而又会产生新的有利影响促进城市经济发展。卡佩罗与卡马尼运用意大利58个城市的数据实证检验了这一过程。

国内学者利用 SOUDY 模型进行的研究较少。朱玮与王德 [139] 较早地介绍了 SOUDY 模型，并对其进行了评述，指出该模型并没有考虑一些影响城市最优规模的主观因素。张扬与王良健 [140] 根据2007—2011年我国城市相关数据，运用 SOUDY 模型对城市有效用地规模进行了实证分析，结果发现我国4个直辖市、5个计划单列市与各省省会城市、自治区首府中将近一半的城市达到了有效用地规模，我国东部地区大部分城市的用地规模都没有处于有效区间内；从区域的层面来分析，相比于其他地区，我国中部大部分城市用地规模处于有效规模区间内，而我国东部地区大部分城市用地规模相对过大。肖龙、侯景新与肖叶甜[141]认为 SOUDY 模型相对于其他模型更合理，因此运用我国2012年81个样本城市的数据对中国有效城市规模区间进行估计，结论表明2012年我国城市规模处于合理区间内。由于精确度量成本曲线与收益曲线较难，也没有完整考虑影响城市规模的所有因素，因此运用 SOUDY 模型研究城市最优规模问题在我国尚处起步阶段，但必须承认，这是一个较具创新性的方向。

1.2.2 一般均衡分析与 CGE 模型研究

1.2.2.1 一般均衡分析

瓦尔拉斯（Leon Walras）[142]在他的名著《纯粹经济学要义》（*Elements of Pure Economics*）中，首次提出了一般均衡分析的概念。一般均衡分析是指在市场之间相互关联的背景下，存在一组价格水平，使得所有市场的供给与需求水平相同。不动点理论被提出后，模型均衡点被证明是必然存在的。阿罗（Arrow）和德布鲁（Debru）[143]利用拓扑学等数学方法，根据瓦尔拉斯的一般均衡理论，证明了使所有市场达到出清状态的价格向量是存在的。根岸（Negishi）[144]进一步发展了瓦尔拉斯的理论，并且在理论上证明了可以采用更加可行的数学规划方法求解瓦尔拉斯均衡解。马斯·科勒尔（Mas-Colell）[145]将一般均衡理论从有限经济角度进行拓展，对一般均衡理论进行了更加深入的研究。

一般均衡分析是西方经济理论的重要构成与理论基础，自创建以来取得了长足的发展。其分析范式与微观经济学、宏观经济学等领域紧密结合，研究成果颇为丰硕。然而一般均衡分析过于强调数理逻辑上的严密论证与推导，同时在变量设置和系数设定上存在一定的主观性，在研究居民行为、效用和经济主体的异质性与独特性方面难以准确把握。与此同时，学者并未将一般均衡分析在空间领域上进行延伸与拓展，无法把握和揭示经济行为在空间层面上所独有的规律，因而存在一定的局限性。

1.2.2.2 可计算一般均衡模型

可计算一般均衡模型是一般均衡理论的发展与应用。根据一般均衡分析的思想，CGE 模型利用微观经济学的生产函数、消费函数与效用函数对国民经济各个部门的联系与相互作用进行刻画。由于能对社会经济进行综合完整的分析，近几十年来 CGE 模型得到了广泛的应用，特别是在国际贸易、财政政策、环境保护问题等方面。由于本书的研究主题为最优城市用地规模，因此从用地的角度分析近年来 CGE 模型的应用。

1. 国外研究

谢（Xie）[146] 等学者较早地将土地引入生产要素，构建含有土地的 CGE 模型分析林业政策，其中土地资源被分成了5种，即林地、弃耕地、永久性农业用地、水田和其他土地。阿拉瓦拉帕蒂（Alavalapati）等 [147] 同样考虑了土地要素，构建 CGE 模型研究土地利用限制对区域经济的影响。具体来看，各部门的生产函数与需求函数都采用 Leontief 函数、CES 函数与 C-D 函数形式。同时，不同部门的投入要素各不相同，比如只有国际贸易部门使用土地要素。模型结论表明，不同部门的土地利用面积显著地影响居民收入，例如能源部门土地利用面积减少会明显降低居民收入。博伊德（Boyd）等 [148] 学者构建了一个动态 CGE 模型研究美国政策变化对农业的影响，该模型中增加了一个对耕地面积变化进行预测的模块，其中生产函数采用 Leontief 函数形式，研究结论表明，美国的一项增加土壤有机物含量的措施有利于农业的发展。奥拉图比亚（Olatubia）等 [149] 学者运用 CGE 模型研究湿地保护工程对农业经济的影响，该模型将国民经济主体划分为当地居住者、农民、政府等，而生产部门包括三大产业的7个部门，并且将农业用地作为投入要素。模型运行结果表明，湿地保护工程仅对第一产业的林业、农业、渔业和相关服务业等部门造成明显的影响，对其他产业部门没有显著影响。帕特里奎因（Patriquin）等 [150] 学者利用 CGE 模型对加拿大亚伯达（Alberta）省进行了分析，通过设置情景，预测了土地利用变化对经济发展的影响，结论表明，矿业用地减少时，短期来看各行业的产值均下降了，长期来看只有矿业部门的产值下降，其他部门的产值均不断上升。

此后，国外运用 CGE 模型对用地进行的研究并不是很丰富，最新的文献主要集中在其他领域，比如卡伦（Callan）等 [151] 构建一般均衡模型来分析碳税和税收返还政策对爱尔兰收入分配的影响，结论表明，适宜税率是20美元 / 吨碳，利用碳税收入增加社会福利和抵免税收，能使社会更好地进行收入分配。本杰明•比尤若（Benjamin Bureau）[152] 认为征收碳税不但可以缓解交通拥堵，还可以提高贫困居民的社会福利。弗兰克•沃林格（Frank Vohringer）等 [153] 学者运用 CGE 模型分析了区域碳税和气候政策组合对全球交通部门的影响，结论表明，征收碳税时，铁路部门的温室气体排放量大规模减少；不征收碳税时，水运和空运的排放量增加较大。萨伊德•索拉伊马尼（Saeed Solaymani）等 [154] 运用 CGE 模型探讨了碳税和能源税对马来西亚经济和交通部门产生的作用，研究发现，碳税政策比能源税政策能更有效地减少碳排放，对实际 GDP 和投资的不利影响要小于能源税。李（Li）等 [155] 基于 CGE 模型分析 CCS 技术和电动汽车对能源消费结构的影响，认为该项技术能够保护能源转型行业，减少碳排放量，并减轻石油依赖，由此提出了推广电动汽车以替代燃油车辆的建议。

2. 国内研究

沈体雁 [156] 梳理了城市增长的各种研究方法，建立了 CGE-GIS（Geographic Information System，地理信息系统）研究框架，探讨了将 CGE 与 GIS 等方法联合起来研究城市规模增长问题的可能性。冉茂盛、王蘅 [157] 运用一般均衡模型对重庆市耕地面积进行研究，并且模拟了重庆市因为耕地面积减少而遭受的不利经济影响，结论表明，耕地减少降低了居民福利水平，减少了消费与投资。曹立伟 [158] 以南宁市为例建立 CGE 模型，通过添加城镇建设用地模块与准递推动态方程组对城镇用地需求进行了预测与研究，并且与土地利用总体规划进行了对比以验证预测的准确性。虽然曹立伟并没有具体提出城市最优规模问题，但是为相关的研究提供了较好的参考。高阳等 [159] 探讨了 CGE 模型在地理学相关领域的应用，对 CGE 模型与现有地理学方法的融合进行了梳理，指出 CGE 模型是地理学综合研究的有力工具，但是并没有结合案例进行具体的实证研究。之后国内学者运用 CGE 模型对用地结构与城镇规模的研究较少，最新研究主要集中在劳动供给、金融、国际贸易等领域，比如朱勤、魏涛远[160]通过构建 CGE 模型，模拟人口规模、年龄结构、劳动参与率等因素对劳动力要素价格、经济产出等变量的影响。陈继与勇计飞[161]对加拿大与日本的产业进行了分类，利用 CGE 模型模拟了经济伙伴关系协定（Economic Partnership Agreement，EPA）对各种类型产业的影响，结论表明，总体来看，加拿大将获益更多，比如其 GDP 将会因此增加，福利水平也会提高。祝树金、赵玉龙与肖皓[162]完善了中国动态可计算一般均衡模型，引入“信贷系数”模拟了整体利率水平提高、金融服务增效等情况所带来的影响。

可计算一般均衡模型在国际贸易、财税政策、资源与环境分析等方面取得了巨大的成功，成为近年来应用经济学理论进行相关研究的有力工具和向导。但是目前 CGE 模型在用地特别是城市规模方面的研究较少，并且由于对数据要求较高、假设条件较为严格、有待估计的参数较多等问题，CGE 模型在推广应用过程中存在一定的阻力，具体表现在以下几个方面：首先，学者对经济现象进行模拟、刻画和建立模型是基于当年的数据，因此所得出的定量结论只适用于当年，当数据产生变化时，系数也会发生改变，之前所得到的结论和政策分析也需要更新。其次，投入产出表编制周期为5年，并且难以获得，因此 CGE 模型的数据基础——社会核算矩阵（Social Accounting Matrix，SAM）也较为缺乏。最后，由于在 SAM 的校准过程中参数过多，估计参数时也存在一定误差和主观性。

1.2.3 文献评述

本节对城市最优规模与一般均衡分析的相关研究进行了较为系统的总结与评述，已有研究表明，对城市最优规模问题的研究是一个完整的历史过程。伴随微观经济学的建立与发展，国内外学者首先借鉴成本 – 收益理论，将城市看作企业，分析城市收益曲线与成本曲线，根据最优化理论求解城市最优规模。

这一类的研究仅仅是从整体上对城市收益与成本进行分析，并没有更细致地探讨影响城市规模的一些具体因素。然而，不同的城市拥有不同的政治、历史与地理特征，很难通过模型和变量来分析某些影响城市最优规模的因素，比如生态环境、居民幸福感、行政效率、城市管理等。单纯从经济维度对城市规模进行分析很难全面衡量城市规模在多维评价体系下的最优程度，成本－收益分析所得出的城市最优规模也仅仅是经济层面上的最优。此外，由于分析视角、分析方法与选取的变量不同，研究者们提出的城市最优规模也存在区别。

为了克服这些困难，阿朗索、米尔斯、穆特（Muth）、布吕克纳、藤田等学者建立与发展了单中心城市模型，从房价、地租与运输成本等角度更加具体地考察了城市规模的影响因素，虽然没有明显分析城市最优规模问题，但是为该领域的研究提供了重要的启示与参考。此后，国内外大量学者基于单中心城市模型与城市经济学的集聚经济、外部性等理论对城市最优规模进行了研究。但是学者多从微观领域研究城市最优规模问题，而忽略了其与中观和宏观领域之间的关联，没有从产业之间的联系与国民经济整体角度去考察城市规模。事实上，整个国民经济的产业之间的联系，经济与居民、政府之间的联系都非常重要，因为在城市这个综合体系中，居民、产业与政府行为息息相关、紧密相连，舍去这一点的经济分析不够全面与系统。

Henry George 定理与 SOUDY 模型可以看作城市经济学进一步发展的成果。Henry George 定理表明，城市规模达到最优状态时，对公共物品的补助与级差地租相等。这在思想上继承了城市经济学对于集聚经济与外部性的衡量，但是由于缺乏操作性，该定理在国内并没有得到很好的发展。SOUDY 模型在理论层面说服力较强，很好地解释了城市体系中不同职能的城市规模分布问题，但是运用 SOUDY 模型研究城市最优规模问题在我国尚处起步阶段，因此这也是一个创新的方向。CGE 模型发展得已经较为成熟，成为近年来应用经济学理论分析现实经济问题的有力工具和向导。但是目前运用 CGE 模型对用地特别是城市规模的研究较少，因此，运用 CGE 模型研究城市最优用地规模也是一个较具创新性的领域。

1.3 研究目标与研究方法

本书的主要研究目标是分析我国城市与城市群最优的用地规模。由于数据获取原因，本书从直辖市与地级及地级以上城市两个层面来进行研究。本书研究的次要目标是通过对我国地级及地级以上城市的最优人口规模的研究来完善本书的研究主题与领域。

首先，本书主要运用 CGE 模型，以直辖市为例来研究我国单个城市最优用地规模，以及城镇建设用地结构的最优化与变动问题。CGE 模型是一个较为成熟的模型，被国内外学者广泛应用在国际贸易、财政政策、税收影响等领域，但很少应用在土地利用等方面，尤其是利用 CGE 模型对城市最优用地规模问题进行研究尚处空白领域。其次，本书引入 SOUDY 模型对我国地级及地级以上城市的最优用地规模进行总体研究。最后，本书基于 Henry George 定理对我国地级及地级以上城市的最优人口规模进行总体分析，并且根据偏相关系数与协调度指数对我国地级及地级以上城市的用地规模、人口规模与经济规模进行关联分析。Henry George 定理与 SOUDY 模型是城市最优规模问题的两个研究分支，是新古典经济学与城市经济学进一步深入与发展的成果，在国外发展得较为成熟，但是没有得到国内学者充分的关注，所产生的研究成果也较少。

1.4 研究思路与主要内容

本书共分为8章，第1章是绪论。该章提出了城市最优规模问题的选题背景与选题意义，提出了研究思路与主要内容，指出了研究目标与研究方法，并点明了研究主要的创新点。该章还进行了国内外研究综述，通过系统回顾城市最优规模研究的理论溯源与发展历程，全面总结国内外学者对该方面研究所做出的努力与贡献。

第2章是城市最优用地规模的经济学理论分析，通过理论分析为全书后面的实证研究部分奠定基础。该章分别介绍研究城市最优规模问题的几个分支，即基于微观经济学的成本 – 收益模型的城市最优人口规模理论，基于单中心城市模型的城市用地规模与人口规模理论分析，基于 Henry George 定理的城市最优规模理论分析，以及基于 SOUDY 模型的城市最优用地规模理论分析。然后该章介绍一般均衡理论的发展历史以及 CGE 模型的简要理论框架，进而分析 CGE 模型与投入产出模型、计量经济学模型之间的异同，最后对国内外有影响力的一些 CGE 模型的研究与应用进行评述。

第3章是中国直辖市城市用地 CGE（Urban Land CGE，ULCGE）初级模型的构建与分析。该章从 CGE 模型各个模块的各组方程的优化函数入手，描述消费者的商品需求和要素供给行为，生产者的商品供给和要素需求行为，以及供求的均衡关系，由此阐述城市用地规模 CGE（ULCGE）模型的理论基础和结构。同时，介绍城市用地规模 CGE（ULCGE）模型的软件开发平台以及开发步骤。该章利用 ULCGE 模型进行城市经济发展状态模拟，以北京市、上海市、天津市与重庆市为例，分析在经济增长的背景下，基于居民福利最大化与生产利润最大化，城市经济中各个部门与行业最优用地规模的变动情况以及城市整体最优用地规模的变动情况。同时，结合经济发展、要素价格变动、要素供给变动等不同的情景模拟方案，分析与预测在不同的情况下城市工矿仓储用地、交通运输用地、住宅用地、商服用地、公共管理与公共服务用地等几种城镇建设用地的规模大小以及变动情况，进而探讨在一定的经济发展水平下城市的最优用地规模问题。

本书第4章与第5章是分别基于 SOUDY 模型与 Henry George 定理的我国地级及地级以上城市最优用地规模与最优人口规模的总体分析。具体来看，这两章引进在西方国家得到广泛应用的 SOUDY 模型与 Henry George 定理对比研究我国地级及地级以上城市的最优用地规模与最优人口规模，与一般均衡分析所得出的结论进行对比研究。第3章的一般均衡分析是对单个城市的最优用地规模及其用地结构变动进行分析，从建设用地的各个组成部分来探讨城市最优用地规模，更加微观；而第4章与第5章是对我国地级及地级以上城市的最优用地规模和最优人口规模进行总体分析，试图从多个角度更加全面客观地探讨我国城市的最优规模问题，是对第3章研究内容的进一步补充，与第3章的研究内容形成一个完整的研究体系。

第6章是我国地级及地级以上城市用地规模与人口规模的关联分析，旨在将城市用地规模与人口规模纳入一个整体的分析框架，突破之前学者单独研究城市人口规模或者用地规模的局限，弥补将城市从人口与空间两个维度进行割裂的缺陷。与此同时，本书借鉴其他学者提出的城市经济规模概念，研究历年来城市用地规模、人口规模与经济规模的发展趋势三者之间的相关关系，并且引入协调性指数分析与判断我国地级及地级以上城市用地规模、人口规模与经济规模之间的协调发展程度，从而提出相应的对策建议。

第7章是中国城市群最优规模分析。该章依据国家出台的相关规划选取了11个城市群，从环境、经济、社会3个维度构建指标体系，运用熵值法与主成分分析方法估计各城市集聚效应与拥挤效应从而分析城市群的最优规模。

第8章是本书的结论部分。该章概括本书的主要研究成果、政策建议与研究展望，提出本书研究所存在的缺陷以及进一步的研究展望。

本书的基本框架和技术路线图如图1.3所示。

1.5 主要创新点

（1）在研究视角上，本书将产业投入产出、居民效用、政府行为等纳入一个整体的框架中进行研究，在CGE模型中揭示它们之间的互动影响关系。由于人口规模无法再进行细分，国内外大部分研究只把城市最优规模当作一个总体的指标，即便对最优用地规模进行研究，也只能提出一个总体的最优值。本书创新性地构建三层嵌套的生产函数，并且通过分析将我国投入产出分析中的42个产业部门与我国土地利用现状分类一级类（GB/T 21010—2007）中的交通运输用地、工矿仓储用地、公共管理与公共服务用地、住宅用地及商服用地等5种国有建设用地相对应，从而考察一般均衡状态下政府行为、居民效用对工矿仓储用地、交通运输用地、住宅用地、商服用地、公共管理与公共服务用地等几种城镇建设用地规模的影响力大小与方向，如庖丁解牛般对城市最优用地规模的结构变动及比例进行更加细致与精确的分析。因此这种研究视角可

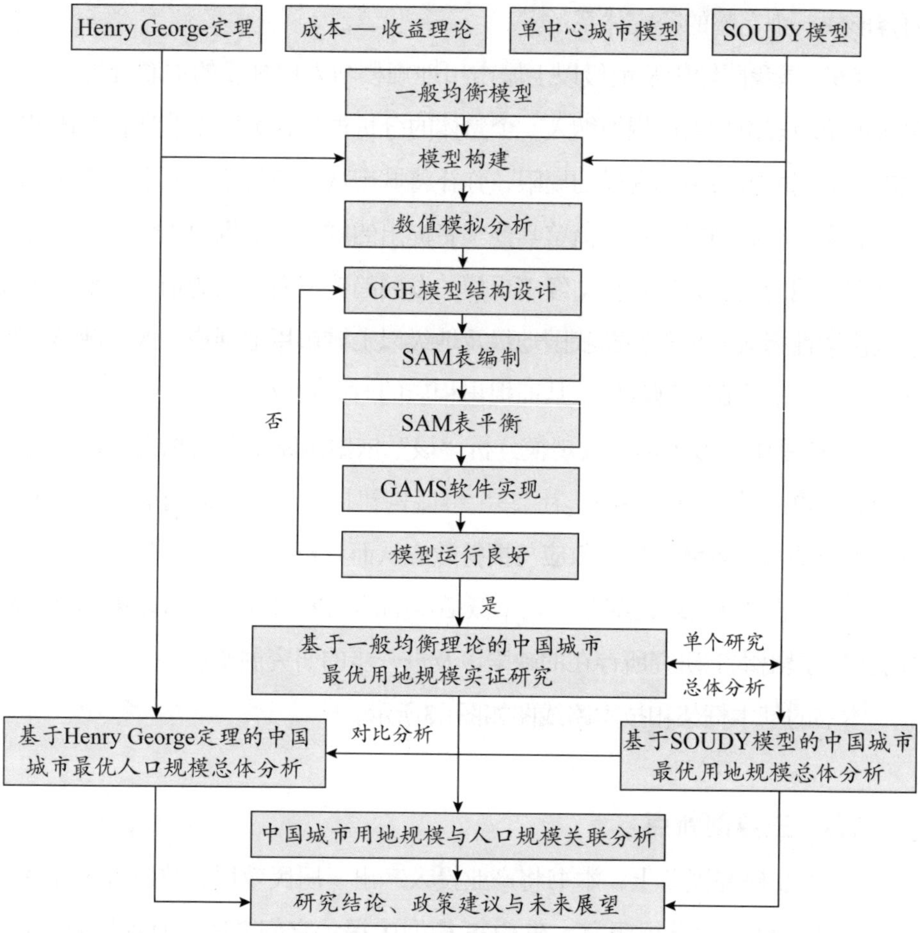

图1.3　框架图

以突破现今国内学术界从单一、静态的视角来研究有关城市最优规模问题的局限，使得本书的研究更具系统性。

（2）在研究方法上，目前学术界利用一般均衡分析以及 CGE 模型对国际贸易、税收、财政政策等方面进行研究已经非常成熟，但是通过文献梳理可知，利用 CGE 模型研究土地利用与城市经济学的较少，尤其是对城市最优规模问题的研究，到目前为止尚属空白。本书通过构建一个能充分反映中国城市经济、居民生活水平和政府行为特点的 CGE 模型，以居民生活水平的提高、生产的利润最大化与成本最小化等为研究重点，通过设计不同的情景方案，使用

CGE 模型进行模拟分析，在宏观和产业两个不同层面展示一般均衡状态下城市各个行业用地规模的变动情况以及整体的变动情况。这不仅使本书的研究更具科学性，而且突破了现有研究仅涉及成本－效益问题，而忽视宏观层面对城市最优规模问题进行探讨的局限，也填补了 CGE 模型在城市经济学以及城市最优规模领域的研究空白。

（3）国内外政府和机构一般以人口规模来衡量城市规模，然而城市的空间规模——用地规模常常被学者忽视。本书运用 CGE 模型对以北京市、上海市、天津市与重庆市为例的直辖市最优用地规模进行研究，并且借鉴国际上较为成熟的 SOUDY 模型对比研究我国地级及地级以上城市最优用地规模问题，试图丰富与完善本书的研究视角与研究方法，弥补运用某一种研究方法所带来的思维与视角的局限，丰富对城市用地规模领域的研究，也完善从直辖市到地级及地级以上所有城市的样本层次，可以提出更加全面、可信的研究结论。

（4）本书以城市用地规模研究为主，但是为了避免研究视角过于单一，通过借鉴国内较少得到应用的 Henry George 定理来推导与验证我国地级及地级以上城市最优人口规模问题，对其他研究进行补充与完善。本书还将城市用地规模与城市人口规模纳入统一的研究框架中，同时借鉴其他学者提出的城市经济规模概念，对城市用地规模、城市人口规模与城市经济规模进行关联分析，并进行协调度研究，探寻我国地级及地级以上城市用地规模、人口规模与城市经济规模之间存在的规律与内在机理，从用地、人口与经济3个方面对我国城市最优规模问题进行较为全面与系统的研究，故具备一定的创新意义。

（5）基于现有文献可知，对城市最优规模的研究已相对成熟，然而对城市群最优规模问题进行探讨的研究非常少。基于此，本书选取国家已出台的相关规划确定11个城市群，从环境、经济、社会3个维度构建指标体系，运用熵值法与主成分分析法估计各城市的集聚效应与拥挤效应，从而对城市群的最优规模进行研究，具有一定的创新性。

第 2 章　城市最优规模的经济学理论分析

英国经济学家马歇尔[163]在其1890年出版的经典著作《经济学原理》(*Principles of Economics*)中提出了被广泛用来解释城市形成的外部效应理论。从产业层面来考虑，劳动力市场、交通基础设施、金融服务等生产性服务业集群能产生正的外部性，可以提高企业的生产力与竞争力。同时，新企业的迁入可能会对原来的企业产生积极影响，比如知识或技术性溢出，因此外部性和经济活动的集聚之间为协同增长关系。从居民的层面来考虑，靠近企业可以购买到更加丰富的产品与服务，获取更多的就业机会，享受更加健全与高质量的公共服务等。另外，规模经济被认为是经济活动集聚的另一个原因。规模经济是指企业规模的扩大所带来的企业单位成本的降低，包括工厂规模经济等3种规模经济。为了获得规模经济，企业通过建造更多的工厂和雇佣更多的工人来扩大生产规模，引发了经济活动的进一步集聚与扩张。居民集聚在一起也可以产生规模经济，例如自来水管道、天然气管道、输电线路等生活性基础设施费用的平摊能有效降低生活成本。同时，由于需求门槛的满足，居民的集聚可以支撑更高等级的学校、医院、商场等公共与非公共服务设施的运营，提高居民生活水平。因此，根据微观经济学理论，居民与企业的集聚、外部效应和规模经济的存在有效地促进了城市的形成与发展。

然而，伴随着城市的快速发展，市场机制的扭曲和资源的过度使用导致了规模不经济。这种规模不经济包括交通拥堵、环境破坏、资源浪费等。规模不经济在一定程度上抵消了经济发展所带来的部分收益，因此产生了“城市最优规模”这个重要问题。国内外学者对此进行了全面而深入的研究。同时，由前文分析可知，城市规模一般包含三个维度，即城市人口规模、城市用地规模与城市经济规模。大部分学者都是从经济学的角度对城市最优规模进行分析的，所得出的城市最优规模必然也是“经济”上最优的；国内外学者一般从人口与用地两个角度对城市最优规模进行研究，因此所得出的城市最优规模也必然包括最优人口规模与最优用地规模两个方面。由于官方机构通常以人口规模测度城市规模，因此国内外学者首先是从人口规模的角度，应用微观经济学的成本 - 收益理论来分析城市最优规模。随着对问题的深入分析，一些学者在微观经济学基础上提出并发展了单中心城市模型，对房价、地价、交通运输成本等影响城市规模的因素进行了理论探讨与实证检验，并首次从城市用地规模的角度进行分析。在此基础上，相关学者又总结并提出了 Henry George 定理，对单中心城市模型进行了拓展，从公共物品支出与土地税的角度探讨城市最优人口规模。最后，为了解决以往古典经济学视角下城市最优规模研究的弊端，卡马尼与卡佩罗等学者提出并完善了 SOUDY 模型，同样是以人口规模定义城市规模。因此本章内容的安排如下：第一节是基于成本 - 收益模型的城市最优人口规模理论分析；第二节基于单中心城市模型对城市用地规模与人口规模的影响因素进行理论分析；第三节根据 Henry George 定理对城市最优人口规模进行理论分析；第四节根据 SOUDY 模型对城市最优用地规模进行探讨；第五节构建一般均衡分析模型，对最优城市用地规模进行理论分析，并分析劳动力、地价等要素投入对城市最优用地规模的影响；第六节为城市最优规模的总体理论分析；第七节对本章予以总结。

2.1　基于成本 - 收益模型的城市最优人口规模理论分析

经济学家对城市最优规模问题的研究始于新古典经济学。假设城市与企业一样存在城市收益曲线与城市成本曲线，其中收益包括城市发展带来的各种正外部性，比如就业机会、更好的医疗、教育服务等；成本包括城市扩张带来的竞争压力加大、交通拥堵带来的时间损失与尾气排放、房价过快上涨等不利因素。根据理查德森 [164] 的分析，典型的城市成本－收益曲线分布如图2.1所示。

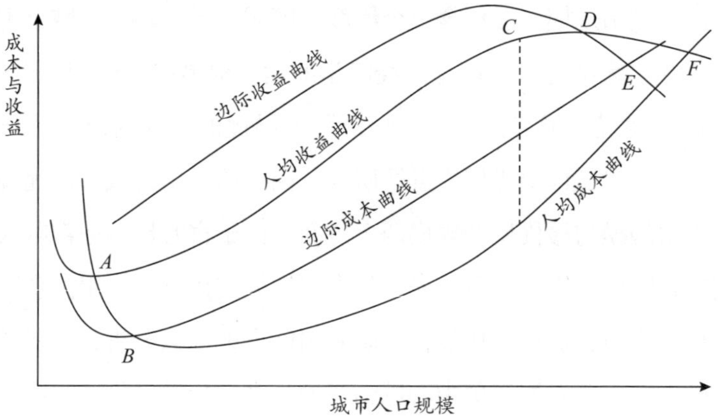

图2.1　成本－收益曲线示意图

由图2.1可知，城市存在如下几种人口规模：

（1）最小城市规模，如图中 *A* 点所示。*A* 点是城市人均收益与城市人均成本相等时所代表的城市规模。城市规模未达到最小城市规模时，城市人均收益小于城市人均成本，说明城市发展带来的成本大于产生的收益，显然此时对应的城市人口规模不是最优的。

（2）成本最小的城市规模，如图中 *B* 点所示。此时城市人均成本达到最低。但是人均成本最小的城市规模并没有达到最优状态，因为伴随着城市的发展，虽然人均成本有所提高，但是人均收益也在提高，而且提高幅度有可能更大，即人均净收益在不断增加，城市人口规模还没有达到最优水平。

（3）由图2.1可知，在 *C* 点，城市人均收益与人均成本之间的差距最为明显。小于这个规模或者大于这个规模，人均净收益都会下降，但是此时城市边际收益与城市边际成本相比较大。伴随城市人口规模的进一步扩大，城市总收益仍然有增加的空间，因此此时城市人口规模仍未达到最优状态。

（4）人均收益最大的城市人口规模，如图中 *D* 点所示。此时城市人均收益最大，但是此时城市人均成本也在不断增加，人均净收益在不断下降，因此

D 点代表的城市人口规模并不是最优规模。

（5）城市最优人口规模，如图中 E 点所示。此时城市边际收益与边际成本相等，城市总收益达到最大。小于这个规模，城市边际收益超过城市边际成本，城市人口规模扩大带来城市总收益的增加。超过这个规模，城市收益与城市成本相比较低，会带来城市总收益的减少。因此城市边际收益等于城市边际成本时所对应的城市人口规模被定义为最优城市人口规模。

（6）城市规模最大值，如图中 F 点所示。此时城市人均收益再一次与城市人均成本一致。超过城市规模最大值，城市人均收益再次小于城市人均成本，会阻碍农村劳动力与外来人口向城市集聚，本地居民也有可能迁往其他地方。

综上所述，基于成本 – 收益模型的城市最优人口规模理论借助微观经济学经典理论进行分析，对城市最优规模问题进行了深入的探讨。但是该模型存在几点缺陷：首先，城市是由居民、企业、政府等行为主体构成的综合系统，其发展内涵非常丰富与广阔，很难用一个或几个指标来概括城市发展带来的“收益”与“成本”，因此也很难描述城市收益曲线与城市成本曲线。其次，由于历史、政治、经济、区位等难以精确刻画的原因，城市的发展千差万别、丰富多彩，即便存在城市收益曲线与成本曲线，也会因为城市的不同而不同，从而存在不同的城市最优人口规模，并且不同历史阶段的城市最优人口规模也存在差异。

2.2　基于单中心城市模型的城市用地规模与人口规模理论分析

在微观经济学成本 – 收益理论的基础上，多位学者一起构建与发展了单中心城市模型，并在此基础上不断进行完善。单中心城市模型探讨房价、住宅消费、土地租金与交通成本等方面对城市用地规模与人口规模的影响。它本质上属于微观经济学的范畴，是成本 – 收益分析方法的进一步发展，但是它从更加微观与具体的角度研究城市规模增长的驱动因素，为城市经济学的开创与拓展奠定了重要的理论基础。

首先简单介绍布吕克纳[38]提出的单中心城市模型：假设在一个均质的平

原上，居民沿着放射状的道路网络往返于位于城市中心的中央商务区（Central Business District，CBD）。假设每单位运输成本为 t，居住地到 CBD 的距离为 x，因此居民上班过程中往返的运输成本为 $2tx$。为了分析方便，假设所有居民的收入水平 y 与消费倾向是相同的，居民之间的区别包括居住空间与位置的不同。居民效用函数 $v(c, q)$ 是严格拟凹函数，其中 c 是指除住房消费以外的其他商品与服务的消费数量，q 是对住房的消费，这样处理是为了分析住房对城市规模的影响。其他消费品 c 在城市的任何地点价格一致，都简化为1，而单位房价 p 随着区位的不同而不同。由于在不同的区位存在不同的房价与运输成本，因此当房价的变动能够弥补或抵消运输成本的变动时，居民就没有动力再迁徙，城市内部空间就形成了一种相对均衡的土地利用状态，此时居民的效用水平在城市空间的任何一个地点都是无差异的。最优化条件与约束条件可以用如下方程表示[165]：

$$\max(vy-tx-pq, q)=u \tag{2.1}$$

式中，u 为内生变量，代表城市居民满意水平。

$$y=c+tx+pq \tag{2.2}$$

通过比较静态分析（Comparative Static Analysis），加入城市土地租金 r，从而得到模型的第一个均衡条件：

$$r(\bar{x}, y, t, u)=r_A \tag{2.3}$$

式中：$\bar{x}$ 代表与城市边界的距离；u 是城市居民满意水平，是外生变量；r_A 代表农业土地地租。通过求解与推导，可以得到如下影响城市空间规模的不等式：

$$\frac{\partial p}{\partial x}<0,\ \frac{\partial q}{\partial x}=\eta\frac{\partial p}{\partial x}>0,\ \frac{\partial r}{\partial x}<0,\ \frac{\partial S}{\partial x}<0 \tag{2.4}$$

式中：$\eta<0$是指在满意水平不变时需求曲线的斜率；S 是指资本 / 土地比例，类似于容积率概念。从以上不等式可以看出，城市空间规模（用地规模，以到城市 CBD 的距离 x 代表）受单位房价 p、住房消费 q、城市土地租金 r 与资本 / 土地比例 S 共同影响，其中住房消费与到城市 CBD 的距离 x 之间是正相关关系，距离城市 CBD 越远，地价与房价越低，因此可以购买面积越大的房屋；

单位房价 p、城市土地租金 r、资本 / 土地比例 S 与到城市 CBD 的距离 x 之间是负相关关系，距离城市 CBD 越远，城市土地租金越低，单位房价也越低，资本 / 土地比例也越低。

考虑城市人口规模 L，模型的第二个均衡条件为：

$$\int_0^{\overline{x}} \theta x D\left(x,t,y,u\right)\mathrm{d}x = L \tag{2.5}$$

式中，θ 为参数。此时可以从封闭城市（Closed-City）与开放城市（Open-city）两个方面来进行分析，其中封闭城市是指居民不能在城市之间进行迁徙，因此人口规模 L 是外生决定的，通过推导可知：

$$\frac{\mathrm{d}\overline{x}}{\mathrm{d}L}>0,\ \frac{\mathrm{d}u}{\mathrm{d}L}<0,\ \frac{\mathrm{d}p}{\mathrm{d}L}>0,\ \frac{\mathrm{d}q}{\mathrm{d}L}<0,\ \frac{\mathrm{d}r}{\mathrm{d}L}>0,\ \frac{\mathrm{d}S}{\mathrm{d}L}>0 \tag{2.6}$$

根据上式可知城市人口规模与城市空间规模为正相关关系，很显然，城市空间规模越大，能容纳的城市人口也越多；居民效用与城市人口规模为负相关关系，城市人口规模的扩大会加大拥挤效应，加剧就业竞争，降低居民效用水平；城市人口规模 L 与居民住房消费 q 之间为负相关关系，与房价 p 之间为正相关关系。城市人口规模变大，居民对住房消费的需求就会增加，促使房价不断提高，因此降低了居民的住房消费量；城市人口规模和土地租金 r、资本 / 土地比例 S 呈正相关变动关系，房价的不断提升，本质上是由用地需求与供给的不平衡引起的，城市人口规模扩张引起用地需求大于用地供给，促使土地租金不断提高，资本 / 土地比例也相应增加。

由此可知，经典的单中心城市模型虽然没有探讨最优的城市用地规模或者人口规模问题，但是从房价、土地租金、住房消费、运输成本等角度具体地描述了城市用地规模与人口规模增长的轨迹。通过对单中心城市模型进行求解可以得到均衡角度下的城市最优用地规模与人口规模，因此单中心城市模型间接推动了城市最优规模研究的发展，并逐渐成为国内外学者研究城市规模及其他问题的经典模型，有力地促进了城市经济学的不断完善与进步。

2.3 基于 Henry George 定理的城市最优人口规模理论分析

基于传统的单中心城市模型，Henry George 定理首次从公共财政角度研究城市最优规模。根据理查德 • 阿诺特（Richard J. Arnott）与约瑟夫 • 斯蒂格利茨（Joseph E. Stiglitz）[127] 的介绍，类似于单中心城市模型，假设城市居民在城市中心的 CBD 工作，居住地到 CBD 的距离为 x，往返 CBD 与居住地之间产生交通服务成本。居民消耗私人产品（Private Good）C，比如食品与服装等；政府提供公共产品（Public Good）P，比如自来水与电力等。因此可以提出如下等式：

$$\begin{aligned}&\max_{N} U\\&\text{s.t.}\ \ NY = NC + P + ATC\end{aligned} \tag{2.7}$$

式中：U 是总效用；N 是城市总人口；Y 是人均产出；ATC 是总运输成本（Aggregate Transportation Cost）；P 是公共产品支出，在经济学上用庇古补助表示。城市集聚经济来源于公共产品的正外部性，庇古补助是指对城市集聚经济即公共产品的正外部性进行的补助。不失一般性，假设城市是边界为 t^* 的圆形，距离 CBD 的单位运输成本为 t，城市各个方向的总运输成本 ATC 为：

$$ATC = \int_0^{t^*} f(t)(2\pi t)\mathrm{d}t = \mathrm{e}\int_0^{t^*} t(2\pi t)\mathrm{d}t = \frac{2}{3}\mathrm{e}\pi t^{*^3} = \frac{2}{3}\mathrm{e}\pi^{-1/2}N^{3/2} \tag{2.8}$$

式中：$f(t)$ 是线性运输成本，$N\left(t^*\right) = \pi t^{*^2}$。将式（2.8）代入式（2.7）并进行求解，可知在最优条件下：

$$P = \frac{1}{3}\mathrm{e}\pi^{-1/2}N^{3/2} = \frac{1}{2}ATC \tag{2.9}$$

式中：N 为城市总人口。假设城市为圆形，城市总地租 ALR（Aggregate Land rent）为：

$$ALR = \int_0^{t^*} R(t)2\pi t\mathrm{d}t \tag{2.10}$$

式中：$R(t)$ 是指与 CBD 距离为 t 的地租。对式（2.10）进行积分可知：

$$ALR = \int_0^{t^*} -R'\pi t^2\mathrm{d}t + R\left(t^*\right)\pi t^{*^2} \tag{2.11}$$

根据式（2.10）可知，总地租包括两个部分。理查德 • 阿诺特 [126] 指出，城市总地租（Aggregate Land Rent，ALR）的第一部分为级差地租（Differential Land Rent，DLR），第二部分是城市边界的地租乘以城市总面积。居民在城市内部搬迁时，距离 CBD 的交通成本与地租呈反向变动关系。假设单位距离增加或减少的交通成本 $R'(t)$ 与减少或增加的地租水平 $-f'(t)$ 相等，即：

$$R'(t) = -f'(t) \tag{2.12}$$

将式（2.12）代入式（2.11）有：

$$ALR = \int_0^{t^*} f'\pi t^2 \mathrm{d}t + R\left(t^*\right)\pi t^{*^2} \tag{2.13}$$

将式（2.13）与式（2.8）进行对比，并在 $f'(t)=f$ 的前提下可知：

$$P = \frac{1}{2}ATC = DLR \tag{2.14}$$

综上所述，Henry George 定理的核心思想是从新古典经济学的分析范式出发，研究城市集聚经济与城市集聚不经济达到平衡时的城市人口规模问题。城市空间集聚规模报酬递增（集聚经济）与规模报酬递减（集聚不经济）之间的平衡决定了城市最优规模。其中城市集聚经济是指影响城市中企业生产与居民生活的正外部性，企业因为丰富的劳动力、上下游产业链的关联和完善的生产配套服务而集聚在城市；居民因为较好的公共服务设施与较丰富的就业机会而迁入城市。因此城市集聚经济是城市产生与不断发展的根本原因，是提高企业生产效益与居民效用水平的内在动力。然而生产要素与生产活动在城市集聚达到一定程度便会产生集聚不经济，比如人口的过度增长带来的高房价、交通拥堵、教育和医疗资源紧张等负外部性。城市集聚不经济是因资源的稀缺性和拥挤成本的产生，进而产生了城市地租问题。因此本书放宽 Henry George 定理的假设，通过引入城市集聚不经济指标 AD（Agglomeration Diseconomies）来代替级差地租 DLR，从而提出更加一般性的 Henry George 定理，即在城市人口规模达到最优的情况下，公共产品支出能弥补集聚不经济所带来的损失，公共产品支出与城市集聚不经济指标 AD 之间的差距可以用来衡量城市人口规模与最优规模之间的差距。

2.4 基于 SOUDY 模型的城市最优用地规模理论分析

成本－收益模型、单中心城市模型与 Henry George 定理都是从新古典经济学出发，利用均衡条件与最优化对城市最优规模进行研究。然而这些理论在解释现实问题时存在一些缺陷：

（1）城市承载不同的功能与角色，受区位条件与行政级别等因素的影响，城市最优规模应该因城市职能的不同而有所区别；

（2）运用企业利润最大化的均衡方法，设置一个统一的城市生产函数必然会得到相同的城市最优规模，这与现实情况显然是矛盾的；

（3）城市发展并不是完全孤立的，而是处于一个相互作用的城市体系或者城市群之中，不同的城市在其中承载不同的功能，有着不同的定位。

意大利经济学家卡马尼于1986年提出 SOUDY 模型。与其他同类型模型一样，SOUDY 模型起初采用城市人口规模代表城市规模，但是通过分析可知 SOUDY 模型仍然适合对城市用地规模的分析。在 SOUDY 模型中，城市用地规模包括最小规模与最大规模。城市最小用地规模也被称为门槛规模，城市用地规模低于门槛规模，就无法支撑相关行业的发展，更无法弥补集聚不经济带来的损失，城市就无法形成。同时，集聚不经济与集聚经济相等时的城市用地规模为最大用地规模，超过此用地规模，城市集聚不经济占主导地位，城市用地规模的增大反而不利于城市总体收益的提高，因此城市有效用地规模处于最小用地规模和最大用地规模之间，即城市最优用地规模区间。

由图2.2可知，首先，在生产有效性条件（Efficiency Production Conditions，EPC）下，不同的城市对应不同的门槛值（如图2.2中 d_1、d_2、d_4 所示）；其次，每条不同的总收益曲线（Aggregate Benefit Curve，ABC）代表不同发展程度的城市，ABC 曲线越高，代表城市发展程度越高（如图中 ABC_1、ABC_2、ABC_3 所示），而阿朗索提出的区位成本曲线（Aggregate Location Cost，ALC）与 ABC 曲线相交的区域（d_1-d_3、d_2-d_5、d_4-d_6）代表不同城市的有效用地规模（最优用地规模）区间[138]。

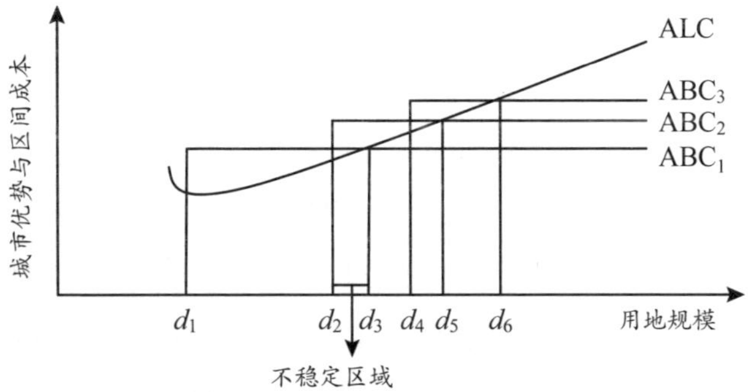

图2.2　SOUDY 模型示意图[138]

与以往的研究相比，SOUDY 模型有两个明显的特征：如图2.2所示，ABC_1 代表发展水平相对较低的城市，ABC_2 代表发展水平相对较高的城市，然而发展水平较高的城市其用地规模却不一定大于较低的城市（图2.2中 d_2–d_5 小于 d_1–d_3）。因此 SOUDY 模型的这个特点可以用来解释为什么一些西方国家的经济较为发达的城市的用地规模明显小于发展中国家一些经济发展相对落后的城市。SOUDY 模型的第二个具有解释力的地方是提出了不稳定区域（Instability Area）的概念。图2.2中实际用地规模处于 d_2–d_3 之间的城市处于最优用地规模区间，但是这个规模的城市有可能发展程度较高（以 ABC_2 为代表），也有可能发展程度较低（以 ABC_1 为代表）。这解释了用地规模相同的两个城市有可能存在不同的级别，承载不同的职能，因而 SOUDY 模型从两个方面放松了以往研究关于城市用地规模与城市级别以及发展程度之间的约束，并且 SOUDY 模型用城市最优用地规模区间来代替单一的最优规模值，更加符合实际情况。因此，SOUDY 模型与实际情况较为一致，具有较强的解释力。尽管如此，我国学者运用 SOUDY 模型的研究成果较为缺乏。有鉴于此，本书将尝试运用 SOUDY 模型对我国城市最优用地规模区间进行探讨与总体研究。

2.5　城市最优用地规模的一般均衡理论分析

成本 – 收益模型、Henry George 定理与 SOUDY 模型都是基于微观经济学局部均衡（Patial Equilibrium）分析的角度提出的，具有内在的联系，而一般均衡分析是局部均衡分析的深化与拓展。城市的发展是经济、社会与生态环境共同作用的结果，“社会”是各种社会关系的总和，其基本元素是居民，在微观经济学中用效用函数来衡量居民的效用水平。“经济”在本书中指产业与企业的各种生产活动与相互关联，当商品与要素不存在供不应求或者供过于求的情况时，要素市场与商品市场同时达到出清状态。同时，根据对相关文献进行的梳理可知，大部分学者只是将城市经济看作一个单一的生产函数，或者从单个市场的角度出发，只考虑某一个市场收益达到最优或者在城市环境质量、公共支出效率、幸福感等某个指标约束下实现最优的情况。而城市发展是一个综合系统，可以看作是企业、居民、政府等各个部门均衡发展产生的结果，因此局部均衡状态下的城市规模较为片面，并不是最优的，需要进行整体的研究。

与此同时，以往的学者从宏观的角度，把城市经济当作一个总生产函数进行研究并不具体，需要从微观角度理解城市经济的发展。根据效用最大化原则，居民在要素禀赋约束下购买商品，提供劳动力等生产要素。根据利润最大化原则，所有行业的企业在资源约束下购买生产要素，为市场提供各种商品。而一般均衡是指在一组均衡价格条件下，各个市场上的商品与要素市场均实现出清状态，不仅使城市经济达到了整体最优状态，而且细致地考虑了城市经济各个部门的均衡状态。不仅如此，一般均衡分析还可以引入政府、投资储蓄、进出口部门等进行综合分析，相对于以往单一市场单一角度的研究更加全面，因此一般均衡分析相对于之前的局部均衡分析是最优的，这也是福利经济学第一定理所证明的。同时，以往学者几乎都是从人口的角度定义城市最优规模，而土地资源是社会经济中所有生产与服务的物质载体。由国家相关规划可知，城市规模可以从空间与土地资源角度进行表述。因此，整个城市经济实现一般均衡的最优状态时所对应的用地规模可以被定义为城市最优用地规模，如图2.3所示。

本书首先介绍张欣[166]对一般均衡模型的分析，并构建三层生产函数的复合形式。要素增值和中间投入构成了总产出，其中要素增值是指劳动、资本、土地等初始投入的要素，包括要素增值 E 与要素增值 V。增值 V 采用 CES 函数形式，由劳动与资本两种生产要素复合组成。增值 E 也采用 CES 函数，由

增值 *V* 和土地复合组成，此时将增值 *V* 看作一种投入的要素，如图2.4所示。

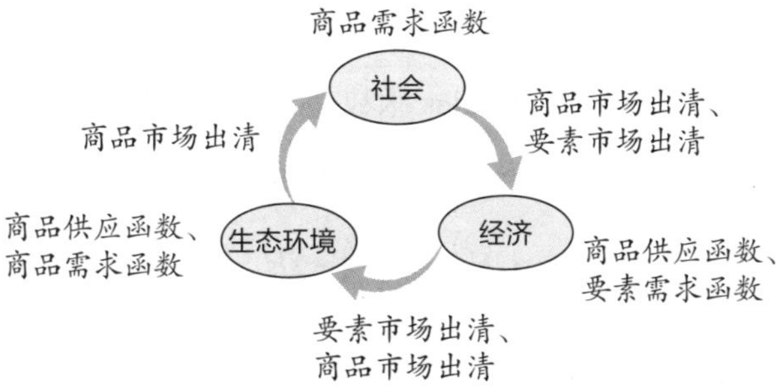

图2.3　城市用地规模一般均衡模型

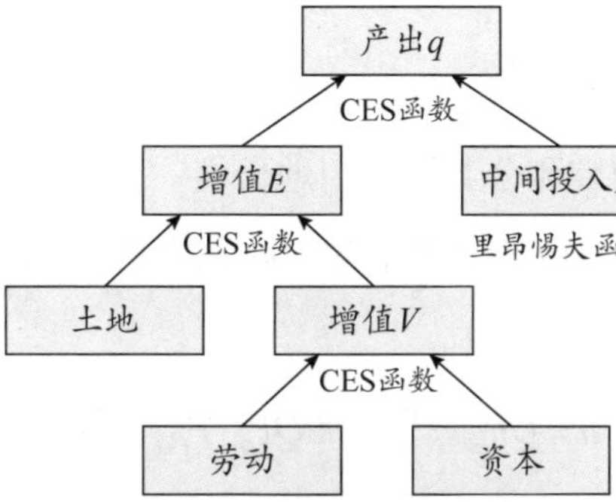

图2.4　生产函数的嵌套示意图

设 QA 为经济活动生产的商品数量；PA 为经济活动生产的商品价格；QVA、QEA 是增值总投入数量；PVA、PEA 为增值总价格指数；$QINTA$ 为中间投入总量；$PINTA$ 为中间投入的总价格指数；QLD、QKD、QGD 分别为劳动力等3种要素投入；所有生产部门为 A 集，要素为 F 集；a 为生产的商品，a=1, …, n, $a \in A$, $f \in F$；f 指劳动、资本和土地；ρ、δ 为参数；q、Ea、va 是系数。因此生产函数第一层为：

$$QA_a = a_a^q \left[\delta_a^q QEA_a^{\rho_a} + \left(1-\delta_a^q\right) QINTA_a^{\rho_a} \right]^{\frac{1}{\rho_a}} \qquad (2.15)$$

生产函数第二层与第三层为：

$$QEA_a = a_a^{Ea} \left[\delta_a^{Ea} \cdot QGD_a{}^{Ea} + \left(\ -\delta_a^{va} \right) \cdot QVA_a \right]^{\overline{\ \ Ea}} \qquad (2.16)$$

$$QVA_a = a_a^{va}\left[\delta_a^{va} \cdot QLD_a^{\rho_a^{va}} + \left(1-\delta_a^{va}\right) \cdot QKD_a^{\rho_a^{va}}\right]^{\frac{1}{\rho_a^{va}}} \quad (2.17)$$

根据研究惯例采用 Cobb-Douglas 函数衡量居民效用水平，$shrh_a$ 为居民在商品 a 上花费的份额，YH 为居中收入，因而居民对商品 a 的需求 QH_a 为：

$$QH_a = \frac{shrh_a}{PA_a} \cdot YH \quad (2.18)$$

其中，居民对住宅用地 G_L 与公共设施用地 G_P 的需求 QG_LD 和 QG_PD 为：

$$QG_LD = \frac{shrh_L}{PA_L} \cdot YH，QG_PD = \frac{shrh_P}{PA_P} \cdot YH \quad (2.19)$$

式中，$shrh_L$ 和 $shrh_P$ 分别是指在住宅用地和公共设施用地上花费的份额；PA_L 和 PA_P 分别是指住宅用地和公共设施用地价格。同样，YE 为环境治理费用；P_{Pa} 为排污权价格；QP_a 为污染排放总量；u 是指居民效用；λ 是拉格朗日系数。可知：

$$u = QP_a^{-shrh_a}，\text{s.t.}QP_a \cdot P_{Pa} = YE \quad (2.20)$$

$$\max QP_a = QP_a^{-shrh_a} - \lambda\left(QP_a \cdot P_{Pa} - YE\right)，QP_a = \frac{YE}{P_{Pa}} \quad (2.21)$$

2.5.1 劳动力要素对城市最优用地规模的影响

综合上式可得，在一般均衡的利润最大化条件下，城市最优用地规模如式（2.22）所示。

$$QGD_a = (PA_a \cdot QA_a - WL_a \cdot QLD_a - WK_a \cdot QKD_a - PINTA_a \cdot QINTA_a)/WR_a \quad (2.22)$$

式中，WL、WK 分别为劳动收入和资本收入；WR 为地价。式（2.22）说明最优的土地投入总量与各个部门的土地价格、劳动力数量、资本数量以及中间投入为此消彼长的关系，与产品总价值呈正相关，由此可见土地、劳动力与资本三者之间存在一定程度的替代关系。根据成本最小化的一阶条件可得：

$$QGD_a=\left(\left(PA_a\cdot QA_a-WL_a\cdot QLD_a-WK_a\cdot\sqrt[1-\rho_a^{va}]{\frac{WL_a}{WK_a}\cdot\frac{\left(1-\delta_a^{va}\right)}{\delta_a^{va}}}\cdot QLD_a-\right.\right.$$

$$\left.\left.PINTA_a\cdot QINTA_a\right)\cdot\frac{\left(1-\delta_a^{Ea}\right)}{\delta_a^{Ea}}\cdot N\right)^{\frac{1}{\rho_a^{Ea}}}$$

式中：$N(\cdot)$ 代表一个复杂的函数形式。

由式（2.23）可以知道，一个城市的最优用地规模与要素投入之间为正比例关系，即城市最优用地规模随着劳动力等生产要素的增加而相应扩大，劳动力等生产要素规模比较小的城市，其最优用地规模不会太大。依照惯例分别取 $WL_a=WK_a=1$；$\delta_a^{va}=\delta_a^{Ea}=a_a^{va}=\rho_a^{va}=0.5$；$\rho_a^{Ea}=3$，式（2.23）化简为式（2.24）：

$$QGD_a=\left(\left(PA_a\cdot QA_a-PINTA_a\cdot QINTA_a\right)\cdot\frac{QLD_a^2}{16}-\frac{QLD_a^3}{8}\right)^{\frac{1}{3}}=\left(V\cdot\frac{QLD_a^2}{16}-\frac{QLD_a^3}{8}\right)^{\frac{1}{3}}\tag{2.24}$$

图2.5为城市最优用地需求随劳动力的变化趋势。从图中可以清楚地看到：

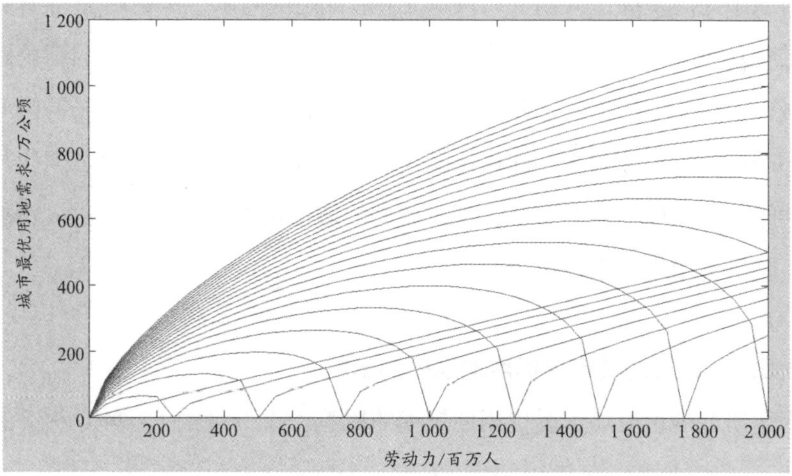

图2.5　城市最优用地需求与劳动力相关性

（1）在零点的右侧存在一个局部极值，此时：

$$QLD_a = \frac{PA_a \cdot QA_a - PINTA_a \cdot QINTA_a}{3} = \frac{V}{3} \tag{2.25}$$

此时最优用地规模的局部最大值为：

$$QGD_a = \frac{PA_a \cdot QA_a - PINTA_a \cdot QINTA_a}{6\sqrt[3]{2}} = \frac{V}{6\sqrt[3]{2}} \tag{2.26}$$

要素投入包括城市劳动力数量、资本总额、土地规模等，在一定程度上反映一个城市的经济规模与用地规模，可以称为城市综合规模。综合规模越大的城市，对应的最优用地规模相应越大，如图2.5所示，曲线越在上方，代表城市综合规模越大，其相应的城市最优用地需求相对也越大。在相应的综合规模下，当劳动力数量达到 $V/3$时，城市最优用地需求为局部最大值$V/6\sqrt[3]{2}$ 。

（2）在特定的综合规模下，当劳动力数量超过 $V/3$时，城市最优用地需求不断下降。可能是因为此时人口过度增加，引发住房紧张、污染加剧与交通拥堵等现象，加大了社会与环境承载负担，导致城市规模报酬不断递减，居民与产业逐渐外迁，城市用地需求因此不断下降。

（3）当劳动力超过 $QLD_a=V/2$时，城市最优用地需求又呈增大态势，说明此时城市经济发展进入新的阶段，城市最优用地需求也平稳增加。总体来看，城市最优用地规模呈波动上升趋势，这与林目轩等[16]学者得出的结论比较接近：城市人口承载能力的提升长期可以促进城市净收益的不断增长。因此可以得出一个重要的政策启示，即在保障民生、稳定就业及保证教育、卫生与医疗等公共服务资源供给的前提下，规模较大的城市可以突破约束，进入新的发展阶段，其最优用地规模也相应增大。

2.5.2 地价对城市最优用地规模的影响

为了研究地价对城市最优用地规模的影响，本书对式（2.24）进行变形：

$$2QLD_a^3 - V \cdot QLD_a^2 + 16QGD_a^3 = 0 \tag{2.27}$$

一元三次方程的解并不唯一，可以从以下几个方面分别讨论：

（1）当 $V=QGD_a=0$时没有意义，城市的用地规模大于0；

（2）当 $QGD_a^3=V^3/432$时，原方程存在两个不同的实数解，但是城市最优用地规模 QGD 应该是一个区间；

（3）当 $QGD_a^3<V^3/432$时，原方程亦存在两个不同的实数解，但是城市最优土地规模 QGD 应该是随经济发展水平提高而不断扩大的，最大值不应该是固定的；

（4）当 $QGD_a^3>V^3/432$时，城市最优用地规模存在最小值 $V^3/432$，结合成本最小化的一阶条件可得：

$$WR_a=\left(\frac{2}{3}V+\frac{\sqrt[3]{864QGD_a^3+3\sqrt[3]{82\,994QGD_a^6-192V^3\cdot QGD_a^3}-V^3}}{3}+\frac{\sqrt[3]{864QGD_a^3-3\sqrt[3]{82\,994QGD_a^6-192V^3\cdot QGD_a^3}-V^3}}{3}\right)\cdot QGD_a^{-1} \quad (2.28)$$

表2-1中列出了2016年我国部分城市的房地产价格与城市建成区面积。

表2.1　2016年我国部分城市的房地产价格与城市建成区面积

城市	样本均价/元•平方米$^{-1}$	环比涨跌	建成区面积/平方千米
乌鲁木齐	7 050	−0.03%	436
烟台	6 332	−0.08%	330
汕头	8 121	−0.14%	258
深圳	55 040	−0.2%	923
营口	4 473	−0.2%	189
呼和浩特	6 494	−0.22%	260
连云港	6 197	−0.23%	213
大连	10 399	−0.31%	396
哈尔滨	7 329	−0.31%	431
银川	5 011	−0.34%	171
贵阳	4 555	−0.46%	249
北海	5 514	−0.49%	76
长春	7 009	−0.5%	519

续表

城市	样本均价/元•平方米$^{-1}$	环比涨跌	建成区面积/平方千米
温州	15 022	−0.62%	241
吉林	4 915	−0.87%	189
三亚	17 919	−0.92%	56
淄博	6 028	−1.57%	271

数据来源：CREIS 中指数据及《2017年中国城市统计年鉴》。

图2.6为根据 Matlab 计算数值模拟的结果。由图2.6可知，土地价格随着城市最优用地规模增加而不断下降。以最上面的曲线为例，地价下降到4.4百亿元时，用地成本迅速下降，但城市最优用地规模增长幅度较小；当城市总地价低于4.4百亿元时，城市最优规模增长较为明显。从另一个角度来看，在城市用地规模扩张的前期阶段，城市用地规模未达到400平方公里时，地价在理论上的回落幅度较大，因而房地产价格的调控空间也较大，此时有利于促进房地产市场的合理有序发展。根据中国房地产指数系统2016年11月发布的“百城”价格指数，在住宅样本均价环比下跌的17个地级城市中，建成区面积少于400平方公里的城市有13个，这在一定程度上验证了本书的结论。

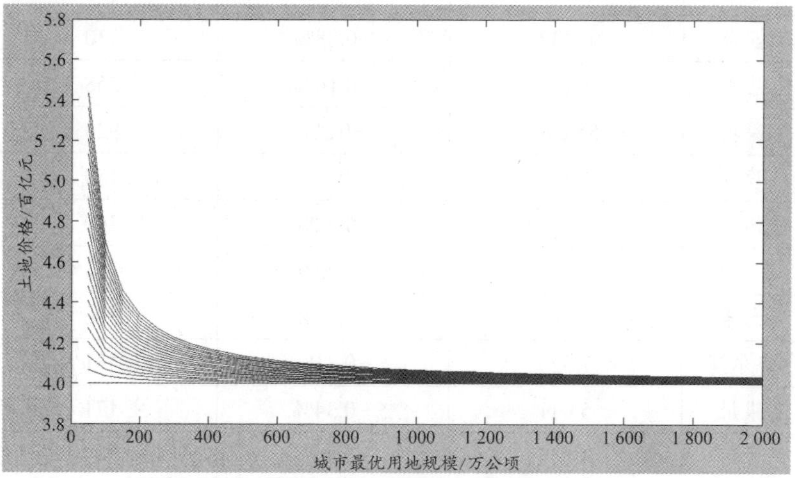

图2.6 城市最优用地规模与地价相关性

2.6　城市最优规模的总体理论分析

通过前文的分析可知，西方学者首先是借助微观经济学的成本－收益理论，以研究厂商的方法分析城市的总收益与总成本，从而研究城市最优人口规模问题；而单中心城市模型是成本－收益模型的进一步深化与拓展，通过考虑地租、运输成本与住房消费等因素，探讨城市的用地规模与人口规模；在此基础上，通过引入对公共产品的财政补助，相关学者总结并提出了 Henry George 定理；最后，为了克服新古典经济学关于城市最优规模研究的缺陷，意大利学者卡佩罗与卡马尼提出了 SOUDY 模型，放松了城市规模与城市发展程度之间的约束。因此，这几个理论模型是一脉相承的，具有紧密的联系。然而，成本－收益理论、单中心城市模型、Henry George 定理与 SOUDY 模型都是基于微观经济学的局部均衡分析，其最大的缺陷是假设其他部门与市场的运行不会对本部门产生影响，否认了不同部门与市场之间存在的价格关联与传导机制。一般均衡分析很好地克服了这个问题，能对各个部门、各个产业之间的经济与社会联系进行全面和综合的分析。

鉴于此，本书重点运用一般均衡分析对城市最优用地规模进行研究，一方面，在综合考虑各产业部门、居民与政府之间的经济联动下分析城市最优用地；另一方面，试图突破以往研究将城市用地看作一个整体的局限，具体分析工矿仓储用地、交通运输用地等几种国有建设用地的供给结构问题，城市用地规模因此不再是一个“黑箱”，相比以往研究更加全面和具体。但是，一般均衡分析与 CGE 模型的数据基础是投入产出分析，而投入产出数据只编制到直辖市级别，暂时只能通过一般均衡分析与 CGE 模型研究直辖市的城市最优用地规模问题，研究对象难免受限。同时，根据文献综述可知，成本－收益模型与单中心城市模型在我国已经得到大量的应用，而 SOUDY 模型是国外研究城市用地规模的一种较为成熟的方法，在我国的应用尚处起步阶段，运用 SOUDY 模型对我国城市用地规模进行总体分析具有一定的创新意义。因此本书运用 SOUDY 模型将研究对象与研究样本扩大到我国所有地级城市，与基于一般均衡理论对直辖市最优建设用地供给结构的分析相对比，在研究对象上构成了从地级城市到直辖市的完整样本，在研究视角上也展现了从整体到内在的不断深入。最后，人口规模是衡量城市规模的首要因素，为了弥补仅将用地规模作为研究视角的局限性，本书引入同样在我国应用比较少的Henry George定理对我国所有地级及地级以上城市人口规模进行总体分析，因此可以从用地规模与人口规模两个角度全面地分析我国城市规模问题，克服单一分析城市用地规模的不足与缺陷。综上所述，本书的理论框架如图2.7所示。

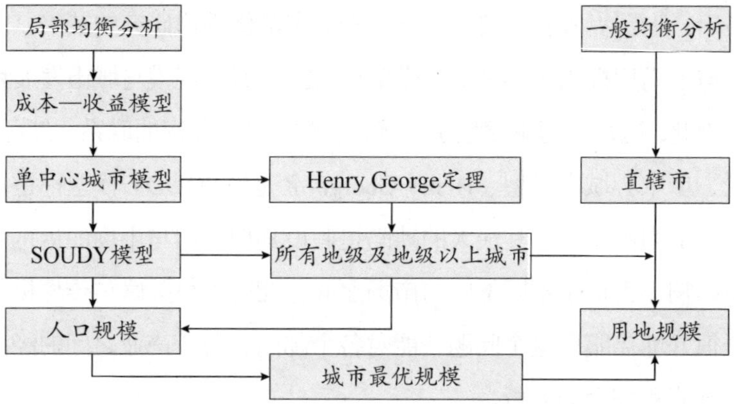

图2.7　城市最优规模研究理论框架

2.7　本章小结

（1）通过梳理国内外学者的相关研究，本章从成本－收益模型、单中心城市模型、Henry George 定理、SOUDY 模型与一般均衡分析等5个方面分析了城市最优规模的理论基础。相关学者利用成本－收益理论，将城市看作厂商，构建城市成本曲线与收益曲线，从总体上对城市最优规模问题进行研究，但是并没有深入细致地研究城市规模的影响因素。

（2）伴随城市经济学的兴起与发展，阿朗索、米尔斯与穆特构建与发展了单中心城市模型，布吕克纳等学者对单中心城市模型做了进一步的完善与总结，从房价、地租与运输成本等角度更加具体地考察了城市规模的影响因素。虽然他们没有重点分析城市最优规模问题，但是为该领域的研究提供了重要的启示与参考，为其后学者研究城市规模及相关问题提供了标准的研究范式，有力地促进了城市经济学的完善与发展。

（3）与传统的成本 – 收益分析不同，一些经济学家从公共财政的角度来研究城市最优规模问题。通过对居民效用最大化的推导，证明均衡条件为公共财政支出覆盖级差地租，此时所对应的城市规模为城市最优规模。但是该理论操作性不强，需要进行一定的改进才能进行验证。

（4）罗伯托 • 卡马尼与卡佩罗等学者提出的 SOUDY 模型放松了城市级别与城市规模之间的联系，分析指出经济社会发展程度与城市用地规模并无必然联系，因此 SOUDY 模型的这个特点可以用来解释为什么一些西方国家经济较为发达的城市的用地规模明显小于发展中国家一些经济发展相对落后的城市。同时，SOUDY 模型的第二个具有解释力的特征是提出了不稳定区域的概念。

（5）本书根据一般均衡原理，对城市最优用地规模进行研究，并且从劳动力与地价两个容易被学者忽视的角度分析城市最优用地规模的动态变化过程。具体来看，劳动力、资本等生产要素所构成的城市综合规模与城市最优用地规模之间为正相关关系。这为土地利用总体规划的编制提供了一种可能的定量估计方法，即通过分析劳动力、资本与土地等生产要素的投入来估计城市最优的用地需求。同时，本章通过数值模拟发现，地价与城市最优用地规模之间为此消彼长的关系。从理论上来看，在城市用地规模低于400平方公里时，城市地价会出现比较明显的下降趋势。此时有利于稳定房地产市场价格，抑制房地产价格过度波动，促进房地产市场的理性和有序发展。

（6）本章对城市最优用地规模与人口规模的有关理论进行了总体分析，探讨这些理论之间的内在关联，试图将这些理论纳入一个整体的分析框架之中，也为本书之后的实证研究奠定了理论基础。

第3章　中国直辖市城市用地 CGE 初级模型的构建与分析

伴随着现代经济学的发展，对社会经济问题的分析与研究已经超越了传统的定性分析范畴，缺乏统计数据与纯经验性的分析已经很难适应现代经济社会的发展。与物理、化学等自然学科相似，经济学需要借助数据与统计分析等工具对所研究的问题进行精确的刻画与精确的分析，这让现代经济学变得更加科学，解释与分析问题变得更加准确，也更加有说服力。计量经济学、投入产出分析、博弈论，以及其他的统计分析手段逐渐成为现代经济学的重要分析工具。同时，现代经济学通常研究3个层次的问题：第一个层次是产业内部企业之间的合作与竞争的关系，包括对垄断竞争与寡头市场的分析、企业之间的合谋、纵向一体化、价格战略与非价格战略等，属于微观领域；第二个层次是产业之间具体而精确的经济技术联系，即投入产出联系，属于中观领域；第三个层次是经济社会中资源的总体分配问题，包括国民生产总值、国民收入、总消费、总储蓄与总投资等，属于宏观领域。

现代经济学研究第二个层次的问题时，主要分析产业之间的投入产出联系，精确地刻画社会经济中各个部门、各个产业是如何关联的。比如汽车产量的增加不但会引起钢铁产量的增加，还会引起塑料、橡胶、电子、化工、机械等各个部门产量的增加，这些部门的发展又会进一步推动更多行业的发展。因此，著名学者瓦西里•里昂惕夫（Wassily Leontief）[167] 提出了投入产出模型，即里昂惕夫模型，运用联立的线性方程组对国民经济各个部门经济与技术的相互联系与相互影响进行精确的描述。投入产出方法的提出，对现代经济学的发展产生了巨大的促进作用与深远的影响，其提出者因此获得了诺贝尔经济学奖。CGE 模型全称是可计算一般均衡模型，是投入产出分析的深化与发展。传统的投入产出模型只是从生产的中间产品 / 中间投入与要素投入、最终使用等环节进行分析，并没有考虑居民、企业、政府等部门的经济活动，因此其作用具有一定的局限性。CGE 模型将居民、企业、政府等部门与账目统一设置在模型中进行综合考虑，并运用一般均衡理论对其价格变量进行求解，分析结果更加全面、系统，因此在国际贸易、政府税收、资源与环境、公共政策等领域发挥了重要的作用，得到了广泛的应用，逐渐发展为当代经济学研究的一个重要工具。

同时，由前文可知，在研究城市最优规模问题时，大部分学者只是将城市经济看作一个单一的生产函数，运用微观经济学的成本 – 收益理论构建相关的收益函数与成本函数，通过最优化条件求解城市最优规模，或者从单个市场的角度出发，只考虑某一个市场收益达到最优或者在城市环境质量、公共支出效率、居民收入与幸福感等某个或者某几个指标约束下实现最优的情况，都是从不同的角度单方面或者联合几个方面对城市最优规模进行定义和分析，这在微观经济学理论中被称为局部均衡分析（Partial Equilibrium Analysis）。城市发展是一个综合系统，包括企业、居民、政府等几个方面。城市的发展可以看作是企业、居民、政府等各个部门均衡发展产生的结果，因此局部均衡状态下的城市规模较为片面，并不是最优的，需要进行更加整体与系统的研究。一般均衡状态是局部均衡状态的拓展和延伸。实际上，在市场经济中，局部均衡并不现实，因为局部均衡的假设前提是其他市场的价格波动不会对本市场产生影响。但是国民经济各个部门与各个产业之间是相互联系与相互作用的，一个市场上供给与需求的相对调整必然会通过价格机制在其他市场进行传导，进而影响整个国民经济。因此，在所有市场相互影响的背景下，必须考虑整体的均衡问题。著名学者里昂 • 瓦尔拉斯（Léon Walras）指出：一般均衡状态是指在一组价格向量下，所有市场上的供给与需求实现平衡。一般均衡分析相对于以往的局部均衡分析更加全面，也更加符合实际情况。根据一般均衡理论，在考虑企业、居民、政府与其他部门的情况下，通过生产最优化确定的劳动力、资本与土地等要素需求，以及商品供给与效用最大化前提下居民的要素供给，和居民消费与政府购买形成的商品需求实现均衡，既考虑了企业的利润最大化，也以人为本地考虑了居民的效用最大化，还实现了整个国民经济的一般均衡。因此，整个城市经济实现一般均衡的最优状态时所对应的用地规模可以被定义为城市最优用地规模。

由前文对文献的梳理可知，将 CGE 模型运用在土地、经济地理与城市规模等领域的研究较为少见。曹立伟[158]以南宁市为例建立 CGE 模型，通过添加城镇建设用地模块与准递推动态方程组对城镇用地需求进行了预测与研究，并且与相关规划进行了对比以验证预测的准确性。虽然曹立伟的研究并没有提出城市最优规模问题，但是为相关的研究提供了较好的参考。高阳等[159]探讨了 CGE 模型在地理学相关领域的应用，对 CGE 模型与现有地理学方法的融合进行了梳理，指出 CGE 模型是地理学综合研究的有力工具。但是高阳等只是进行了理论探讨，并没有结合案例进行具体的实证研究。通过以上分析可知，借助 CGE 模型，可以在城市经济各种产业、生产要素、居民、政府等部门都实现均衡的状态下对城市最优用地规模进行考察。有鉴于此，本书根据微观经济学理论与以往研究，将城市经济实现一般均衡状态下的城市建设用地结构定义为城市最优建设用地结构，通过建立一个初级的 CGE 模型，试图对两个内容进行较为精准的研究：城市经济实现一般均衡状态下的最优建设用地供给结构；在不同的经济发展模拟情形下，合理调整建设用地供给结构。

本章内容的安排如下：第一节分析了本书使用的城市用地 CGE 初级模型的结构；第二节介绍了 CGE 初级模型的数据结构——社会核算矩阵（Social Accounting Matrix，SAM）的原理、结构与平衡；第三节介绍了城市用地 CGE 初级模型中 SAM 表的编制与平衡；第四节介绍了城市用地 CGE 初级模型的开发平台与开发步骤；第五节是情景设置与模拟分析；第六节对本章内容进行了总结。

3.1 城市用地 CGE 初级模型的结构

本节主要研究城市用地 CGE 初级模型的结构，在张欣[166]的研究基础上，根据研究的需要，对模型的各个模块进行了适当的改进或简化。CGE 模型的基本思想是一般均衡分析。以下简单地对一个完整的 CGE 模型思想与流程进行分析。首先，通过利润最大化条件可以求解出企业的商品供应函数与劳动力、资本、土地等要素需求函数。其次，可以设置居民的效用函数，根据居民效用最大化可以对居民的劳动力与资本等要素供给函数以及商品消费需求函数进行推导，由此可以形成商品市场与要素市场。由一般均衡分析可知，必然存在一组价格向量，可以使要素市场与商品市场的不同部门同时达到“市场出清”状态，即供给等于需求。因此，在这种情况下，政府与居民对商品的购买需求与企业对商品的供应量相等；同时，居民提供的劳动力与资本等要素供给满足企业对要素的需求，即整个社会实现了一般均衡。此时，各个部门与行业所对应的建设用地比例及其结构即为城市最优建设用地比例及结构。由于本书研究的主体是城市区域，而对外贸易在城市经济中所占比例较小，为了让问题更简单而且不影响分析本质，本书探讨封闭经济下的 CGE 模型。与此同时，以往 CGE 模型通常包含企业模块。企业模块中探讨企业对商品的需求、投资、储蓄与所得税，其中企业对商品的需求在生产模块中进行了描述，企业投资与企业储蓄数据难以获得，因而企业模块对本书研究内容的影响并不明显，故本书暂不考虑企业模块。因此本书中城市用地 CGE 初级模型主要包含生产、居民、政府、市场出清与模型闭合等模块。模型结构如图3.1所示。

3.1.1 生产模块

CGE 模型基于一般均衡理论，是一般均衡理论在具体问题中的实际应用。CGE 模型通常考虑生产与活动等部门，通过设置两层嵌套函数，考虑两种投入。实际上，土地承载着所有生活与生产活动，是企业生产活动中重要的投入要素，应该被引入生产函数当中。由于传统的生产函数无法适用于存在2个以上生产

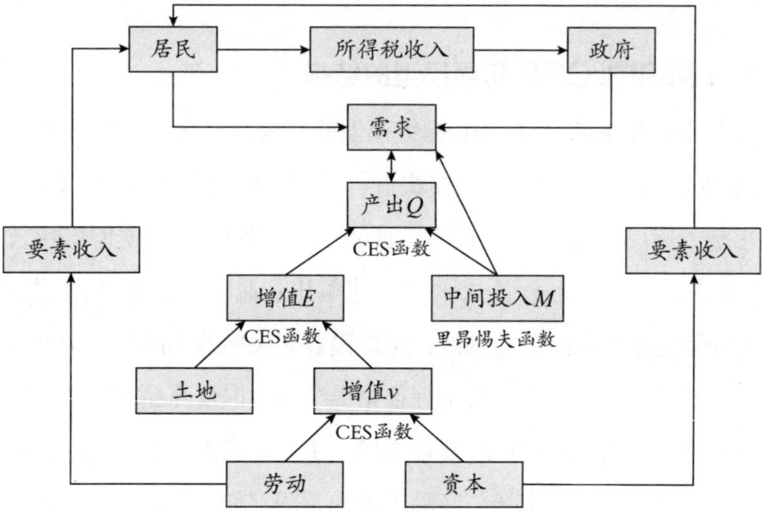

图3.1　城市用地 CGE 初级模型的结构

要素的情况，故本书创新性地引入土地生产要素，设置3层嵌套的生产函数加以解决。具体来看，增加值是指初始投入的要素，包括劳动力、资本与土地。在生产模块的第三层嵌套中，本书根据研究惯例将增加值 V 设置为 CES 生产函数，其投入是劳动力与资本。在第二层嵌套中，按照研究惯例将土地与增值 V 作为投入复合成增加值 E，同样采用 CES 函数形式。在第一层嵌套中，增值 E 与中间投入 M 复合成总产出 Q，其中中间使用 M 为里昂惕夫函数形式。为了简单起见，假设每种行业 / 部门生产一种产品，不区分“活动”和“商品”。生产模块的第一层嵌套由两种要素组成，分别为增值与中间投入 [166]：

$$QA_a = a_a^q \left[\delta_a^q QEA_a^{\rho_a} + \left(1-\delta_a^q\right) QINTA_a \right]^{\frac{1}{\rho_a}} aQEA_a \qquad (3.1)$$

式中：a 代表生产活动与商品的集合；QA_a 代表部门 a 所生产的商品数量；QEA_a 代表第一层嵌套函数中部门 a 的增值投入数量；$QINTA_a$ 代表部门 a 的中间投入数量；a_a^q 代表部门 a 第一层嵌套函数中的效率参数；δ_a^q 代表部门 a 第一层嵌套函数中的份额参数；ρ_a 代表部门 a 第一层嵌套函数中的幂，与替代弹性有关。

其成本最小化一阶条件为：

$$\frac{PEA_a}{PINTA_a}=\frac{\delta_a^q}{\left(1-\delta_a^q\right)}\left(\frac{QINTA_a}{QEA_a}\right)^{1-\rho_a} \tag{3.2}$$

式中：a 代表生产活动与商品的集合；PEA_a 代表部门 a 的第一层嵌套函数中增值部分的总价格指数；$PINTA_a$ 代表部门 a 的中间投入总价格指数；QEA_a 代表部门 a 的第一层嵌套函数中的增值投入数量；$QINTA_a$ 代表部门 a 的中间投入数量；δ_a^q 代表部门 a 的第一层嵌套函数中的份额参数；ρ_a 代表部门 a 的第一层嵌套函数中的幂，与替代弹性有关。

利润最大化一阶条件为：

$$PA_a \cdot QA_a = PEA_a \cdot QEA_a + PINTA_a \cdot QINTA_a \tag{3.3}$$

式中：a 代表生产活动与商品的集合；PA_a 代表部门 a 的商品的价格；QA_a 代表部门 a 所生产的商品数量；PEA_a 代表部门 a 的第一层嵌套函数中增值部分的总价格指数；QEA_a 代表部门 a 的第一层嵌套函数中的增值投入数量；$PINTA_a$ 代表部门 a 的中间投入总价格变量；$QINTA_a$ 代表部门 a 的中间使用数量。

嵌套函数第二层由增值与中间投入组成，其中增值由第三层嵌套函数中的增值和土地通过 CES 函数复合而成：

$$QEA_a = a_a^{Ea}\left[\delta_a^{Ea} \cdot QGD_a^{\rho_a^{Ea}} + \left(1-\delta_a^{Ea}\right) \cdot QVA_a^{\rho_a^{Ea}}\right]^{\frac{1}{\rho_a^{Ea}}} \tag{3.4}$$

其成本最小化一阶条件为：

$$\frac{WR_a}{PVA_a}=\frac{\delta_a^{Ea}}{\left(1-\delta_a^{Ea}\right)}\left(\frac{QVA_a}{QGD_a}\right)^{1-\rho_a^{Ea}} \tag{3.5}$$

利润最大化一阶条件为：

$$PEA_a \cdot QEA_a = WR_a \cdot QGD_a + PVA_a \cdot QVA_a \tag{3.6}$$

式中：a 代表生产活动与商品的集合；QEA_a 代表部门 a 的第一层嵌套函数中的增值投入数量；PEA_a 代表第一层增值部分部门 a 的总价格指数；QVA_a 代表部门 a 的第二层嵌套函数中的增值部分投入数量；PVA_a 代表部门 a 的第二层嵌套函数中的增值部分投入价格指数；WR_a 代表部门 a 的土地要素价格；

QGD_a 代表部门 a 的土地要素需求量；a_a^{Ea} 代表部门 a 的第二层嵌套函数中的效率参数；ρ_a^{Ea} 代表部门 a 的第二层嵌套函数中的幂，与替代弹性有关；δ_a^{Ea} 代表部门 a 的第二层嵌套函数中的份额参数。

根据研究惯例，中间投入部分为里昂惕夫函数：

$$QINT_{aa'} = I_{aa'} \cdot QINTA_a \tag{3.7}$$

$$PINTA_a = \sum_{a \in A} I_{aa'} PA_a \tag{3.8}$$

式中：a 代表生产活动与商品的集合；$QINT_{aa'}$ 代表部门 a 直接消耗部门 a' 的数量；$PINTA_a$ 代表部门 a 的中间投入总价格变量；$QINTA_a$ 代表部门 a 的中间使用数量；$I_{aa'}$ 代表生产每一单位的部门 a 商品的总中间投入所直接消耗的部门 a' 的数量；PA_a 代表部门 a 商品的价格。

嵌套函数第三层由土地要素与增值组成，其中增值部分由劳动力和资本两个要素投入复合而成：

$$QVA_a = a_a^{va}\left[\delta_a^{va} \cdot QLD_a^{\rho_a^{va}} + \left(1-\delta_a^{va}\right) \cdot QKD_a^{\rho_a^{va}}\right]^{\frac{1}{\rho_a^{va}}} \tag{3.9}$$

其成本最小化一阶条件为：

$$\frac{WL_a}{WK_a} = \frac{\delta_a^{va}}{\left(1-\delta_a^{va}\right)}\left(\frac{QKD_a}{QLD_a}\right)^{1-\rho_a^{va}} \tag{3.10}$$

利润最大化一阶条件为：

$$PVA_a \cdot QVA_a = WL_a \cdot QLD_a + WK_a \cdot QKD_a \tag{3.11}$$

式中：a 代表生产活动与商品的集合；QVA_a 代表部门 a 的第二层嵌套函数中的增值部分投入数量；PVA_a 代表部门 a 的第二层嵌套函数中的增值价格指数；WL_a 代表部门 a 的劳动力价格，通常用工资水平表示；WK_a 代表部门 a 资本要素的价格；QKD_a 代表部门 a 资本要素的需求总量；QLD_a 代表部门 a 劳动力要素的需求总量；δ_a^{va} 代表部门 a 的第三层嵌套函数中的分配参数或者产出弹性；ρ_a^{va} 代表部门 a 的第三层嵌套函数中的幂，与替代弹性有关；a_a^{va} 代表部

门 a 的第三层嵌套函数中的效率参数。

3.1.2　需求模块

其他模块函数形式借鉴张欣[166]的思路，与标准 CGE 模型较为类似。需求模块是指居民和政府对商品的需求，包括居民购买与政府购买。城镇居民获得的收入主要是劳动力与工资等要素性收入，可以用如下方程表示：

$$YH = WL \cdot QLS + WK \cdot QKS \tag{3.12}$$

居民对商品的消费需求为：

$$PA_a \cdot OH_a = shrh_a \cdot YH \tag{3.13}$$

政府的收入主要来自税收，政府的支出主要包括政府购买等，因此政府的收入为：

$$YH = ti_h \cdot YG \tag{3.14}$$

政府对各行业生产的商品的购买构成了政府的支出：

$$EG = \sum_a PA_a \cdot QG_a \tag{3.15}$$

式中：a 代表生产活动与商品的集合；YH 代表居民收入；WL 代表劳动力的价格，通常用工资水平表示；WK 代表资本要素的价格；QKS 代表资本要素的需求总量；PA_a 代表部门 a 商品的价格；OH_a 代表居民对部门 a 所提供的商品与服务的需求总量；$shrh_a$ 代表居民对部门 a 所生产的商品与服务的消费倾向；YG 代表政府总收入；ti_h 代表部门 a 居民所得税税率；EG 代表政府支出；QG_a 代表政府对部门 a 所生产的商品的购买支出。

3.1.3　市场出清与模型闭合条件

根据一般均衡思想，商品市场的供给与需求达到平衡，即达到出清状态时，各个行业生产的商品总和等于各行业对中间投入的需求、居民的商品需求与政府的商品需求之和，即总供给等于总需求：

$$QA_a = \sum_a QINT_a + QH_a + QG_a \tag{3.16}$$

劳动力、资本与土地等要素的需求等于供给，即要素市场实现均衡：

$$\sum_{a} QLD_a = QLS \tag{3.17}$$

$$\sum_{a} QKD_a = QKS \tag{3.18}$$

$$\sum_{a} QGD_a = QGS \tag{3.19}$$

模型闭合条件为：

$$PGDP \bullet GDP = \sum_{a} PA \bullet (QH_a + QG_a) \tag{3.20}$$

$$GDP = \sum_{a} PA \bullet (QH_a + QG_a) \tag{3.21}$$

$$WL = \overline{WL} \tag{3.22}$$

$$WK = \overline{WK} \tag{3.23}$$

$$WR = \overline{WR} \tag{3.24}$$

$$EG = \overline{EG} \tag{3.25}$$

式中：a 代表生产活动与商品的集合；QKD_a 代表部门 a 资本要素的需求总量；QLD_a 代表部门 a 劳动力要素的需求总量；QKS 代表资本要素的需求总量；QLS 代表劳动力要素的需求总量；QGD_a 代表部门 a 土地要素的需求总量；QGS 代表土地要素的供给总量；PA 代表商品的价格；OH_a 代表居民对部门 a 所提供的商品与服务的需求总量；WL、WK、WR 分别代表劳动力、资本与土地要素价格；$\overline{WL}$、$\overline{WK}$、$\overline{WR}$ 代表劳动力、资本与土地要素的外生变量；EG 代表政府支出；$\overline{EG}$ 代表政府支出的外生变量；QG_a 代表政府对部门 a 所生产的商品与服务的购买支出；QA_a 代表部门 a 所生产的商品与服务数量；$QINTA_a$ 代表部门 a 的中间投入数量；$PGDP$ 代表 GDP 价格指数；GDP 为国内生产总值。

等式总共为25组，内生变量也是25个，模型可以进行求解。到此为止，城市用地 CGE 初级模型得到了初步的构建。

3.2 社会核算矩阵的原理、结构与平衡

投入产出分析推动了现代经济学的快速发展，但是其本身也存在一定缺陷。如投入产出表只对生产部门之间的物质和经济联系进行刻画，并没有考虑居民、政府等非生产部门的经济活动与联系，比如政府与居民购买形成的对商品的需求，政府与居民之间的税收关系等。由上文分析可知，一般均衡分析考虑了各个生产部门与居民、政府等国民经济账户之间的关联，因此传统的投入产出表已无法满足一般均衡分析的要求。SAM 是 CGE 模型的数据基础。SAM 表是投入产出表的进一步发展，在投入产出表的基础上增加了政府、储蓄投资、进出口等部门与模块，反映了社会经济各个部门之间的资金流动与比例关系，对社会经济活动进行了更加细致的刻画。同时，一般而言，我国只有直辖市与省级行政区才编制投入产出表，编制时间间隔为5年，最近年份为2017年。为了保持数据的更新，还会编制投入产出延长表，其部门分类与投入产出表完全一致，数据也具有延长性，只是大部分数据根据统计资料进行更新，而不是像投入产出表一样直接进行调查，因此投入产出延长表与投入产出表基本一致，可以一起使用。由于时间节点方面的原因，本书未全面编制2017年直辖市投入产出表。我国城市一级最新的投入产出表是2015年重庆市投入产出延长表，因此本书以北京市、天津市、上海市与重庆市为例，根据相关数据编制2015年重庆市 SAM 表、2012年北京市 SAM 表、2012年天津市 SAM 表、2012年上海市 SAM 表与2012年重庆市 SAM 表。

与投入产出表类似，SAM 表是一个行与列相等的矩阵，相同的行与列对应国民经济中的某个部门。由前文分析可知，本书的 SAM 表包括生产 / 活动、劳动力、土地与资本等生产要素，居民、政府等账户与部门。其中生产 / 活动部门反映了产业部门之间的中间需求与中间投入关系，可以分成生产与活动两个部门，也可以根据需要合成一个部门。本书为了分析需要进行了简化处理，将生产与活动两个部门合并为生产 / 活动部门。土地是一切生产与消费活动的物质载体，承载着所有产业部门的生产与服务活动。通过分析可以发现，

我国投入产出分析的42个产业部门基本上与我国《土地利用现状分类》(GB/T 21010—2007)一级类中的交通运输用地、工矿仓储用地等5种国有建设用地相对应。具体来看，根据土地分类中的建设用地划分与行业定义，本书将投入产出表中的信息传输、软件和信息技术服务等5个行业与商服用地进行对应；将煤炭采选产品、金属冶炼和压延加工品等27个行业与工矿仓储用地进行对应；将科学研究和技术服务、水利、环境和公共设施管理等7个行业和公共管理与公共服务用地进行对应；将房地产与住宅用地进行对应。实际上，土地利用现状分类与投入产出表中的42个部门无法完全一一对应，存在部分重叠领域，比如仓储业的划分问题。由于仓储业与交通运输业在我国投入产出表中被合并为交通运输、仓储和邮政业(代码30)，无法进行拆分，并且在这里仓储业是指专门从事货物运输中转仓储及以仓储为主的货物配送活动的行业，其主要的业务与交通运输属于同一门类，因此将交通运输及仓储业与交通运输用地进行对应。国有建设用地中的特殊用地包括军事设施、使领馆等用地，建设用地中的水域及水利设施用地包括水库水面、沿海滩涂等用地，其他用地包括空闲地。以北京市为例，2012年北京市特殊用地、水域及水利设施用地、其他用地分别为3.33公顷、6.83公顷、0公顷，所占比例很小，并且与城市社会经济联系并不紧密，因此没有被纳入研究范围。通过以上分析，本书尝试将我国土地利用现状分类中的一级类与投入产出表的42个产业部门结合起来进行研究，根据各个产业部门的属性特点，将42个产业部门合并为 SAM 表中工矿仓储用地等5个部门。由于本书重点研究城市建设用地结构，因此剔除投入产出表中农林牧渔等部门数据与相应的农用地数据。具体如表3.1所示。

SAM 表中第二个重要的部门为生产要素，要素部门包括劳动力、资本与土地等初始投入，属于商品的增值或附加值部分；SAM 表的居民部门主要包括居民的要素供给收入和对商品与服务的需求，其中要素供给收入对应要素部门的劳动力投入，对商品与服务的需求在商品市场总需求中占有较大比例；政府部门主要是指政府对商品的购买需求等，也构成了商品生产总需求；最后，

CGE 模型要求商品市场与要素市场的总需求与总供给达到平衡状态，实现宏观经济学意义上的闭合。根据以上分析便可构建一个完整的 SAM 表。SAM 表的设计基础为联合国国民经济核算体系的规范与定义，具体如表3.2所示。

表3.1　我国用地类型与投入产出部门对比

用地类型	投入产出表 41 部门分类	
工矿仓储用地	（1）煤炭采选产品	（2）石油和天然气开采产品
	（3）金属矿采选产品	（4）非金属矿和其他矿采选产品
	（5）食品和烟草	（6）纺织品
	（7）纺织服装鞋帽皮革羽绒及其制品	（8）木材加工品和家具
	（9）造纸印刷和文教体育用品	（10）石油、炼焦产品和核燃料加工品
	（11）化学产品	（12）非金属矿物制品
	（13）金属冶炼和压延加工品	（14）金属制品
	（15）通用设备	（16）专用设备
	（17）交通运输设备	（18）电气机械和器材
	（19）通信设备、计算机和其他电子设备	（20）仪器仪表
	（21）其他制造产品	（22）废品废料
	（23）金属制品、机械和设备修理服务	（24）电力、热力的生产和供应
	（25）燃气生产和供应	（26）水的生产和供应
	（27）建筑	
交通运输用地	（28）交通运输、仓储和邮政	
住宅用地	（29）房地产	
商服用地	（30）批发和零售	（31）住宿和餐饮
	（32）信息传输、软件和信息技术服务	（33）金融
	（34）租赁和商务服务	
公共管理与公共服务用地	（35）科学研究和技术服务	（36）水利、环境和公共设施管理
	（37）居民服务、修理和其他服务	（38）教育
	（39）卫生和社会工作	（40）文化、体育和娱乐
	（41）公共管理、社会保障和社会组织	

资料来源：《土地利用现状分类》（GBT 21010—2017）与中国投入产出学会。

注：表中工矿仓储用地指主要用于工业生产、物资存放场所的土地，包括工业用地、采矿用地等；交通运输用地指用于运输通行的地面线路、场站等的土地，包括民用机场、汽车客货运场站、港口、码头、地面运输管道和各种道路以及轨道交通运输用地；住宅用地指主要用于人们生活居住的房基地及其附属设施的土地；商服用地指主要用于商业、服

务业的土地，包括批发零售用地、住宿餐饮用地、商务金融用地和其他商服用地；公共管理与公共服务用地指用于机关团体、新闻出版、科教文卫、风景名胜、公共设施等的土地。

表3.2 社会核算矩阵 SAM

	生产 / 活动	生产要素	居民	政府	汇总
生产 / 活动	中间投入		居民消费	政府购买	
生产要素	要素增值部分			要素收入	
居民		居民要素收入			居民总收入
政府			个人所得税		政府总收入
汇总	总投入	要素支出	居民支出	政府支出	

3.3 我国直辖市 SAM 表的编制与平衡

根据上节可知，投入产出表是 SAM 表的基础，而我国只有直辖市编制了城市级别的投入产出表，并且投入产出表每5年编制一次。由于2017年我国城市级别的投入产出表尚未编制，笔者做相关研究时只查找到重庆市2015年的投入产出延长表。因此本书选取北京、上海、天津、重庆等4个直辖市编制2015年重庆市 SAM 表以及2012年北京市 SAM 表、2012年上海市 SAM 表、2012年天津市 SAM 表与2012年重庆市 SAM 表进行研究。2015年重庆市 SAM 表中商品 / 活动部门数据来源于重庆市2015年投入产出延长表；要素部门中的劳动力与资本数据来源于重庆市2015年投入产出延长表以及《重庆市统计年鉴2015》；限于数据的可获得性，重庆市2015年用地数据来源于《中国国土资源统计年鉴2016》中的2015年重庆市国有建设用地供应情况，属于增量数据；居民、政府部门数据来源于《重庆市统计年鉴2016》。编制结果如表3.3所示。

其中 sec1至 sec5分别是指工矿仓储、交通运输、住宅、商服、公共管理与公共服务等5个部门账户及相关用地，lab、cap、land、hh、gov、total 分别是指劳动力、资本、土地、居民、政府等部门与汇总。与投入产出表相似，SAM 表每列的总数与每行的总数相等，即实现 SAM 表的“平衡”，但通常意义上初级的 SAM 表并不平衡，因此需要通过不同的方法使其平衡。SAM 表常见的平衡方法包括最小二乘法、手动平衡法、RAS 法、直接交叉熵法与系数交叉熵法。其中最小二乘法借鉴统计学中的最小二乘法思想，在 SAM 表行列值相等的约束前提下将平衡前后的数值差距通过求解一阶导数的办法实现最小化，其中最小二乘法的目标函数为：

$$\min_{Q_{ij}} z = \sum_{i}^{n}\sum_{j}^{n}\left(Q_{ij} - \overline{Q_{ij}}\right)^2 \tag{3.26}$$

式中：$\overline{Q_{ij}}$ 是 SAM 表的原始数据；Q_{ij} 是平衡后的数据；z 是指数值差距；i、j 是指行和列。最小二乘法的约束条件为：

$$\text{s.t.} \sum_{i}^{n} Q_{ik} = \sum_{j}^{n} Q_{kj} \tag{3.27}$$

式中：$\sum_{i}^{n} Q_{ik}$ 为某一列总和；$\sum_{j}^{n} Q_{kj}$ 为某一行总和。

对 SAM 表进行平衡的第二种方法为手动平衡法，手动平衡法适合原始 SAM 表行列总量相差不大的情况，可以依据经济学含义对 SAM 表数据进行处理，使数据更符合经济学的相关思想与理论，但是其缺点是容易受学者个人判断等主观因素影响。对 SAM 表进行平衡的第三种方法为 RAS 法，RAS 法的思想是在 SAM 表行列的目标总值固定的前提下，通过反复的迭代来达到这个目标总值。其优点是从数据本身出发，比手动平衡法更加客观，但是也存在目标总值必须固定等缺点。交叉熵法是现代 CGE 模型比较流行的平衡方法，包括直接交叉熵法与系数交叉熵法，其中系数交叉熵法主要针对现有 SAM 表数据的更新。因此，为了保留经济学思想又克服其主观性，本书以直接交叉熵法为主、手动平衡法为辅对 SAM 表进行平衡。交叉熵法根据信息经济学提出的信息熵来构建模型，其目标函数为：

$$\min_{X_{ij}} z = \frac{1}{H} \sum_{j}^{n}\sum_{i}^{n} Q_{ij} \log \frac{Q_{ij}}{\overline{Q_{ij}}} - \log \frac{H}{\overline{H}} \tag{3.28}$$

$$H=\sum_{j}^{n}\sum_{i}^{n}Q_{ij},\overline{H}=\sum_{j}^{n}\sum_{i}^{n}\overline{Q_{ij}} \tag{3.29}$$

式中：$\overline{Q_{ij}}$ 是 SAM 表的原始数据；Q_{ij} 是平衡后的数据，均为正数；H 是指全加总数值；X_{ij} 是指具体数值；$\overline{H}$ 代表原始流量数据全加总。约束条件为：

$$\text{s.t.} \sum_{i}^{n}Q_{ik}=\sum_{j}^{n}Q_{kj} \tag{3.30}$$

平衡后的重庆市2015年 SAM 表如表3.4所示。

2012年北京市等四大直辖市的 SAM 表构建过程与上文相似，其中商品 / 活动部门数据来源于2012年北京市等四大直辖市的投入产出表；要素部门中的劳动力与资本数据来源于2012年北京市等四大直辖市的投入产出表以及2013年相应的统计年鉴；由于数据具可获得性与一致性，2012年北京市等四大直辖市用地数据来源于《中国国土资源统计年鉴2013》中的2012年国有建设用地供应情况，属于增量数据；居民、政府、储蓄投资部门数据来源于2013年北京市等四大直辖市统计年鉴。平衡前后的2012年北京市等四大直辖市 SAM 表如表3.5至表3.12所示。

3.4 城市用地 CGE 初级模型的开发平台与开发步骤

到目前为止，CGE 模型主要形成了两个学派，即美国学派与澳大利亚学派。澳大利亚学派以莫纳什大学（Monash University）为代表，较早地对 CGE 模型开展了各种各样的研究，并且开发了较为成熟的大型 CGE 模型，例如 MONASH 模型与全球贸易分析（Global Trade Analysis Project，GTAP）模型等。这些模型已成为国际贸易研究中的有力工具，被研究国际贸易问题的经济学家广泛借鉴与应用。但是澳大利亚学派开发的 CGE 模型的数据表达比较烦琐、复杂，与传统的经济学数学模型表达区别较大，不利于初学者的学习。另外，澳大利学派求解 CGE 模型使用的是 GEMPACK（General Equilibrium Modeling Package）软件，该软件虽然对计算机与程序功能的要求较低，但是对于初学者来说，其在代码可读性、程序修改与数据库等方面存在一定劣势。CGE 模型

表3.3　2015年重庆市 SAM 表（平衡前）

	sec1	sec2	sec3	sec4	sec5	lab	cap	land	hh	gov	total
sec1	198 749 705	5 097 064	817 665	10 150 492	8 493 376				20 735 121	0	244 043 423.35
sec2	10 492 767	2 479 932	74 087	2 413 536	1 051 027				1 363 473	275 667	18 150 490.33
sec3	384 838	59 100	9 904	2 687 843	422 980				1 859 586		5 424 250.91
sec4	22 615 138	1 585 752	933 701	13 727 975	5 204 962				11 560 172	5 514	55 633 213.68
sec5	2 436 514	266 586	81 015	1 123 729	2 310 837				5 462 726	18 043 054	29 724 460.10
lab	25 949 230	5 074 326	2 481 389	11 365 900	14 258 385						59 129 230.00
cap	28 184 356	2 729 300	5 038 600	17 742 500	5 715 200						59 409 956.00
land	3 290.32	2 281.45	3 306.60	917.96	1 897.61						11 693.94
hh						25 717 517.49	2 513 106.47				28 230 623.96
gov									503 607.00		503 607.00
total	288 815 838.70	17 294 342.75	9 439 666.56	59 212 892.80	37 458 664.06	25 717 517.49	2 513 106.47	0.00	41 484 685.57	18 324 234.88	

表3.4　2015年重庆市 SAM 表（平衡后）

	sec1	sec2	sec3	sec4	sec5	lab	cap	land	hh	gov	total
sec1		5 097 064.00	0.95	10 150 492.30	0.25	0.01	0.01	8 403.62	23 396 830.00	0.34	38 652 791.48
sec2	9 636 619.45	2 479 932.46	74 087.43	2 413 536.47	1 051 027.27				1 363 472.65	275 667.02	17 294 342.74
sec3	384 838.00	59 100.26	9 903.59	2 687 843.16	422 979.90				1 859 586.42		5 424 251.33
sec4	26 194 820.00	1 585 752.43	933 700.85	13 727 974.54	5 204 959.28				11 560 172.34	5 513.63	59 212 893.06

续表

	sec1	sec2	sec3	sec4	sec5	lab	cap	land	hh	gov	total
sec5	2 436 514.00	266 586.16	81 014.51	1 123 728.63	2 310 836.64				22 524 180.00	222 426.00	28 965 285.95
lab	0.01	5 074 326.00	2 481 389.00	11 365 900.00	14 258 385.00						33 180 000.01
cap	0.01	2 729 300.00	1 840 848.40	17 742 500.00	5 715 200.00					0.01	28 027 848.42
land	0.01	2 281.44	3 306.60	917.96	1 897.61						8403.62
hh						33 180 000.00	28 027 848.41				61 207 848.41
gov									503 607.00		503 607.00
total	38 652 791.48	17 294 342.74	5 424 251.33	59 212 893.06	28 965 285.95	33 180 000.01	28 027 848.42	8 403.62	61 207 848.41	503 607.00	

表3.5　2012年北京市 SAM 表（平衡前）

	sec1	sec2	sec3	sec4	sec5	lab	cap	land	hh	gov	total
sec1	157 123 282.9	9 607 717.812	2 499 893.956	19 507 717.58	25 498 967.66				24 413 830.09	0	238 651 410
sec2	5 666 357.636	8 532 301.682	185 343.985 7	4 772 533.907	4 226 980.347				1 635 495.54	566 697.922 8	25 585 711.02
sec3	384 405.7548	144 254.946 2	847 723.429 4	3 820 935.403	2 214 707.143				3 473 561.843	74 681.037 35	10 960 269.56
sec4	21 741 365.69	4 644 510.528	4626 133.308	33 330 360.6	12 894 356.08				19 633 592.71	255 354.157 3	97 125 673.07
sec5	2 466 474.514	720 004.933 7	338 349.716 7	3 747 597.773	9 507 523.258				5 718 352.45	43 561 426.26	66 059 728.91
lab	16 686 714.02	4 694 598.758	3 466 082.145	37 359 533.94	26 996 505.08						89 203 433.94
cap	6 591 422.693	2 898 308.815	3 754 167.44	6 071 564.835	3 349 076.129						22 664 539.91
land	530.88	32.56	613.6	149	299.83						1 625.87

续表

	sec1	sec2	sec3	sec4	sec5	lab	cap	land	hh	gov	total
hh						49 875 819	3 831 388			19 608 214.1	73 315 421.1
gov	9 335 401.011	760 757.421 3	2 788 672.631	13 896 720.93	2 517 044.585				2 814 900		32 113 496.58
total	219 995 955.1	32 002 487.46	18 506 980.21	122 507 114	87 205 460.11	49 875 819.4	3 831 387.6	0	57 689 732.63	64 066 373.48	

表3.6　2012年北京市 SAM 表（平衡后）

	sec1	sec2	sec3	sec4	sec5	lab	cap	land	hh	gov	total
sec1		3 951 698.81		5 764 857.84			0.01	1 095.00	37 227 670.00		46 945 321.66
sec2	5 666 357.64	8 532 301.68	185 344.00	4 772 533.91	4 226 980.35				1 635 495.54	566 697.92	25 585 711.03
sec3	384 405.75	144 254.95	847 723.43	3 820 935.40	2 214 707.14				3 473 561.84	74 681.04	10 960 269.56
sec4	21 741 370.00	4 644 510.53	2 367 989.23	33 330 360.60	12 894 356.08				19 633 592.71	255 354.16	94 867 533.30
sec5	2 466 474.51	720 004.93	338 349.72	3 747 597.77	9 507 523.26				40 491 330.00	1 918 166.88	59 189 447.08
lab	16 686 713.73	4 694 598.76	3 466 082.14	37 359 533.94	26 996 504.29						89 203 432.86
cap	0.01	2 898 308.81	3 754 167.44	6 071 564.84	3 349 076.13	2.78					16 073 120.01
land	0.01	32.56	613.60	149.00	299.83						1 095.00
hh						89 203 430.08	16 073 120.00				105 276 550.08
gov									2 814 900.00		2814 900.00
total	46 945 321.66	25 585 711.03	10 960 269.56	94 867 533.30	59 189 447.08	89 203 432.86	16 073 120.01	1 095.00	105 276 550.09	2 814 900.00	

表3.7　2012年上海市 SAM 表（平衡前）

	sec1	sec2	sec3	sec4	sec5	lab	cap	land	hh	gov	total
sec1	271 392 474.8	15 840 137.79	890 844.472 3	24 387 406.65	13 844 858.52				32 365 162.87	0	358 720 885.07
sec2	6 635 928.242	20 031 015.17	71 415.931 49	12 200 969.27	1 744 795.836				2 637 518.089	187 866.3	43 509 508.84
sec3	409 611.685 7	372 902.659 9	1 744 000.677	7 715 824.847	2 318 189.517				4 247 365.617	0	16 807 895.00
sec4	35 878 846.49	6 573 778.067	3 795 899.605	62 963 996.09	7 916 910.775				19 106 423.12	0	136 235 854.15
sec5	3 297 055.099	476 401.775 5	28 961.917 53	3 123 765.532	2 362 514.63				11 830 048.88	27 637 365.88	48 756 113.71
lab	28 697 409.99	4 592 115.764	1 947 713.2	31 482 651.82	16 175 826.88						82 895 717.66
cap	32 059 432.47	3 558 335.94	7 386 289.421	30 382 000.12	4 077 243.654						77 463 301.60
land	908.96	349.91	487.13	155.48	387.14						2 288.62
hh						37 168 115.58	737 752.32				37 905 867.90
gov									3 181 000.00		3 181 000.00
total	378 371 667.71	51 445 037.08	15 865 612.35	172 256 769.81	48 440 726.95	37 168 115.58	737 752.32	0.00	73 367 518.56	27 825 232.18	

表3.8　2012年上海市 SAM 表（平衡后）

	sec1	sec2	sec3	sec4	sec5	lab	cap	land	hh	gov	total
sec1		7 904 609.55	890 844.47					1 379.66	73 401 721.36		82 198 555.04
sec2	6 635 928.24	20 031 015.17	71 415.93	12 200 969.27	1 744 795.84				2 637 518.09	187 866.30	43 509 508.84
sec3	409 611.69	372 902.66	1 744 000.68		2 318 189.52		0.01		3 634 618.39		8 479 322.94
sec4	39 796 530.00	6 573 778.07	3 795 899.61	62 963 996.09	7 916 910.77				19 106 423.12		140 153 537.66
sec5	3 297 055.10	476 401.78	28 961.92	3 123 765.53	2 362 514.63				11 830 048.88	2 993 133.70	24 111 881.53

续表

	sec1	sec2	sec3	sec4	sec5	lab	cap	land	hh	gov	total
lab	0.01	4 592 115.76	1 947 713.20	31 482 651.28	5 691 839.98						43 714 320.24
cap	32 059 430.00	3 558 335.94	0.01	30 382 000.00	4 077 243.65	0.24		0.01			70 077 009.85
land	0.01	349.91	487.13	155.48	387.14						1 379.67
hh						43 714 320.00	70 077 009.84				113 791 329.84
gov									3 181 000.00		3 181 000.00
total	82 198 555.05	43 509 508.83	8 479 322.94	140 153 537.66	24 111 881.53	43 714 320.24	70 077 009.85	1 379.67	113 791 329.84	3 181 000.00	

表3.9　2012年天津市 SAM 表（平衡前）

	sec1	sec2	sec3	sec4	sec5	lab	cap	land	hh	gov	total
sec1	178 167 327.05	9 572 338.74	399 002.64	7 440 832.17	8 289 380.11				12 842 966.14	0.00	216 711 846.85
sec2	6 742 139.20	7 180 740.11	38 452.33	1 088 544.28	1 220 455.50				689 083.06	100 924.85	17 060 339.34
sec3	61 252.62	181 272.96	212 147.32	1 396 190.33	745 733.63				1 251 662.29	0.00	3 848 259.17
sec4	19 645 227.89	3 858 931.64	1 751 862.05	8 828 169.85	3 502 568.46				6 789 555.72	98 986.56	44 475 302.18
sec5	855 119.79	525 462.38	169 059.26	542 716.43	2 020 935.39				4 776 190.07	16 742 043.42	25 631 526.74
lab	24 067 334.99	3 416 459.10	789 517.16	8 730 947.41	11 777 777.13						48 782 035.79
cap	32 038 791.67	2 265 459.51	2 652 742.49	17 360 343.59	2 741 953.31						57 059 290.57
land	3 702.43	2 044.76	1 580.03	499.07	1 076.29						8 902.58
hh						22 598 012.40	594 097.07				23 192 109.47
gov									495 630.00		495 630.00
total	261 580 895.66	27 002 709.20	6 014 363.28	45 388 243.14	30 299 879.83	22 598 012.40	594 097.07	0.00	26 845 087.28	16 941 954.83	

表3.10　2012年天津市 SAM 表（平衡后）

	sec1	sec2	sec3	sec4	sec5	lab	cap	land	hh	gov	total
sec1				24 773 880.00				8 902.57	59 000 820.00		83 783 602.57
sec2	7 112 170.33	7 180 740.11	38 452.33	1 088 544.28	1 220 455.50				689 083.06	100 924.85	17 430 370.47
sec3	61 252.62	181 272.96	212 147.32	1 396 190.33	745 733.63				1 251 662.29		3 848 259.17
sec4	19 645 230.73	3 858 931.64	2 637 503.05	8 828 169.85	3 502 569.82				6 789 555.72	98 986.56	45 360 947.38
sec5	855 119.79	525 462.38	169 059.26	542 716.43	2 020 935.39				17 601 489.24	295 718.59	22 010 501.08
lab	24 067 334.99	3 416 459.10	789 517.16	8 730 947.41	11 777 777.13		4.21				48 782 040.00
cap	32 038 791.67	2 265 459.51	0.01	0.01	2 741 953.31						37 046 204.51
land	3 702.43	2 044.76	1 580.03	499.07	1 076.29						8 902.58
hh						48 782 040.00	37 046 200.30	0.01			85 828 240.31
gov									495 630.00		495 630.00
total	83 783 602.57	17 430 370.46	3 848 259.17	45 360 947.38	22 010 501.08	48 782 040.00	37 046 204.51	8 902.58	85 828 240.31	495 630.00	

表3.11　2012年重庆市 SAM 表（平衡前）

	sec1	sec2	sec3	sec4	sec5	lab	cap	land	hh	gov	total
sec1	125 044 897.22	2 556 977.23	3 007 050.59	4 191 472.87	2 918 962.26				14 489 202.11	0.00	149 502 217.28
sec2	53 790 600.84	1 248 069.70	21 636.73	852 856.03	324 390.91				952 630.27	0.00	87 786 440.48
sec3	182 514.88	29 191.02	5 699.21	870 521.80	142 944.02				1 299 254.74	0.00	25 301 250.67
sec4	10 707 780.55	7 743 560.52	3 142 180.83	5 879 091.95	1 620 508.55				8 078 778.39	0.00	27 374 734.79
sec5	10 939 490.54	1 200 570.96	25 809.90	445 119.82	802 606.92				3 810 770.29	13 821 507.73	20 119 822.16
lab	23 400 913.63	2 219 800.00	1 400 100.00	7 453 500.00	7 375 300.00						41 849 613.63

续表

	sec1	sec2	sec3	sec4	sec5	lab	cap	land	hh	gov	total
cap	25 396 201.30	2 454 800.00	3 353 900.00	11 968 000.00	2 281 300.00						45 454 201.30
land	225.13	197.04	358.95	63.69	101.18						945.99
hh						29 533 057.89	902 823.18				30 435 881.07
gov									329 838.00		329 838.00
total	191 207 891.21	9 407 370.36	5 425 689.84	31 661 329.24	15 467 185.33	29 533 057.89	902 823.18	0.00	28 960 473.80	13 821 507.73	

表3.12　2012年重庆市 SAM 表（平衡后）

	sec1	sec2	sec3	sec4	sec5	lab	cap	land	hh	gov	total
sec1		2 556 977.23					0.02	9 676.95	38 826 290.00		41 392 944.20
sec2	6 007 786.72	1 248 069.70	21 636.73	852 856.03	324 390.91				952 630.27		9 407 370.36
sec3	182 514.88	29 191.02	5 699.21	870 521.80	142 944.02				1 299 254.74		2 530 125.67
sec4	10 707 780.55	774 356.52	314 218.83	5 879 091.95	1 620 508.55				8 078 778.39		27 374 734.79
sec5	1 093 949.54	120 057.96	25 809.90	445 119.82	802 606.92				3 810 770.29	329 838.00	6 628 152.43
lab	23 400 912.49	2 219 800.00	2 159 141.42	7 453 498.42	1 455 229.36						36 688 581.69
cap	0.01	2 454 800.00	0.01	11 872 880.00	2 281 300.00						16 608 980.02
land	0.01	4 117.93	3 619.57	766.77	1 172.67						9 676.95
hh						36 688 581.69	16 608 980.00				53 297 561.69
gov									329 838.00		329 838.00
total	41 392 944.20	9 407 370.36	2 530 125.67	27 374 734.79	6 628 152.43	36 688 581.69	16 608 980.02	9 676.95	53 297 561.69	329 838.00	

的另一个流派是美国学派。相对于澳大利亚学派，美国学派开发的 CGE 模型中的数学方程与经济学中的消费者效用、企业生产决策、市场出清等的数学表达式基本一致。美国学派 CGE 模型的求解软件为 GAMS（General Algebraic Modeling System）。GAMS 软件是世界银行开发的，专门用来进行数学规划与最优化的计算机建模软件。与 GEMPACK 对比，GAMS 语言较为简洁，软件界面比较友好，特别是其纠错能力较强，方便对程序进行反复修改与运行，使得学者可以把主要精力放在数据库的构建与经济学模型的设计上，不需要耗费大量的时间从事计算机的技术工作，比如算法的设计与数据库的维护等，因此美国学派成为研究 CGE 模型的重要力量。有鉴于此，本书参照美国学派开发的 CGE 模型，运用 GAMS 软件对城市用地 CGE 初级模型进行开发、构建与求解。图3.2为本书 CGE 模型的求解软件——GAMS 的运行界面。

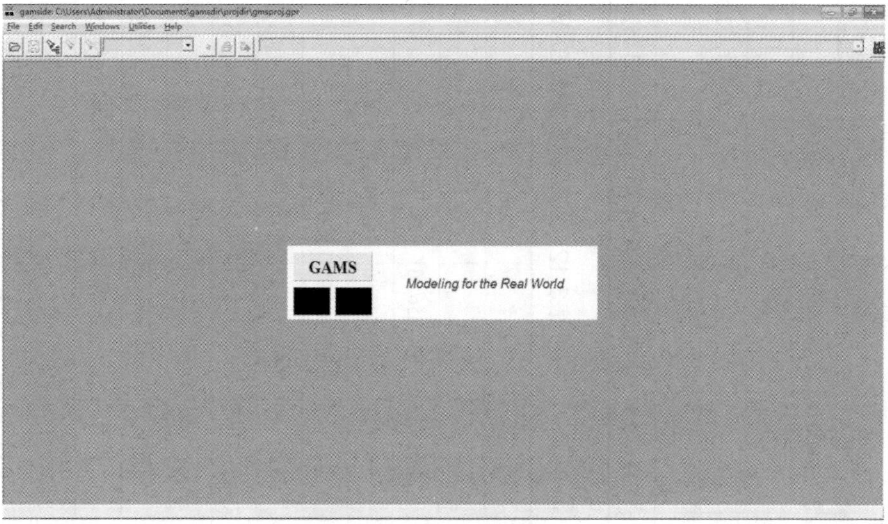

图3.2　GAMS 软件界面

由于本书在之前章节中已经通过经济学模型的表达方式阐述了城市用地 CGE 初级模型，接下来需要将经济学模型转变成为用 GAMS 语言表达的模型。根据张欣[166]的介绍，一个完整的用 GAMS 语言表达的 CGE 模型包括对集合进行声明与定义，对外生变量与参数进行声明与定义，对外生变量与参数进行赋值与定义，对内生变量进行声明与定义，对等式与方程进行定义，对内生变量的初始值进行赋值，设置闭合条件与求解命令，设置情景方案等几个步骤。

首先需要定义集合所有账户和生产活动，将模型和 SAM 表中的所有账户的集合命名为 ac：

```
set ac /sec1, sec2, sec3, sec4, sec5, lab, cap, land, hh, gov,  total/;
set a(ac) /sec1, sec2, sec3, sec4, sec5/;
set f(ac) /lab, cap, land/;
set v(ac) /lab, cap/;
alias (ac, acp), (a, ap), (f, fp);
```

其中 ac 是指账户，sec1至 sec5分别是指工矿仓储、交通运输、住宅、商服、公共管理等5种部门与用地，lab、cap、land、hh、gov、total 分别是指劳动力、资本、土地、城镇居民、政府等部门与汇总。然后读取 SAM 表：

```
table sam (ac, acp)
```

接下来需要定义参数，对参数进行赋值与校准。* 后面代表文字说明，不会影响模型的运行。

```
* 定义参数
parameters
scaleAq(a)          QA 的 CES 函数参数
deltaq(a)           QA 的 CES 函数份额参数
scaleAEA(a)         EA 的 CES 函数参数
deltaEA(a)          EA 的 CES 函数劳动份额参数
ia(a, ap)           中间投入的投入产出系数
scaleAVA(a)         VA 的 CES 函数参数
deltaVA(a)          VA 的 CES 函数劳动份额参数
shrh(a)             居民纯收入中对商品与服务 a 的消费份额
tih                 居民的所得税税率
tiEnt               企业所得税税率
shifentk            资本收入分配给企业的份额
PA0(a)              生产活动 a 的价格
QA0(a)              生产活动 a 的数量
PVA0(a)             增值部分汇总价格
```

```
QVA0(a)            增值部分汇总量
PEA0(a)            第二层增值部分汇总价格
QEA0(a)            第二层增值部分汇总量
PINTA0(a)          中间投入总价格
QINTA0(a)          中间投入总量
QINT0(a, ap)       中间投入总量
QLD0(a)            劳动力需求
QKD0(a)            资本需求
QGD0(a)            土地需求
WL0                劳动力价格
WK0                资本价格
WR0                土地价格
QLS0               劳动量总供应
QKS0               资本量总供应
QGS0               土地量总供应
YH0                居民纯收入
QH0(a)             居民对商品与服务 a 的需求
YG0                政府收入
EG0                政府支出
QG0(a)             政府对商品与服务 a 的需求
GSAV0              政府储蓄
PGDP0              国民生产总值价格指数
GDP0               实际国民生产总值；
* 参数（包括外生变量）赋值与校准
* 嵌套生产函数参数和起始值
PA0(a)=1;
PINTA0(a)=1;
WK0=1;
WL0=1;
WR0=1;
PGDP0=1;
QLD0(a)=sam('lab', a)/WL0;
QKD0(a)=sam('cap', a)/WK0;
QGD0(a)=sam('land', a)/WR0;
```

```
QVA0(a)=SUM(v, sam(v, a));
QEA0(a)=SUM(f, sam(f, a));
PVA0(a)=(WL0*QLD0(a)+WK0*QKD0(a))/QVA0(a);
PEA0(a)=(WR0*QGD0(a)+PVA0(a)*QVA0(a))/QEA0(a);
QA0(a)=sam('total', a)/PA0(a);
QLS0=SUM(a, sam('lab', a))/WL0;
QKS0=SUM(a, sam('cap', a))/WK0;
QGS0=SUM(a, sam('land', a))/WR0;
QINT0(a, ap)=sam(a, ap)/PA0(a);
QINTA0(a)=SUM(ap, QINT0(ap, a));
ia(a, ap)=QINT0(a, ap)/QINTA0(ap);
deltaq(a)=PEA0(a)*QEA0(a)**(1-rhoq(a))/(PEA0(a)*QEA0(a)**(1-rhoq(a))+PINTA0(a)*QINTA0(a)**(1-rhoq(a)));
scaleAq(a)=QA0(a)/(deltaq(a)*QEA0(a)**rhoq(a)+(1-deltaq(a))*QINTA0(a)**rhoq(a))**(1/rhoq(a));
deltaEA(a)=WR0*QGD0(a)**(1-rhoEA(a))/(WR0*QGD0(a)**(1-rhoEA(a))+PVA0(a)*QVA0(a)**(1-rhoEA(a)));
scaleAEA(a)=QEA0(a)/(deltaEA(a)*QGD0(a)**rhoEA(a)+(1-deltaEA(a))*QVA0(a)**rhoEA(a))**(1/rhoEA(a));
deltaVA(a)=WL0*QLD0(a)**(1-rhoVA(a))/(WL0*QLD0(a)**(1-rhoVA(a))+WK0*QKD0(a)**(1-rhoVA(a)));
scaleAVA(a)=QVA0(a)/(deltaVA(a)*QLD0(a)**rhoVA(a)+(1-deltaVA(a))*QKD0(a)**rhoVA(a))**(1/rhoVA(a));
YH0=WL0*QLS0+WK0*QKS0;
tih=sam('gov', 'hh')/YH0;
QH0(a)=sam(a, 'hh')/PA0(a);
shrh(a)=(PA0(a)*QH0(a))/YH0;
YG0=tih*YH0;
EG0=YG0;
QG0(a)=sam(a, 'gov')/PA0(a);
GDP0=sum(a, sam(a, 'hh')+sam(a, 'gov'))/PGDP0;
display
rhoq, rhoVA, rhoEA, PA0, WK0, WL0, WR0, QA0, PGDP0,
QLD0, QKD0, QGD0, QLS0, QKS0, QGS0, QH0, YH0, tih, YG0, QG0, shrh, GDP0;
```

然后对内生变量进行声明与定义，内生变量在 GAMS 中被称为 variable，代表模型求解得出的变量：

```
variable
PA(a), PVA(a), PEA(a), PINTA(a), WL, WK, WR, QA(a), QVA(a), QEA(a), QINTA(a), QINT(a, ap),
QLS, QKS, QGS, QLD(a), QKD(a), QGD(a), YH, QH(a), YG, EG, QG, GSAV, PGDP, GDP, Walras;
```

然后对等式与方程进行定义：

```
equation
QAfn(a)
QAFOCeq(a)
PAeq(a)
QEAfn(a)
QEAFOC(a)
PEAeq(a)
QVAfn(a)
QVAFOC(a)
PVAeq(a)
QINTfn(a, ap)
PINTAeq(ap)
YHeq
QHeq(a)
YGeq
QGeq(a)
ComEqui(a)
Leq
Keq
Geq
PGDPeq
GDPeq;
QAfn(a)..
QA(a)=e=scaleAq(a)*(deltaq(a)*QEA(a)**rhoq(a)+(1-deltaq(a))*QINTA(a)**rhoq
(a))**(1/rhoq(a));
QAFOCeq(a)..
PEA(a)/PINTA(a)=e=(deltaq(a)/(1-deltaq(a)))*(QINTA(a)/QEA(a))**(1-rhoq(a));
```

```
PAeq(a)..
PA(a)*QA(a)=e=PEA(a)*QEA(a)+PINTA(a)*QINTA(a);
QEAfn(a)..
QEA(a)=e=scaleAEA(a)*(deltaEA(a)*QGD(a)**rhoEA(a)+(1-deltaEA(a))*QVA(a)**rho
EA(a))**(1/rhoEA(a));
QEAFOC(a)..
WR/PVA(a)=e=(deltaEA(a)/(1-deltaEA(a)))*(QVA(a)/QGD(a))**(1-rhoEA(a));
PEAeq(a)..
PEA(a)*QEA(a)=e=WR*QGD(a)+WK*QKD(a);
QINTfn(a, ap)..
QINT(a, ap)=e=ia(a, ap)*QINTA(ap);
PINTAeq(ap)..
PINTA(ap)=e=SUM(a, ia(a, ap)*PA(a));
QVAfn(a)..
QVA(a)=e=scaleAVA(a)*(deltaVA(a)*QLD(a)**rhoVA(a)+(1-deltaVA(a))*QKD(a)**rho
VA(a))**(1/rhoVA(a));
QVAFOC(a)..
WL/WK=e=(deltaVA(a)/(1-deltaVA(a)))*(QKD(a)/QLD(a))**(1-rhoVA(a));
PVAeq(a)..
PVA(a)*QVA(a)=e=WL*QLD(a)+WK*QKD(a);
YHeq..
YH=e=WL*QLS+WK*QKS;
QHeq(a)..
PA(a)*QH(a)=e=PA(a)*shrh(a)*YH;
YGeq..
YG=e=tih*YH;
QGeq(a)..
PA(a)*QG(a)=e=EG;
ComEqui(a)..
QA(a)=e=sum(ap, QINT(a, ap))+QH(a)+QG(a);
Leq..
Sum(a, QLD(a))=e=QLS+walras;
Keq..
Sum(a, QKD(a))=e=QKS;
```

```
Geq..
Sum(a, QGD(a))=e=QGS;
PGDPeq..
PGDP*GDP=e=sum(a, PA(a)*(QH(a)+QG(a)));
GDPeq..
GDP=e=sum(a, QH(a)+QG(a));
```

接下来赋予内生变量以初始值与设置闭合条件：

```
PA.l(a)=PA0(a);
PEA.l(a)=PEA0(a);
PVA.l(a)=PVA0(a);
PINTA.l(a)=PINTA0(a);
QA.l(a)=QA0(a);
QEA.l(a)=QEA0(a);
QVA.l(a)=QVA0(a);
QINTA.l(a)=QINTA0(a);
QINT.l(a, ap)=QINT0(a, ap);
QLD.l(a)=QLD0(a);
QKD.l(a)=QKD0(a);
QGD.l(a)=QGD0(a);
YH.l=YH0;
QH.l(a)=QH0(a);
QG.l(a)=QG0(a);
GDP.l=GDP0;
walras.fx=0;
PGDP.l=1;
YG.l=YG0;
QLS.l=QLS0;
QKS.l=QKS0;
QGS.l=QGS0;
WL.fx=1;
WK.fx=1;
WR.fx=1;
EG.fx=EG0;
```

最后是执行优化程序。GAMS 有三种求解模型的方法，即 MINOS、MILES 和 PATH，其中 MINOS 一般用来求解非线性规划 NLP(Nonlinear Program)问题，而 MILES 和 PATH 一般用来求解 MCP（mixed complementary problem）。由于国际上一般用 PATH 中的 MCP 算法来求解 CGE 模型，因此本书的求解算法也确定为 MCP。

```
model sim  /all/;
solve sim using mcp;
```

考虑到一般均衡模型存在“价格基准”问题，在模型中增加 WALRAS 变量，模型运行结果显示 WALRAS 数值为0，表明模型设置正确，可以进行模拟分析。

3.5　情景设置与模拟分析

CGE 模型反映了国民经济各个部门之间精确的投入产出与社会联系，其中每个变量的变化会带来其他各个变量相应的变化。CGE 模型的重要作用之一是模拟不同的外在因素变化对模型内生变量所造成的冲击。由于 CGE 模型涵盖了整个城市的生产、居民、政府等各个部门，可以较好地预测宏观经济变量的变化给整个城市经济带来的一系列影响，因此，为了研究经济发展与社会进步激发城市最优建设用地规模比例及结构产生的变化，本书采用情景分析与对比分析的方法，根据上文构建的北京市等四大直辖市城市建设用地 CGE 模型，以我国城市经济发展现状为出发点，综合考虑城市经济发展进程中一些重要的宏观因素，对北京市等四大直辖市城市建设用地规模比例及结构所产生的影响。

方案1　在全球经济复苏态势不明显的大环境影响下，我国经济发展处于产业结构不断转型升级，新业态与新增长点不断呈现，经济发展稳中求进的新常态阶段。十二届全国人大四次会议将2016年全年 GDP 增速目标进一步调整至6.5% 左右，这个 GDP 增长预期有利于稳定市场预期，控制经济泡沫的产生，同时综合考虑了较为严峻的就业形势，关注与改善民生。GDP 的增加代表我国经济各部门在不断发展，也催生了对国有建设用地的需求。可以预见 GDP

的增长会显著带动建设用地规模的增长。因此模拟 GDP 增速为6.5% 时给城市最优用地规模带来的影响，相应的模型程序为：

```
GDP.l=GDP0*1.065;
model sim1/all/;
solve sim1 using mcp;
```

方案2 在我国，房地产市场价格的剧烈波动不利于社会稳定与民生改善，而房价的核心基础之一就是土地价格。伴随经济发展与人口数量膨胀，可以预见未来土地价格将进一步上涨。土地价格上涨一方面直接加大了国有建设用地的用地成本，可能会抑制对国有建设用地的需求；另一方面，土地价格上涨是经济发展的必然结果。根据前文的分析，经济社会各部门的发展必然会加大对国有建设用地的需求，所以综合来看，预期土地价格上涨对国有建设用地最优供给规模有正反两方面的影响。根据中原地产数据统计可知，2015年北京市平均楼面价同比上涨幅度高达19%。因此，本书模拟北京市等四大直辖市城市最优用地规模在土地价格上涨20% 时所发生的结构变化，相应的模型程序为：

```
WR.fx=1.2;
model sim1/all/;
solve sim1 using mcp;
```

方案3 为了应对人口老龄化浪潮，党和政府提出了进一步完善独生子女政策，符合条件的家庭可以生育两个孩子。这将对我国未来的劳动力市场带来积极影响。可以预见未来我国劳动力用工荒会得到一定程度的缓解，从而有利于经济的平稳较快发展，因此可能会增加对国有建设用地尤其是住宅用地的需求。国家卫计委调查预测，新的生育政策出台后，大概每年提出生育二孩申请的人数为200万对左右，占全国符合政策条件的家庭数的18% 左右。因此，本书模拟劳动力总量增加20% 给城市最优建设用地规模与结构带来的影响，相应的模型程序为：

```
QLS.l=QLS0*1.2;
model sim1/all/;
solve sim1 using mcp;
```

方案4　随着我国经济平稳较快增长与人均受教育水平的不断提高，预期未来总体工资水平将会不断上涨。总体工资水平上涨代表经济发展的同时，也代表生产要素价格的提升，对产业各部门的发展有一定的抑制作用，因此对国有建设用地的需求预期不明朗。全球领先的咨询机构光辉国际合益集团（Korn Ferry Hay）的一份研究报告称，2016年中国劳动力工资平均增长率约为8%。因此，在充分考虑物价上涨预期的前提下，模拟平均工资水平上涨10% 对城市最优用地规模带来的影响，相应的模型程序为：

```
WL.fx=1.1;
model sim1/all/;
solve sim1 using mcp;
```

运行模型会计算出相应结果，模型结果经过整理如表3.13所示。

表3.13　重庆市2015年新增国有建设用地供给结构及其变动模拟

	工矿仓储	交通运输	住宅	商服	公共管理与公共服务
实际值 / 公顷	3 290.32	2 281.45	3 306.60	917.96	1 897.61
所占比例	28.14%	19.51%	28.28%	7.85%	16.23%
最优比例	0.03%	0.01%	0.01%	99.94%	0.00%
方案 1 最优比例	0.11%	23.17%	0.00%	0.70%	76.02%
方案 2 最优比例	0.03%	0.17%	0.00%	99.43%	0.37%
方案 3 最优比例	0.04%	0.00%	0.00%	99.96%	0.00%
方案 4 最优比例	0.42%	0.29%	0.51%	98.67%	0.11%

注：由于 CGE 模型给出的模拟值通常都与现实数据稍有不同，因此本书主要分析结构变动比例。

表3.13显示了与实际值相对比，模型求解出的重庆市2015年新增国有建设用地供给结构以及4种方案设置下新增国有建设用地供给结构变动的模拟值。结果显示，2015年新增国有建设用地供给结构比较均衡，工矿仓储用地等5种国有建设用地新增供给比例较为接近，分别占28.14%、19.51%、28.28%、7.85%与16.23%。但实际上，在经济发展的过程中，伴随产业的兴衰与资源的重新

配置，不同的产业部门由于技术特点不同以及处于产品生命周期的不同阶段，其扩张与收缩的幅度是不一致的，因而社会经济在不同的阶段对各种国有建设用地的需求也是不同的，不同的时间各种国有建设用地供给相应也会出现短缺或过量。因此对工矿仓储用地、交通运输用地等5种国有建设用地提供较为平均的供给值得商榷，应该根据经济、社会的发展需要不断调整建设用地的供给力度与供给结构，实现精准供给。

具体来看，在重庆市各经济部门实现一般均衡的前提下，要顺应产业转型升级规律，转变经济发展方式，逐渐提高商服用地新增供给比例。商服用地是一种重要的用地类型，在我国国有建设用地中占有主要的地位，主要是指用于商业和服务业的土地，包括零售商业用地、批发市场用地等国有建设用地以及其他商服用地，与我国第三产业各部门基本上是对应的，基本代表了我国第三产业的用地需求。重庆市是我国的直辖市，也是西部地区的中心城市以及长江经济带的重要节点，因此要加快转变经济发展方式，打造区域增长极，以金融、科技、旅游等现代服务业支撑经济发展，实现绿色发展、生态发展。同时，要大幅降低工矿仓储用地新增供给比例，调整供给结构，转变供给方式，向空间要效益，腾退低效产业用地，不断淘汰与关闭一批与转型发展不相符合的落后产能，不搞大开发，在进行土地资源配置时重点支持第三产业。在转型的过程当中，这有利于保护绿水青山，促进经济社会的健康有序发展。

在预期重庆市 GDP 增长6.5% 的情况下，要提高交通运输用地的新增供给比例。交通运输用地是指与运输业有关的公路、铁路及相应场站等国有建设用地，包括民用机场、汽车客货运场站等。交通运输行业是国民经济的毛细血管，能有效加速货物与商品的流转，降低企业物流成本，从而促进企业与经济的发展；因此，优化网络布局、构建综合交通体系，对推进经济社会发展有重要的支撑和引领作用。重庆市具有独特的地形地貌，在交通运输的发展过程当中受山地地形影响较大，难以像东部沿海地区或者北方平原城市一样大规模建设地铁、快速路、环线等，因此可以考虑多措并举。一方面，通过地铁、轻轨、云轨、有轨电车与中低速磁悬浮等多种方式，根据不同的地形特点与轨道制式要求对交通运输建设进行综合考虑；另一方面，加强居民区、学校等与轨道交通站点的联系。在某些地势较为平坦的区域可以完善自行车等慢行系统，接驳轨道交通与公交站点，发展绿色公交，使居民小区与公共交通站点实现真正的无缝对接。同时，要大幅提高公共管理与公共服务用地新增供给比例。公共管理与公共服务用地是指用于政府机关、事业单位、社会团体、公共服务设施与科教文卫等领域的国有建设用地。改善公共管理与公共服务，就是要进一步健全社会保障体系，完善社会福利制度，为人民群众提供更好更多的义务教育、基本医疗等公共服务与产品，并不断提高公共服务的质量，切实解决老百姓关心的问题。相关部门也要加大与之配套的用地审批和供应力度，让国土资源对改善社会民生发挥应有的作用。在预期土地价格上涨20%、劳动力总量增加20% 与平均工资水平上涨10% 的情况下，模型给出的模拟结构较为稳健，与最优结构一致，都显示应该大幅提高商服用地的新增供给比例。

表3.14是与实际值相对比，模型求解出的北京市2012年新增国有建设用地供给结构及其变动模拟情况。结果显示，2012年北京市新增国有建设用地供给主要集中在工矿仓储用地与住宅用地。北京作为我国的首都与政治文化中心，经济发展水平已经迈入新阶段，破除旧动能、培育新动能、促进经济转型发展的压力持续加大，在建设用地供应日趋紧张的情况下大幅提高工矿仓储用地的新增供给比例，显然值得商榷。因此模型结果显示，在北京市最优建设用地新增供给结构中应大幅降低工矿仓储用地所占比例，要转变经济发展方式，向生态要效益，腾退低效产业用地，不断淘汰与关闭一批与绿色发展、生态发展不相符合的落后产能，在配置土地资源时重点支持第三产业。同时，加快疏解北京非首都功能，将一般性产业与制造业的生产加工环节向外迁建。在转型的过程当中，这有利于保护绿水青山，促进生态环境的持续改善和经济社会的良性发展。

与此同时，要降低交通运输用地新增供给比例。交通运输用地是国有建设用地分类中的一级类，应该在建设用地调控的基础上提高交通运输用地供给效率，同时降低交通运输用地需求。伴随着城市化的快速推进，很多城市扩张过快。为了吸引相关企业落户，北京建设了大量的厂房、道路等基础设施，在缺乏产业支撑的情况下，形成了众多人口密度相对较低的城市“新区”。实际上，“摊大饼”模式造成了大量交通运输用地的闲置浪费，导致城市建设用地存在外延扩张、粗放利用等情况。因此要遵循城市经济发展规律，依据土地资源和生态环境的承载能力，合理配置与利用建设用地资源；对新增城市道路建设需求进行科学预测与规划，防止过度超前建设带来的土地资源浪费；同时将“公交都市”建设与“共享单车”相配合，解决“最后一公里”难题，根据地形地貌特点因地制宜地建设慢行系统，倡导绿色出行，通过便捷、高效的公共交通网络降低私家车出行需求。除此之外，要显著提高公共管理与公共服务用地的新增供给比例。在建设用地供应总量趋紧的前提下，可以通过从开发商处收回闲置土地、老旧小区绿化改造与城镇道路的增彩延绿工程等方式增加北京市各类规模不等的公园与绿地；收回、整合与盘活城市闲置土地、边角地和未利用土地资源，将腾退减量后的土地用于建设各类文化、体育、娱乐设施及公共广场等。

表3.14 北京市2012年新增国有建设用地供给结构及其变动模拟

	工矿仓储	交通运输	住宅	商服	公共管理与公共服务
实际值 / 公顷	530.88	32.56	613.60	149.00	299.83
所占比例	32.65%	2.00%	37.74%	9.16%	18.44%
最优比例	0.00%	4.26%	1.83%	25.21%	68.69%
方案 1 最优比例	0.00%	0.00%	99.94%	0.00%	0.05%
方案 2 最优比例	0.00%	0.00%	96.49%	0.14%	3.36%
方案 3 最优比例	0.00%	0.00%	99.99%	0.00%	0.01%
方案 4 最优比例	0.00%	0.00%	99.99%	0.00%	0.01%

在预期北京市 GDP 增长6.5%、土地价格上涨20%、劳动力总量增加20%与平均工资水平上涨10% 的情况下，模型给出的建议都是大幅提高住宅用地供给比例。住宅用地供给关系土地市场的供求平衡，进而影响房地产市场的价

格，成为居民生活水平的重要影响因素，关系社会的和谐与稳定。因此要科学合理地对全社会住宅用地需求进行预测，编制土地利用计划。优先保障公租房、廉租房等适合中低收入家庭的社会福利性住房的用地需求，也要充分考虑新就业的大学毕业生以及其他新增就业群体等对住房的刚性需求。

表3.15是与实际值相对比，模型求解出的上海市2012年新增国有建设用地供给结构及其变动模拟情况。结果显示，2012年上海市工矿仓储用地新增供给过多；同时，交通运输用地、商服用地、公共管理与公共服务用地新增供给较为不足。具体来看，预期上海市 GDP 增长6.5% 时，要大幅提高工矿仓储用地新增供给比例。伴随上海经济的迅速发展与国际化程度的不断提高，实体经济成为支撑上海市经济高质量发展的根基，因此需要在土地利用规划上加以配合与倾斜。当劳动力总量增加20% 时，要提高公共管理与公共服务用地的有效新增供给比例，加强教育、医疗、卫生与养老等社会服务与社会保障的配套能力和公共资源的承载力，更好地满足人民提升生活质量的需求。

表3.15　上海市2012年新增国有建设用地供给结构及其变动模拟

	工矿仓储	交通运输	住宅	商服	公共管理与公共服务
实际值 / 公顷	908.96	349.91	487.13	155.48	387.14
所占比例	39.72%	15.29%	21.28%	6.79%	16.92%
最优比例	0.00%	39.94%	15.70%	14.73%	29.63%
方案 1 最优比例	82.85%	1.44%	0.30%	0.11%	15.30%
方案 2 最优比例	2.29%	0.04%	0.00%	97.26%	0.41%
方案 3 最优比例	0.00%	16.97%	6.86%	1.38%	74.79%
方案 4 最优比例	0.35%	0.20%	0.77%	98.48%	0.20%

在土地价格上涨20% 与平均工资水平上涨10% 的情况下，模型给出的模拟值较为一致，要大幅提高商服用地的新增供给比例。上海市是我国经济最为发达的城市。伴随经济的高速发展，上海市的经济结构已经发生了巨大的变化，上海市全市 GDP 中第三产业增加值所占的比重已经达到60%。上海市要实现

以战略性新兴产业、金融服务业、总部经济等为主体的高质量发展，土地资源是重要保障之一，因此要在建设用地供给上给予倾斜和保障。

表3.16是与实际值相对比，模型求解出的天津市2012年新增国有建设用地供给结构及其变动模拟情况。结果显示，天津市2012年新增工矿仓储用地供给尤为不足。在预期天津市 GDP 增长6.5%、土地价格上涨20% 的情况下，模型模拟的结构也较为一致，都建议在大幅提高工矿仓储新增用地比例的同时，要降低商服用地的新增供给比例。要提高商服用地的集约利用程度，鼓励开发地下商业空间，在不影响城市景观的前提下适当提高容积率。值得注意的是，在劳动力总量增加20% 与平均工资水平上涨10% 的情况下，模型给出的结论都是提高住宅用地供给比例。“二胎”政策的实施会大量增加本地劳动力数量，而平均工资水平上涨会吸引大量劳动力的流入，这都会加大房地产市场压力，不利于稳定房价。提高住宅用地供给比例能在源头上有效缓解房价上涨压力，促进房地产市场理性发展。同时，这也说明本书构建的城市建设用地 CGE 初级模型在政策模拟上是符合实际情况的，具有一定的解释力。

表3.16　天津市2012年新增国有建设用地供给结构及其变动模拟

	工矿仓储	交通运输	住宅	商服	公共管理与公共服务
实际值 / 公顷	3 702.43	2 044.76	1 580.03	499.07	1 076.29
所占比例	41.59%	22.97%	17.75%	5.61%	12.09%
最优比例	99.83%	0.06%	0.03%	0.01%	0.07%
方案 1 最优比例	99.48%	0.07%	0.00%	0.03%	0.42%
方案 2 最优比例	97.28%	1.19%	0.00%	0.21%	1.32%
方案 3 最优比例	68.37%	8.71%	9.35%	6.18%	7.40%
方案 4 最优比例	0.00%	29.52%	41.38%	11.62%	17.47%

表3.17是与实际值相对比，模型求解出的重庆2012年新增国有建设用地供给结构及其变动模拟情况。具体来看，重庆市2012年工矿仓储用地、交通运输用地、住宅用地与商服用地新增用地供给比例都偏高。在4种方案模拟下，也

基本延续了这个趋势，即降低矿仓储用地、交通运输用地、商服用地和公共管理与公共服务用地的新增供给比例。值得一提的是，与2012年相比，2015年重庆市新增国有建设用地供给的重点应该由住宅用地转变为商服用地，这与重庆市经济社会发展的规律是一致的。

表3.17　重庆市2012年新增国有建设用地供给结构及其变动模拟

	工矿仓储	交通运输	住宅	商服	公共管理与公共服务
实际值 / 公顷	2 573.25	4 117.93	3 619.58	766.77	1 172.67
所占比例	21.01%	33.62%	29.55%	6.26%	9.57%
最优比例	0.00%	5.02%	83.54%	1.65%	9.78%
2015 年最优比例	0.03%	0.01%	0.01%	99.94%	0.00%
方案 1 最优比例	0.00%	46.43%	51.20%	1.52%	0.84%
方案 2 最优比例	0.00%	0.09%	99.75%	0.01%	0.15%
方案 3 最优比例	0.00%	0.27%	99.11%	0.09%	0.53%
方案 4 最优比例	0.00%	0.12%	99.73%	0.01%	0.15%

3.6　本章小结

本章根据一般均衡理论构建了城市用地规模 CGE 初级模型，对城市最优建设用地结构及其变化进行模拟。

首先，本章根据微观经济学利润与效用最优化理论，对生产模块、需求模块与政府模块中商品和要素的供求关系进行分析。在生产模块中，其他学者通常运用包含资本与劳动力两种投入要素的生产函数进行分析。本章引入土地作为第三种生产要素，通过设置三层嵌套函数构建生产模块。其他模块包括需求模块，由居民购买与政府购买组成；市场出清与模型闭合模块，由市场出清方程组和模型闭合条件组成，以此阐述城市用地规模 CGE 初级模型的理论基础和结构。

其次，本章介绍了 SAM 表的编制原理、部门结构与数据平衡。SAM 表是投入产出表的进一步完善，对国民经济各部门的经济关联进行了分析，是CGE 模型的数据基础。由于我国暂时只有直辖市级别的城市单独编制了投入产出表，而且笔者所能获取的投入产出表的最新数据是2015年重庆市投入产出延长表，因此本章以北京市等四大直辖市为例进行研究。本章还介绍了 SAM 表的编制过程与各种平衡方法，以此编制了2015年重庆市 SAM 表、2012年北京市 SAM 表、2012年上海市 SAM 表、2012年天津市 SAM 表与2012年重庆市 SAM 表，并利用交叉熵法对各直辖市的 SAM 表数据进行了平衡。

最后，本章利用 CGE 初级模型对城市建设用地结构的变动进行模拟。以北京市、上海市等直辖市为例，分析在经济增长的背景下，基于居民福利最大化与生产利润最大化，城市经济中各个部门与行业最优用地规模比例的变动情况。同时，结合不同的情景模拟方案，分析与预测在不同的情况下城市工矿仓储用地等几种国有建设用地的供给结构以及变动情况，进而探讨在不同的经济发展状态下城市的最优用地规模问题。通过分析可知，2015年，在重庆市经济发展各部门实现一般均衡的前提下，要顺应产业结构转型升级规律，转变经济发展方式，逐渐提高国有建设用地中商服用地的新增供给比例，同时大幅降低工矿仓储用地的新增供给比例。在预期重庆市 GDP 增长6.5% 的情况下，要提高交通运输用地的新增供给比例，大幅提高公共管理与公共服务用地新增供给比例。在预期土地价格上涨20%、劳动力总量增加20% 与平均工资水平上涨10% 的情况下，模型给出的模拟结构较为稳健，与最优结构一致，都显示应该大幅提高商服用地的新增供给比例。模型显示，在2012年北京市最优建设用地新增供给结构中，工矿仓储用地所占比例较低。同时，要降低交通运输用地新增供给比例，显著提高公共管理与公共服务用地新增供给比例。在预期北京市 GDP 增长6.5%、土地价格上涨20%、劳动力总量增加20% 与平均工资水平上涨10% 的情况下，模型给出的建议都是大规模提高住宅用地的新增供给比例。

模型显示，2012年上海市工矿仓储用地新增供给过多，而交通运输用地、商服用地、公共管理与公共服务用地新增供给较为不足。具体来看，预期上海市 GDP 增长6.5% 时，要大幅提高工矿仓储用地供给比例。当劳动力总量增加

20% 时，要提高公共管理与公共服务新增用地的供给比例。在土地价格上涨20%、平均工资水平上涨10% 的情况下，模型给出的模拟值较为一致，要大幅提高商服用地的新增供给比例。2012年天津市年工矿仓储用地新增供给尤为不足。同时，在预期天津市 GDP 增长6.5%、土地价格上涨20% 的情况下，模型模拟的结构也较为一致，都建议在大幅提高工矿仓储用地比例的同时要降低商服用地的新增供给比例。值得注意的是，在劳动力总量增加20% 与平均工资水平上涨10% 的情况下，模型给出的结论都是提高住宅用地的新增供给比例。最后，与实际值相对比，模型求解出重庆2012年新增建设用地的供给最优结构以及4种方案下新增建设用地的供给结构变动的模拟情况。具体来看，重庆市2012年工矿仓储用地、交通运输用地、住宅用地与商服用地的新增供给比例都偏高。在4种方案模拟下，也基本延续了这个趋势，即降低工矿仓储用地、交通运输用地、商服用地、公共管理与公共服务用地的新增供给比例。

第4章　基于SOUDY模型的中国城市最优用地规模总体分析

根据前文分析可知，在新古典经济学中，学者利用相同的生产函数进行研究，分析得出的城市规模相同[29]，这与现实情况是相违背的。解决这个问题有两种办法：第一种是在研究中假设不同的生产函数来代表不同的城市；第二种就是运用意大利经济学家卡马尼等人[138]于1986年提出的SOUDY模型进行分析。SOUDY模型放松了城市规模与城市发展水平之间的联系，使城市在类似城市群的空间组织中决定自身的效率、经济增长与要素生产率。运用SOUDY模型分析可知，不同级别与职能的城市有不同的最优用地规模区间。需求门槛、最小生产规模以及集聚经济决定了城市的最小用地规模。同时，要素与产业集聚产生的有利影响与不利影响相抵消时的城市用地规模为最大用地规模，超过这个规模，城市发展所带来的不利影响会超过有利影响。与以往的研究相比较，SOUDY模型有两个具有解释力的特征：首先是放松了城市经济发展水平与城市用地规模之间的联系；其次是提出了不稳定区域的概念，解释了经济发展程度相同的两个城市的用地规模有可能不同。因此，SOUDY模型能很好地解释和分析现实情况。

首先，通过前文的文献梳理可知，我国学者运用SOUDY模型进行研究的成果较为缺乏。其次，土地承载着一切社会经济活动，而国内外政府与学者大多基于人口规模来衡量与分析城市规模，很少从用地角度切入研究，难免存在一定的局限性。再次，SOUDY 模型利用城市最优规模区间来代替单一的最优规模值，更加符合实际情况。最后，上一章以直辖市为例对最优城市用地规模进行研究，需要将研究视野与研究对象进行拓展，对我国其他所有地级城市的最优用地规模进行探讨。因此，本书尝试运用 SOUDY 模型对我国城市的最优用地规模区间进行深入探讨与研究。本章的安排如下：第一节根据前文的理论分析构建模型，并结合2007—2016年我国所有地级及地级以上城市的面板数据进行总体估计；第二节对2007—2016年我国所有地级及地级以上城市的最优用地规模进行总体判断与研究；第三节对本章的研究内容进行归纳与整理。

4.1　模型构建与估计

卡马尼等人通过分析认为：在生态环境、经济环境与社会环境的相互作用和影响下，城市的快速发展会伴随不同种类的收益与成本[138]。GDP 通常用来代表一个国家或者地区使用当地资源而生产的总产出，可以看作一个国家或地区经济系统的总收益。年末单位从业人数是指企业中实际参与生产活动的人数，可以代表居民的就业情况，是每个国家与地区政府衡量经济社会发展程度的重要指标之一。充分就业在一定程度上反映了整个社会环境充满活力和吸引力，即社会环境的总收益较高。城市绿地面积指一个城市的园林和绿化所占的用地面积，在一定程度上反映了城市生态建设程度。较大的城市绿地覆盖面积可以有效提高城市的生态环境质量，为城市居民健康生活提供保障，提升城市居民的生活质量与幸福感，因此城市绿地面积可以用来衡量城市生态环境发展水平，代表一个城市生态环境的正外部性。同时，财政支出也叫一般公共预算支出，是用来满足国家经济与社会建设的国家财政资金。财政支出涵盖了国家经济社会的方方面面，可以用来衡量承担经济社会发展的经济成本。年末城镇登记失业人员衡量了城镇劳动力失业程度，反映了社会发展过程中由于就业竞争加剧、教育与培训服务不足等原因造成的不利影响，也代表了不充分就业导致的劳动力资源的闲置与浪费，可以看作是一种社会发展中的负面效应或成本。工业废水排放量直接衡量了经济社会发展过程中对资源环境承载力所造成的压力，即环境成本。

综上所述，本书利用 *GDP*、年末单位从业人数（*CYRS*）与城市绿地面积（*LDMJ*）等3个变量分别代表经济环境、社会环境与物质环境所产生的集聚总收益；运用公共财政支出（*CZZC*）、工业废水排放量（*FSPF*）与年末城镇登记失业人员数（*SYRS*）等3个变量分别代表集聚不经济或者集聚总成本；同时，借鉴前人研究成果，社会消费品零售总额近似反映了整个社会商品与服务的总产出，也间接衡量了总消耗，因此本书选取社会消费品零售总额（*LSZE*）作为集聚经济方程与集聚不经济方程的控制变量；与此同时，中国城市统计年鉴包括全市与市辖区两个方面的数据，其中“全市”指标涵盖了城市的所有管辖区域，包括城区、辖县与辖市，其范围超过所研究的单独地级城市城区范围；而“市辖区”指标涵盖了所有城区，不包括其所下辖的县级行政区域。由于行政区划原因，地级城市所辖的县与县级市往往与地级市城区相隔较远，在建成区上并不集中连片，在经济上也没有密切联系，城市市辖区数据相比之下能更加精确地独立衡量一个城市完整范围内的社会经济活动。本章的研究对象是我国所有地级及地级以上城市的用地规模，考察的范围重点是城市市辖区，不包括其下辖的县及县级市，这样研究范围更精确，也更具体。因此，本章及以后章节所有变量均采用城市市辖区数据，以 *SXQ* 代表城市市辖区面积。本章数据来源为2008—2017年中国城市统计年鉴，部分缺失数据通过各省份或者各城市统计年鉴与统计公报补全。由于数据量纲不一样，本章变量之间不宜直接加总，因此所有数据经过正态标准化处理去掉量纲影响。参照卡佩罗与卡马尼[43]所提出的具体方程形式，并结合国内外相关学者的研究，经过整理可以得到如下方程：

$$ABC_{it} = GDP_{it} + CYRS_{it} + LDMJ_{it} = a_0 + a_1 SXQ_{it} + a_2 SXQ_{it}^2 + a_3 LSZE_{it} \quad (4.1)$$

$$ALC_{it} = CZZC_{it} + FSPF_{it} + SYRS_{it} = a_0 + a_1 SXQ_{it} + a_2 SXQ_{it}^2 + a_3 LSZE_{it} \quad (4.2)$$

式中，ABC_{it} 和 ALC_{it} 分别代表城市发展的总收益与总成本；i 代表城市；t 代表年份；a_0 至 a_3 为参数。同时，与其他国家或者地区不同，行政级别对我国城市的影响是非常显著的[57]。我国关于城镇化的最新规划也明确指出：直辖市、省会城市、自治区首府与国家计划单列市在我国城市体系中具有举足轻重的地位，能有效带动区域经济发展。与其他普通城市相比，直辖市、省会城市、自治区首府与计划单列市往往会获得更多的政策倾斜和资金支持，其基础设施与产业配套也更加完善，提供就业岗位的能力更强。具体来看，我国北京市等四大直辖市相比普通城市在财政收入和使用、行政审批权限、国家政策倾斜等方面有更高的自主性和更明显的优势，是国家层面的中心城市，对人才、资金与企业的吸引力较大，在经济与社会发展过程中具备较大的优势。直辖市作为经济增长极，能带动周边广大区域的发展。同时，我国省会城市、自治区首府一般为一个省级区域的政治、经济、文化、教育与交通中心，在经济社会发展水平、政策支持、市场规模、产业结构、基础设施、就业机会、公共服务水平等方面较省内其他城市都具有明显的优势。伴随着高铁、城际铁路、高速公路等基础设施建设的发展，本省区域，甚至跨省区域的人才与产业在省会城市、自治区首府集聚的现象越来越明显，从而不断扩大省会城市、自治区首府与省内其他城市之间的经济、社会发展差距。而我国国家级计划单列市，即大连、青岛等5个沿海城市，是在第三次计划单列时期后经过一系列调整所形成的，在某些方面具备省级区域的功能与职责。大连、青岛、宁波等计划单列市地处东部沿海地带，具备优越的区域条件与完善的交通基础设施以及金融服务、教育与医疗体系等，其经济社会发展程度普遍高于其他一般地级城市，甚至高于中西部地区一些省会城市、自治区首府。因此总体来看，与其他普通地级城市相比，我国直辖市、省会城市、自治区首府与计划单列市占据特殊的地位，承担较高的经济社会发展职能，在研究过程中应该划分出来加以重点考虑。

与此同时，根据文献综述可知，以往学者对我国城市人口规模问题大多从个体或者案例的角度进行研究，没有考虑东部、中部、西部的区域差异。根据国家统计局常用的分类标准，以地理位置和经济发展水平进行划分，分为东部、中部与西部地区；也可以将东北地区单列出来，划分为四大地区；还可以更加细致地划分为东北综合经济区、北部沿海综合经济区、东部沿海综合经济区等

8个区域[①]。有鉴于此，本书结合地理区域、经济发展水平和行政级别3个方面对我国地级城市的影响，以及国家统计局的官方划分标准，将我国地级及地级以上城市划分为3类：第一类为我国四大直辖市、各省省会城市、各自治区首府与5个计划单列市（35个）；第二类为东部地区的其他地级城市（83个）；由于我国中西部地区城市经济社会发展水平差距并不是特别明显，因此我国第三类城市包括其他中西部地区地级城市（160个）(具体名单见附录A；由于数据不完整与行政级别调整，剔除了我国香港特别行政区、澳门特别行政区等16个城市与地区的数据)。根据2007—2016年我国地级及地级以上城市面板数据对式（4.1）与式（4.2）进行估计，结果如表4.1所示。

表4.1 我国城市 SOUDY 模型估计结果

城市类别	曲线	截距项	*SXQ*	SXQ^2	*LSZE*
第一类城市	*ABC*	−0.02	0.1^{**}	−0.02	0.71^{***}
	ALC	-0.16^{***}	0.26^{**}	0.16^{***}	−0.04
第二类城市	*ABC*	0.03	0.25^{***}	-0.03^{*}	1.3^{***}
	ALC	0	0.2^{**}	0	1.25^{***}
第三类城市	*ABC*	0.43^{***}	0.38^{**}	-0.43^{***}	0.74^{***}
	ALC	−0.14	0.61^{***}	−0.14	0.18

注：*、**、*** 分别代表在10%、5%、1% 的显著性水平下拒绝原假设。

由表4.1显著性检验可知模型模拟效果较好，可以看出除第一类城市的 *ALC* 为直线以外，第二类城市的 *ABC* 与 *ALC* 均为曲线，说明城市发展总收益与总成本随城市用地规模增大呈现曲线变动的趋势，存在拐点。根据表4.1可以计算我国三类城市的最优规模区间，其中第一类城市最优用地规模区间为：

① 以第一种划分标准为例，东部地区包括北京、天津、河北、辽宁、上海、江苏、浙江、福建、山东、广东、海南；中部地区包括山西、吉林、黑龙江、安徽、江西、河南、湖北、湖南；西部地区包括内蒙古、广西、重庆、四川、贵州、云南、西藏、陕西、甘肃、青海、宁夏、新疆。资料来源：国家统计局官方网站。

$$\frac{-0.16-\sqrt{0.13+0.45\times LSZE}}{0.32}\leqslant SXQ_1^*\leqslant\frac{-0.16+\sqrt{0.13+0.45\times LSZE}}{0.32} \tag{4.3}$$

第二类城市最优用地规模区间为：

$$\frac{0.05-\sqrt{0.0025+0.06\times LSZE}}{0.06}\leqslant SXQ_2^*\leqslant\frac{0.05+\sqrt{0.0025+0.06\times LSZE}}{0.06} \tag{4.4}$$

第三类城市最优用地规模区间为：

$$\frac{0.23+\sqrt{0.79+1.27\times LSZE}}{-0.86}\leqslant SXQ_3^*\leqslant\frac{0.23-\sqrt{0.79+1.27\times LSZE}}{-0.86} \tag{4.5}$$

4.2 实证检验与分析

4.2.1 我国三大类城市最优用地规模分析

根据式（4.3）、式（4.4）与式（4.5）可以分别计算我国城市2007—2016年的城市最优用地规模区间，然后与各城市实际用地规模（市辖区面积）进行对比分析，从而可以判断我国不同类别城市用地规模是否处于最优用地规模区间。计算结果如表4.2所示。

表4.2　我国各类用地规模过大的城市所占比重对比

城市类别	年份									
	2007	2008	2009	2010	2011	2012	2013	2014	2015	2016
第一类	14.29%	11.43%	8.57%	8.57%	8.57%	5.71%	5.71%	5.71%	5.71%	8.57%
第二类	33.73%	25.30%	28.92%	22.89%	19.28%	16.87%	19.28%	22.89%	24.10%	20.48%
第三类	70.63%	66.88%	62.50%	60.63%	58.75%	57.50%	52.50%	55.00%	50.00%	49.38%

由表4.2可知，总体上来看，我国用地规模过大的地级及地级以上城市在第三类城市中相对较多，基本上都超过了50%；第二类次之，20%~30% 的城市用地规模超过了最优区间；第一类城市中用地规模过大的城市相对最少，历年来超过最优用地规模区间的城市数量不超过15%。从时间上来看，我国各类用地规模过大的城市所占比重均呈现下降趋势，说明我国城市用地规模增长态势逐渐趋于理性。通过总体比较可知，城市用地规模过大的情况在我国广大中

西部地区城市（此处是指直辖市、省会城市、自治区首府与计划单列市以外的中西部地区城市，下同）中比较严重，而直辖市、省会城市、自治区首府与计划单列市中的城市用地规模反而普遍比较合理。

分别来看，2007—2016年第一类城市中用地规模过大的城市所占比重历年来都不超过15%，并且基本呈逐年下降趋势。这说明历年来我国大部分直辖市、计划单列市与省会城市、自治区首府用地规模并未超过最优区间，仍然属于合理扩张的范围。一方面，是因为这些城市区位优势明显，政策扶持力度较大，并且凭借直辖市、省会城市、自治区首府等特殊的行政级别因素吸引周边区域内的要素不断集中，城市建设用地在一定程度上实现了集约节约利用；另一方面，是因为国家严格控制特大城市用地规模，防止城市边界无序扩张造成资源浪费。我国历年来实施的城市建设方针都旨在控制特大城市的城市规模，特别是2014年国土资源部明确规定对特大城市的新增建设用地总量进行约束[①]。2007—2016年数据表明我国城市建设和发展的政策效果明显，特大城市比较集中的直辖市、省会城市、自治区首府与计划单列市城市用地规模大部分处于合理区间。

2007—2016年我国第二类城市中用地规模过大的城市所占比重历年来均超过15%，最高达到了33.73%。这说明近三分之一的东部地区城市（此处是指直辖市、省会城市、自治区首府与计划单列市以外的东部地区城市，下同）的用地规模超过最优区间。东部地区城市大多处于沿海地区，靠近北京、上海、香港特别行政区等世界发达城市与地区，拥有得天独厚的区位优势，通过城市群内部的承接与协作，形成了京津冀、长江三角洲与珠江三角洲等国家级城市群，成为国民经济重要的增长极。然而，在经济高速发展的同时，东部地区部分城市集约利用土地程度有所下降，城市空间的无序蔓延程度有所加剧，城市用地规模过大的

① 2014年国土资源部发布的《节约集约利用土地规定》中表明：通过规划、计划、用地标准、市场引导等手段，有效控制特大城市新增建设用地规模，适度增加集约用地程度高、发展潜力大的地区和中小城市、县城的建设用地供给，合理保障民生用地需求。

情况相比直辖市等特大城市更加严重。因此，我国东部地区各级政府在制定城市总体规划与区域城市群规划时要尤为注意，要通过多项举措提升东部地区城市群发展质量。具体来看，长江三角洲等东部地区城市群是我国对外开放程度最高、经济最为发达、基础设施最为完善、对产业与人口的吸纳能力最强的地区。东部地区的城市发展应该根据自身的区位特点、资源禀赋与产业配套能力，在城市群的区域发展环境中对自身进行科学定位，在城市群中承载不同的主体功能，这样才能更好地融入与促进城市群的发展，也能更好地带动城市自身的发展。东部地区城市群的基础设施网络已经较为完善，城市间的产业分工与产业配套已经较为成熟，因此在制定城市总体规划及其相关用地规划时要注重从城市群层面统筹规划。从各个城市的功能定位着手，坚持以人为本，加快城市老城区改造与海绵城市建设；提升管理水平，加强精细化管理，防止城市过度蔓延，推动城市发展；发挥区域优势，因地制宜，大力发展海洋经济，积极参与国际竞争与合作，推动一带一路建设；增强教育、医疗与卫生等社会保障能力，注重资源永续利用与环境质量，不断提升人口与环境承载能力。

值得注意的是，2007—2016年我国第三类城市中用地规模过大的城市所占比重均超过49.38%，最高达到了70.63%，但是第三类城市中用地规模过大的城市所占比例逐年降低。这说明历年来我国超过半数的中西部地区城市用地规模超过了最优区间，但这种局面在逐年缓解。这可能是因为相比于其他城市的政策、区位优势，广大中西部地区城市更多的是利用劳动力、用地等要素成本优势来吸引企业落户。同时，在“筑巢引凤”的过程当中，广大中西部地区城市倾向于大规模建设工业园区、城市新区，过分追求道路、厂房、广场等基础设施建设，容易造成城市建成区人口密度过低与土地利用效率低下等问题。此外，城市规模一定程度上体现了劳动力与市场规模，反映了城市的经济实力，有利于提升城市的形象。因此，这几点都容易引发中西部地区某些城市规模过度扩张。我国中西部地区城市的劳动力与土地等要素资源普遍较为丰富，生产性基础设施也较为完善，因此在承接产业转移的过程当中需重点引导市场效益较好、环境污染程度较低的劳动密集型产业向中西部地区城市转移。中西部地区要重点发展中心城市，完善城镇体系。中西部地区已经逐步形成成渝城市群、武汉城市圈等产业基础较好、基础设施较为发达、经济联系较为紧密的城市群。因此要加快发展中心城市，利用城市群的产业配套和优势互补能力将中心城市的经济发展动能逐步扩散与辐射至周边地区，支持中部崛起与西部大开发战略。值得一提的是，中西部地区是我国的粮食主产区，也是我国的生态涵养区与某些重要流域的水源保护地。中西部地区城市在经济社会发展的进程当中尤其要注意树立生态优先、绿色发展的理念，要统筹协调，从整体出发进行生态修复与环境保护。

4.2.2 我国城市最优用地规模空间对比分析

通过上文分析可知，我国用地规模过大的城市所占比重近十年来呈现下降趋势。为了研究这种下降趋势在空间上的变动情况，本书选取2007年与2016年两个时间点对比分析我国城市用地规模的变动趋势。

2007年我国用地规模过大的城市主要集中在甘肃省、黄河中上游地区、东北地区与成渝地区；除此之外，还呈现山东省、江苏省、湖北省与湖南省构成的纵向带状分布，以及广西壮族自治区、湖南南部、浙江省与福建省构成的横向带状分布。这些地区大部分处于我国中西部地区。这种现象与前文结论一致，反映了在对接经济发达地区产业转移的浪潮下，我国广大中西部地区的城市通过改善基础设施，新建大量的开发园区或者城市新区，以劳动力与土地要素价格优势吸引东部沿海地区产业投资；同时，城市规模的扩大在一定程度上加快了土地征收与流转，也刺激了房地产行业的发展，从而增加了地方政府的财政收入。最后，城市规模在一定程度上代表城市劳动力储备与市场规模，是经济实力的体现，有利于提高城市影响力，在招商引资过程当中对企业也具备一定的吸引力。因此，在这个过程当中容易激发地方政府扩大城市规模的热情，造成城市用地规模过大。

然而值得一提的是，近十年以来，用地规模过大的城市明显减少，城市规模扩张逐渐趋于理性。从变化趋势上来看，广大中西部地区的城市用地规模变化最为明显。由表4.2可知，用地规模过大的城市所占比重近十年下降了将近22%，但是仍然较高；东部沿海地区城市用地规模变化也较为明显，东部非省会城市中用地规模过大的城市所占比重近十年来下降了将近14%，城市用地规模扩张逐渐趋于理性。从空间分布上来看，2016年我国用地规模过大的城市数量明显减少，主要集中在黄河中上游地区、东北地区、成渝地区以及湖北、广西、江西与福建等部分区域。一方面，这反映了我国城镇化由盲目扩大规模的粗放增长逐渐转变为更加注重质量与效益的精细增长；另一方面，这也是市场经济与城市管理发展到一定程度的必然结果。分开来看，我国东部地区产业结构合理，基础设施完善，区位、政策优势比较明显，城市经济发展水平较快，因此可以根据社会经济发展要求而不断调整部分城市的土地利用总体规划，适度扩大城市用地规模。相比之下，我国广大中西部地区的部分城市需要不断消化与盘活前期库存建设用地，城市规模扩张速度不断下降。伴随国际劳动分工格局的转变与我国经济转型升级的加速，我国中西部地区城市劳动力与土地等要素成本优势已经逐渐下降。在招商引资的过程中，中西部地区城市一方面需要增强产业、人才与金融配套能力，从硬件上形成“产业粘性”；另一方面要提高服务水平，推行“一站式”服务与“保姆式”服务，建立专人团队，主动对接企业，了解与化解企业生产经营过程中存在的困难与瓶颈，从软件上形成“产业粘性”。但值得注意的是，我国长江中上游部分区域城市用地规模过大的现象仍然较为突出。长江中上游地区横跨我国的中西部地区，在我国长江经济带中占据重要的地位。长江经济带建设是我国一项重要的国家战略举措，引起了全社会的高度关注。党中央、国务院明确指出，建设长江经济带，就是在发展中保护，在保护中发展，不能涸泽而渔、焚林而猎，要在环境保护、生态修复的道路上破除旧动能、培育新动能，推动长江沿岸地区经济绿色发展、高质量发展，这对于带动中西部地区城市合理发展、有序发展具有深远的现实意义。

4.3　本章小结

SOUDY 模型基于新古典经济学与城市经济学，从城市网络与城市体系的角度研究城市最优规模，相对于以往的研究方法来说是一种创新。

首先，本章对 SOUDY 模型进行了介绍与分析，指出了 SOUDY 模型的重要启示：城市经济发展水平与城市用地规模之间并无必然的联系。

其次，本章借鉴卡佩罗与卡马尼所提出的方程，引入经济环境、社会环境与物质环境所产生的总收益与总成本指标，利用2007—2016年中国地级及地级以上城市数据进行估计与判断。同时，综合考虑城市区位条件与行政级别，以此将我国地级及以上城市划分为3类：第一类为北京市等四大直辖市、各省省会城市、自治区首府与大连等5个计划单列市（35个）；第二类为东部地区其他地级城市（83个）；第三类是其他中西部地区城市（160个）。研究表明：总体上来看，在我国第三类城市中大部分城市用地规模过大，第二类次之，第一类城市中用地规模过大的城市相对最少；从时间上来看，我国各类城市中用地规模过大的城市所占比重均呈现下降趋势，说明我国城市用地规模增长逐渐趋于理性。

从分类来看，2007—2016年第一类城市中用地规模过大的城市所占比重历年来都不超过14.29%。这说明历年来大部分直辖市、计划单列市与省会城市、自治区首府的用地规模并未超出最优区间，仍然在合理扩张的范围内。

2007—2016年我国第二类城市中用地规模过大的城市所占比重历年来均超过16.87%，最高达到了33.73%。这说明近三分之一的东部地区非省会城市的用地规模超出最优区间。

值得注意的是，2007—2016年我国第三类城市中用地规模过大的城市所占比重历年来均超过49.38%，最高达到了70.63%。这说明最严重的时期，我国中西部地区的大部分城市用地规模超出了最优区间。

从空间分布上来看，2007年，我国用地规模过大的城市主要集中在黄河中上游地区、东北地区、成渝地区。除此之外，还呈现山东省、江苏省、湖北省与湖南省构成的纵向带状分布，以及广西壮族自治区、湖南南部、浙江省与福建省构成的横向带状分布。2016年，我国用地规模过大的城市数量明显减少，主要集中在黄河中上游地区、东北地区、成渝地区以及湖北、广西、江西与福建部分区域。

第5章 基于 Henry George 定理的中国城市最优人口规模总体分析

根据文献综述可知，Henry George 定理是经济学框架内分析城市最优规模的另一个理论分支，但是目前在国内并没有引起相应的重视与应用，国内应用 Henry George 定理对城市最优规模进行研究的成果较少。武彦民与杨峥[137]根据 Henry George 定理建立最优城市人口密度理论模型，分析认为我国26个省的城市人口密度未达到最优值，然而该研究并未到地级市一级的空间尺度。同时，人口规模是衡量城市规模的首要指标。为了从用地与人口两个角度完整地对城市最优规模进行分析，本章对第4章内容进行补充，应用 Henry George 定理对我国地级及地级以上城市的最优人口规模进行实证检验与研究。

本章首先对 Henry George 定理进行一定的补充与拓展，使之更加具有一般性。由于变量的选取存在一定误差，Henry George 定理所要求的地租与公共物品支出实际上很难相等。本章参照金元、大川与铃木[35]的方法，对我国城市的集聚经济进行估计并与地租进行对比，从而判断我国各城市规模与最优规模的偏离程度。同时，依照国内外学者的研究惯例与国际上通行的衡量标准，利用人口规模来代表城市规模。因此，本章的内容安排如下：第一节介绍 Henry George 定理并进行一定程度的拓展，还介绍了变量的数据来源；第二节对我国城市最优人口规模进行实证检验与分析，并根据第4章的分类标准对我国三类城市进行比较研究；第三节是本章内容小结。

5.1 研究方法与数据来源

5.1.1 Henry George 定理介绍

与传统的成本－收益分析视角不同，Henry George 定理首次从公共财政角度研究城市最优规模。本书从阿诺特[130]的模型出发推导和验证 Henry George 定理。假设城市只存在一个 CBD，居民在城市中心的 CBD 工作，并且居住在距离 CBD 为 x 的地点，居民往返 CBD 与住宅之间会产生交通运输成本。居民消耗私人产品 C，比如食品与服装等商品与服务；政府提供公共产品，比如自来水、电力与公共交通设施等。以居民效用最大化作为最优化目标，可以提出如下等式：

$$\begin{aligned} &\max_{N} U \\ &\text{s.t. } NY = NC + P + ATC \end{aligned} \tag{5.1}$$

式中：U 是居民总效用；N 是城市总人口；Y 是人均产出；ATC 是总运输成本；P 是公共产品支出，在经济学上用庇古补表示。

城市集聚经济来源于公共产品的正外部性，比如更好的教育与医疗服务，更多的就业机会，更多样化的商品和服务等。庇古补助是指对城市集聚经济也即公共产品的正外部性进行的补助。不失一般性，假设城市是边界为 t^* 的圆形，距离 CBD 的单位运输成本为 t，因此运输总成本 ATC 为：

$$ATC = \int_0^{t^*} f(t)(2\pi t)\mathrm{d}t = \mathrm{e}\int_0^{t^*} t(2\pi t)\mathrm{d}t = \frac{2}{3}\mathrm{e}\pi t^{*^3} = \frac{2}{3}\mathrm{e}\pi^{-1/2}N^{3/2} \tag{5.2}$$

式中：$f(t)$ 是线性运输成本，$N\left(t^*\right) = \pi t^{*^2}$。将式（5.2）代入式（5.1）并进行求解，可知在最优条件下：

$$P = \frac{1}{3}\mathrm{e}\pi^{-1/2}N^{3/2} = \frac{1}{2}ATC \tag{5.3}$$

此时本书放宽圆形城市假设，假设城市为任意形状，城市面积以 $S(t)$ 表示，这样更符合实际情况。因此城市总地租 ALR 为：

$$ALR = \int_0^{t^*} R(t)s(t)\mathrm{d}t = \int_0^{t^*} -R'S(t)\mathrm{d}t + R(t^*)S(t^*) \tag{5.4}$$

式中：$R(t)$ 是指与 CBD 距离为 t 点的地租，$S'(t)=s(t)$；s 代表对 S 求导。

阿诺特[130] 指出，城市总地租 ALR 的第一部分为级差地租 DLR。因为在每一点 $R'(t)=R(t)$，可知：

$$P = \frac{1}{2}ATC = DLR \tag{5.5}$$

综上所述，Henry George 定理的核心思想是从新古典经济学的经济范式出发，分析城市集聚经济与城市集聚不经济达到平衡时的城市规模问题。城市空间集聚的规模报酬递增（集聚经济）与规模报酬递减（集聚不经济）之间的平衡决定了城市最优规模。其中城市集聚经济是指影响城市中企业生产与居民生活的正外部性，企业因为丰富的劳动力、上下游产业链的关联和完善的生产配套服务而集聚在城市；居民因为较好的教育、医疗条件与更多的就业机会而迁入城市。因此城市集聚经济是城市产生与不断发展的根本原因，是提高企业生产效益与居民效用水平的内在动力。然而居民与企业在城市的集聚达到一定程度便会产生集聚不经济，比如人口的过度增长带来的高房价、交通拥堵、教育与医疗资源紧张等负外部性问题。城市集聚不经济是由资源的稀缺性和拥挤成本造成的，进而产生了城市地租问题。因此本书放宽 Henry George 定理的假设，更全面地测度城市集聚不经济，通过引入城市集聚不经济指标 AD 来代替级差地租 DLR，从而提出更加一般性的 Henry George 定理，即在城市规模达到最优的情况下，公共产品支出（对公共产品产生的正外部性进行的补助）能弥补集聚不经济所带来的损失，公共产品支出与城市集聚不经济指标 AD 之间的差距可以衡量城市规模与最优规模之间的差距。

5.1.2　提出假设

根据研究惯例，本书采用通用的 Cobb-Douglas 函数形式研究生产函数：

$$Y = AK^{\alpha}N^{\beta}G^{\gamma} \tag{5.6}$$

式中：Y 是总产值；A 代表技术进步程度；K 是投入的资本；N 是投入的劳动

力；G 是社会基础设施投入；α、β、γ 为参数。

传统的经济学分析一般假设企业是规模报酬不变的，$\alpha+\beta-1$如果大于0代表规模报酬递增，即存在城市规模经济，通常以此来测度城市集聚经济[33]。

对式（5.6）两边取对数可得：

$$\ln(Y/N)=A_0+a_1\ln(Y/N)+a_2\ln N+a_3\ln(G/N) \tag{5.7}$$

式中：Y 是总产值；A 代表技术进步程度；K 是投入的资本；N 是投入的劳动力；G 是社会基础设施投资；a_1、a_2、a_3 为参数。$a=a_1$，$\beta=a_2+1-a_1$，$\gamma=a_3$，$a_2=\alpha+\beta-1$，代表城市集聚经济。

从严格意义上来说，由于Henry George定理是一个等式，其假设条件与真实情况存在一定的出入，而且变量的选取也存在一定的误差，直接检验Henry George定理是比较困难的。因此可以借鉴金元、大川与铃木[35]的方法，对我国城市的集聚经济进行估计并与集聚不经济 AD 进行对比。参照金元、大川与铃木[35]的研究，本书提出2个假设，并一一进行检验：

假设1　我国各类城市都存在显著的集聚经济。

城市集聚经济是指有利于居民、企业及生产要素集聚的正外部性，它对城市的形成与发展产生了重要的作用。现阶段我国城市都应该存在显著的城市集聚经济。本书对我国城市集聚经济进行检验。

假设2　我国城市人口规模与最优规模的偏离程度在同一类城市中不会有太大差异，但是不同类别城市的这种差异显著，特大城市、大城市人口规模与最优规模的偏离程度显著大于其他城市。

由于门槛值较低，规模较小的集聚经济容易形成，进而比较容易形成城市。因此当中小城市人口规模偏离最优值时，在生产要素流动不存在明显阻碍的前提下，集聚不经济会促使劳动力等生产要素在中小城市之间频繁流动，进而容易催生等级较低的中小城市。这种流动过程在城市人口规模与最优值的偏离程度在中小城市间差距较小时逐渐停止，因此实现均衡时城市规模与最优值的偏离程度在较低等级的城市中相对较小；与之相反，人口规模较大的城市由于门槛较高，形成城市集聚经济的难度较大，因此较大规模的城市较难形成，数量较少。即使生产要素能在特大城市以及大城市之间自由地跨区域流动，城市人口规模与最优值的差异也难以催生出新的较高等级的城市。在劳动力不会轻易从特大城市和大城市向中小城市转移的假设下，特大城市和大城市的人口规模与最优值的偏离程度应该显著大于其他中小城市。

5.1.3　数据来源

根据上文分析，借鉴舒帮荣等 [86] 学者的做法，本书选取 GDP 作为产出的指标；选取城市固定资产投资作为投入资本的指标；选取年末单位从业人员数作为投入劳动力的指标；选取人均城市道路面积、每万人拥有公共汽车、全社会用电量、供水总量、医院与卫生院床位数作为社会基础设施投资的指标；选取工业废水排放量、工业二氧化硫排放量、工业烟尘排放量与年末城镇登记失业人员数作为集聚不经济的指标。根据第4章的分析可知，统计年鉴中的“市辖区”指标涵盖了所有下辖城区，不包括其所下辖的县级行政单位。由于行政区划的原因，地级城市所辖的县级行政单位往往与地级市城区相隔较远，在建成区上并不集中连片，在经济上也没有密切联系，城市市辖区数据相比之下能更加精确地独立衡量一个城市完整范围内的社会经济活动，因此本章所有变量均采用城市市辖区数据。数据来源为2008—2017年《中国城市统计年鉴》，部分缺失数据通过其他年鉴或者统计公报进行补全。

由第4章的分析可知，以往学者对我国城市规模问题大多从某个城市或者某个区域的角度进行研究，没有考虑东部、中部与西部的区域差异，也没有考虑行政级别对城市的影响力。相对于其他城市，直辖市、省会城市、自治区首府与计划单列市往往会得到国家更多的政策倾斜与资金投入，科教文卫等基础设施更加完善，产业结构也更加高端，就业机会也较为丰富，因此对全国范围尤其是周边地区劳动力的吸引力更大。同时，我国东部地区城市由于处于沿海地区，具备良好的区位条件，并且紧邻北京、上海等国内一线城市，社会与经济协同发展程度普遍较高。而广大中西部地区城市经济发展程度较为接近，相对来说普遍存在区位、资金与劳动力等劣势。有鉴于此，与第4章相同，本章结合地理位置、经济发展水平与行政级别3个方面的影响，将我国绝大部分城市划分为3类（具体名单见附录 A；由于数据获取困难与行政级别调整，剔除了我国港澳台地区、拉萨等16个城市与地区的数据）：第一类为北京等四大直辖市、各省省会城市、自治区首府与大连等5个计划单列市（35个）；第二类为东部地区其他地级城市（83个）；第三类是其他中西部地区城市（160个）。

5.2 实证检验与分析

5.2.1 检验假设：我国各个类别的城市都存在显著的集聚经济

主成分分析（Principal Components Analysis，PCA）是指通过线性变换的方法，在保留原有变量大部分特征的前提下把多个指标合成为少数几个不相关的指标，以达到减少变量个数的目的，并且综合多个变量的大部分信息，抓住问题的重心。因此，本书运用主成分分析法将人均城市道路面积、每万人拥有公共汽车、全社会用电量、供水总量、医院与卫生院床位数等指标合成为社会基础设施投资指标，结果如表5.1所示。

表5.1　我国城市社会基础设施投资主成分分析结果

KMO 与 Bartlett 检验值	0.77	近似卡方值	8 853.65	显著性	0.000	累加
	总计	总方差的百分比	累加	总计	总方差的百分比	
1	2.907	58.144	58.144%	2.907	58.144	58.144%
2	1.174	23.478	81.622%	1.174	23.478	81.622%
3	0.646	12.928	94.549%			
4	0.172	3.434	97.984%			
5	0.101	2.016	100.000%			

根据表5.1可知，KMO 与 Bartlett 检验值大于0.75，说明主成分分析的效果较好。根据特征根大于1的标准，模型提取了2个主成分，解释了人均城市道路面积、每万人拥有公共汽车、全社会用电量、供水总量、医院与卫生院床位数等5个变量超过80% 的信息。然后本书运用2007—2016年我国3个类别的地级及地级以上城市面板数据分别对式（5.7）进行估计，结果如表5.2所示。

表5.2　我国各类城市集聚经济估计结果

项目	第一类城市	第二类城市	第三类城市
检验结果	Prob > F = 0.000 0	Prob > chi2 =0.000 0	Prob>chi2 = 0.008 6
估计方法	Fixed-effects	Random-effects	Fixed-effects
系数 a_1	0.542 7***（0.021 9）	0.448 7***（0.014 9）	0.372 3***（0.010 1）
系数 a_2	0.125 2***（0.04）	0.050 3*（0.027 2）	−0.0535**（0.024 2）
系数 a_3	0.183 0***（0.046 6）	0.144 9***（0.029 6）	0.3443***（0.023 7）
系数 A_0	6.549 6***（0.347 9）	7.791 1***（0.226 9）	9.764 9***（0.181 6）

注：***、**、* 分别表示在1%、5%、10% 的水平下显著地与0存在差异。

由表5.2可知，第一个方程中系数 a_2 在1% 的显著性水平下不为0，第二个方程中系数 a_2 在10% 的显著性水平下不为0，第三个方程中系数 a_2 在5% 的显著性水平下小于0，说明我国第一类与第二类城市即直辖市、省会城市、自治区首府、计划单列市与其他东部地区城市的集聚经济在统计学上都是显著存在的，但是第三类城市即除直辖市、省会城市、自治区首府与计划单列市以外的其他中西部地区城市在统计学上存在显著的集聚不经济，说明城市人口规模的增加反而阻碍了人均产出的增长。至此，假设1得到部分证明。具体来看，其中第一类即直辖市、省会城市、自治区首府与计划单列市城市劳动力规模增加1% 能带来人均产出12.5% 的增长，说明自2007年以来，我国直辖市、省会城市、自治区首府与计划单列市劳动力规模的扩大显著地促进了人均产出的提高，并且与其他东部地区城市相比（第二类城市的系数为0.05），我国第一类城市的集聚经济程度较高。由模型结果可知，首先，在 GDP 作为经济发展水平与官员晋升的传统考核标准这个前提下，我国直辖市、省会城市、自治区首府与计划单列市的政府有巨大的动力推动城市人口规模的扩张。其次，可以发挥我国直辖市、省会城市、自治区首府与计划单列市的人口吸纳能力，根据经济发展水平与教育、医疗等公共服务完善程度促进我国直辖市、省会城市、自治区首府与计划单列市城市人口规模的合理提升。因而国家相关规划中对城市人口达到500万以上的特大城市的人口规模进行严格控制，这一点值得商榷。

我国特大城市在经济发展水平与产业结构等方面各不相同，不能一概而论，应该对特大城市人口承载力进行科学测算，精准施策，对不同城市的人口规模进行不同程度的干预。最后，人均资本与人均社会基础设施投资对我国直辖市、省会城市、自治区首府与计划单列市人均产出的提高也产生了显著的作用，说明这些地区仍然存在巨大的投资潜力，可以通过加大固定资产投资，完善生产与生活性基础设施来带动城市经济发展。具体来看，需要进一步理顺市场、社会和政府之间的关系，从根本上确定市场在资源分配中的基础地位。可以引入民间资本，打破垄断，让民营企业参与公共服务与公共管理的市场竞争。这样不但能提高公共服务与公共管理的供给数量与供给质量，还能对民营企业的投资进行合理引导，进一步发展实体经济。

第二类城市即其他东部地区城市劳动力规模增加1%能提高5%的人均产出，并且这种比例关系在统计学意义上并不是特别显著（仅在10%的显著性水平上拒绝原假设）。这说明其他东部地区城市劳动力规模的提升对人均产出的提高并没有发挥特别明显的作用，但其他东部地区城市人均资本与人均基础设施投入显著地拉动了经济增长。结论表明，人均资本与人均基础设施投入1%的增长能分别带动其他东部地区城市人均产出提高44.6%与15.7%。这说明其他东部地区城市凭借良好的区位因素，在其经济发展的过程中更多地依靠资本与基础设施投入驱动，劳动力规模的增长对经济发展的促进作用有限，要警惕人口的过度增长可能带来的城市集聚不经济。从这个角度而言，相比于直辖市、省会城市、自治区首府与计划单列市，其他东部地区城市对人口的吸纳能力更弱，应更加注意通过户籍制度调控城市人口。但是同时也可以看到，人均资本与人均基础设施投入对其他东部地区城市经济的拉动作用更加显著。因此各级政府应该结合产业转型与结构调整，加大对其他东部地区城市的资金和政策支持力度，有序引导国有资本、外资、民营资本向这些地区转移，提高资本利用效益，优化资本利用结构；同时要注意处理好经济发展与环境保护、生态修复之间的关系，坚持东部地区与城市的绿色发展、生态发展；加强与我国中西部地区的产业转移与经济联系，打破区域壁垒，联动发展。值得注意的是，我国第三类城市即其他中西部地区城市的集聚经济系数显著为负，表5.2中数据表明城市劳动力规模增加1% 反过来使城市人均产出减少5%，呈现集聚不经济状态。这说明，近年来，除直辖市以外，我国其他中西部地区非省会城市、非自治区首府劳动力规模的不断扩大不利于经济发展。出现这种结果一方面可能是因为本书将中西部地区的城市样本合并进行考虑，如果单独考虑中部省份城市和西部省份城市也许结果会有变化；但另一方面可能是因为我国大部分中西部地区城市的人口规模接近或超过其承载能力，与东部地区相比，我国中西部地区城市经济发展水平普遍较低，一旦城市人口增长速度超过经济发展速度，就会导致就业不充分现象加剧，因而我国直辖市以外的其他中西部地区非省会城市、自治区首府人口规模的扩大会降低人均产出。但是，我国中西部地区城市人均资本与人均社会基础设施投资对人均产出的带动作用比较显著，分别达到37.2% 与34.4%，其中人均资本的贡献率接近东部地区非省会城市，而人均社会基础设施投资对人均产出的贡献率显著高于我国直辖市等特大城市以及其他东部非省会城市。因此我国广大中西部地区城市应该转变发展方式，调整产业结构，从扩大城市规模这种外延式增长模式转变为提高人均资本、科教文卫投入、生产性基础设施投入等内涵式发展模式，带动经济高质量发展，同时要注意经济发展与生态保护协调发展，确保经济社会发展不会以破坏生态环境为代价。

5.2.2　检验假设：我国各个类别的城市人口规模与最优值的偏离程度存在显著差异

根据上文可知，该假设的主要内容是：由于集聚经济形成的难易程度不同，我国城市人口规模与最优值的偏离程度在同一类城市中不会有太大差异，但是这种差异在不同类别城市之间显著，第一类城市人口规模与最优值的偏离程度显著大于其他城市。为此首先计算我国三个类别城市人口规模与最优值的偏离程度。主流经济学家认为庇古补助是对公共产品的正外部性或者城市集聚经济进行的补助。假设企业的生产函数为[34]：

$$f(k, n, N) = Ak^{\alpha}n^{1-\alpha}N^{\alpha+\beta-1} \tag{5.8}$$

式中：k、n 分别代表资本和劳动力；A 代表技术；N 代表城市总劳动力，是“劳动力蓄水池”，即城市集聚经济的一种；α、β 为参数。

因为每个劳动力的庇古补助 PS 为 $m\partial f/\partial N$，m 是城市中企业的总数，∂f 是求偏导数，因而城市总庇古补助 PS 为：

$$PS=Nm\partial f/\partial N=(\alpha+\beta-1)Y \tag{5.9}$$

根据 Henry George 定理，由对城市集聚经济进行的庇古补助 PS 与城市集聚不经济之间的差距可以判断城市人口规模与最优值的偏离程度，为此本书引入了城市集聚不经济指标 AD 与庇古补助 PS 相对应，该指标反映了城市集聚不经济程度。因此可以将上文中的判断条件进行修改，利用庇古补助 PS 与城市集聚不经济指标 AD 的差距衡量城市人口规模与最优人口规模之间的差距。为了综合提取几个变量的信息，本书通过主成分分析将工业二氧化硫排放量、工业废水排放量、年末城镇登记失业人员数与工业烟尘排放量等指标合成为城市集聚不经济指标 AD，分析结果如表5.3所示。

表5.3　我国城市集聚不经济指标 AD 的主成分分析结果

KMO 与 Bartlett 检验值	0.632	近似卡方值	1 002.959	显著性	0.000	累计
	特征值	方差	累计	特征值	方差	
1	1.739	43.477%	43.477%	1.739	43.477%	43.477%
2	1.003	25.087%	68.564%	1.003	25.087%	68.564%
3	0.685	17.113%	85.677%			
4	0.573	14.323%	100.000%			

由表5.3可知，主成分分析的整体分析效果较好。根据主成分分析结果可以计算出我国3个类别地级及地级以上城市的集聚不经济指标 AD，从而得到我国各类别地级及地级以上城市的城市规模与最优值的偏离程度。由上文分析可知，为了消除量纲的影响，庇古补助 PS 与城市集聚不经济指标 AD 之间不宜直接进行对比。因此本书用 PS 与 AD 之间的比值表示偏离程度，将其定义为城市人口规模与最优规模的偏离值。偏离值越大代表城市人口规模与最优规模的偏离程度越大，也代表城市政府公共支出越能有效弥补城市集聚带来的不

经济（负外部性），因而城市对人口的吸纳能力越强，城市发展的空间与潜力越大。由于我国第三类城市为集聚不经济状态，无法计算其庇古补助 *PS* 值，因此这里仅仅分析第一类与第二类城市人口规模与最优规模的偏离值，如表5.4所示。

表5.4　我国第一类与第二类城市人口规模与最优规模的偏离值标准差

类别	2007 年	2008 年	2009 年	2010 年	2011 年	2012 年	2013 年	2014 年	2015 年	2016 年
第一类	56.75	68.73	97.45	91.48	165.79	155.51	227.76	201.69	221.88	299.58
第二类	11.37	11.92	15.13	18.13	10.93	11.86	25.91	20.63	23.01	28.80

标准差反映了数据的波动与差异程度，标准差越大，样本中数据之间的差异越大。由表5.4可知，历年来我国第一类与第二类城市即直辖市、省会城市、自治区首府、计划单列市与其他东部地区城市人口规模与最优规模的偏离值的标准差都较小[①]，由此可以看出我国城市人口规模与最优值偏离程度在同类别城市中确实没有太大差异。同时，由于量纲的影响，我国直辖市、省会城市、自治区首府、计划单列市的城市人口规模与最优规模的偏离值的标准差普遍大于我国其他东部地区城市，假设2得到部分验证。

我国第二类城市人口规模与最优规模的偏离值的标准差自2007年以来缓慢增加，这反映了近十年我国东部地区非省会城市、非自治区首府之间的发展差距较小。但是我国第一类城市人口规模与最优规模的偏离值的标准差逐年显著增加，说明第一类城市之间的人口规模与最优规模的偏离程度差距明显扩大。这在一定程度上反映了自2007年以来我国直辖市、省会城市、自治区首府与计划单列市之间的人口承载能力与发展差距不断扩大，并且我国第一类城市人口规模与最优规模的偏离程度自2011年开始显著增加，说明我国直辖市、省会城市、自治区首府与计划单列市之间的人口承载能力从2011年开始显著提升，发展差距显著扩大。这一方面是因为区位优势与经济基础的不同，导致我

① 我国直辖市、省会城市、自治区首府、与计划单列市的庇古补助 *PS* 与城市集聚不经济指标 *AD* 数值都在5位数以上，相对来说，城市人口规模偏离值的标准差确实较小。

国直辖市、省会城市、自治区首府与计划单列市之间的经济发展水平存在较大的差距，并且这种差距与其他东部地区城市相比更显著；另一方面说明了这个类别中的城市之间没有实现较为自由的要素流动，无法通过人才、资本与技术等要素的自由流动缩小城市之间的发展差距。比如我国直辖市等特大城市严格的户籍管理制度使外来务工人员无法享受与本地居民一样的教育、医疗与保险等公共服务。同时，我国直辖市、省会城市、自治区首府与计划单列市，和其他城市相比，大多经济发展水平较高，其住宅、教育与交通等费用相应也较为昂贵。这无形中也提高了外来就业人员的生活成本，阻碍了外来居民的迁入。因此，即使交通越来越便捷，城市之间的经济社会交流越来越密切，我国直辖市、省会城市、自治区首府与计划单列市之间经济发展的差距也没有缩小。表5.5印证了这个观点。

表5.5　我国三类城市 GDP 标准差对比　　（单位：万元）

年份	第一类城市 GDP 标准差	第二类城市 GDP 标准差	第三类城市 GDP 标准差
2007	25 622 379.47	5 495 159.10	1 801 880.04
2008	28 941 840.29	6 521 702.00	2 121 060.36
2009	32 243 166.67	7 199 098.62	2 369 744.24
2010	37 372 332.23	8 419 891.49	2 999 248.52
2011	42 920 449.77	9 763 312.28	3 730 922.00
2012	46 428 174.36	11 159 013.37	4 073 619.45
2013	50 765 039.85	11 890 491.71	4 297 178.58
2014	56 426 318.17	12 715 429.82	4 402 586.34
2015	61 699 567.18	13 534 970.16	4 216 614.99
2016	69 281 636.41	14 721 622.75	4 387 712.45

由表5.5可以看出，2007—2016年我国第一类城市 GDP 标准差显著大于我国第二类与第三类城市，并且我国3个类别城市 GDP 的标准差历年来都呈扩大趋势。这说明与其他城市相比，2007—2016年我国直辖市、省会城市、自治区首府与计划单列市之间的经济发展水平存在较大的差距；同时，我国3个类别

城市之间的经济发展差距在不断扩大。

接下来对假设2的第二部分进行验证。本书引入单因素方差分析方法来判断不同类别城市人口规模与最优规模偏离程度是否存在显著差异。单因素方差分析用来研究一个因素影响之下的多个水平之间是否存在显著差异的问题，在本书中是指2007—2016年我国不同类别城市之间的人口规模与最优规模的偏离程度差异是否较为明显。由于第三类城市为集聚不经济状态，无法计算偏离值，因此这里只分析我国第一类与第二类城市人口规模与最优规模的偏离程度差异，结果如表5.6所示。

表5.6　我国各类城市偏离值方差分析

年份	类别	平均值	*F* 统计量	年份	类别	平均值	*F* 统计量
2007	1	45.90	34.93***	2012	1	106.00	29.09***
	2	7.57			2	12.73	
2008	1	53.70	33.11***	2013	1	155.04	25.54***
	2	8.72			2	20.05	
2009	1	72.54	31.20***	2014	1	126.53	23.20***
	2	10.36			2	17.24	
2010	1	79.78	41.57***	2015	1	155.38	28.98***
	2	12.44			2	20.12	
2011	1	97.79	22.18***	2016	1	247.36	34.49***
	2	11.09			2	28.40	

注：***、**、* 分别表示在1%、5%、10% 的水平下显著地与0存在差异。

从表5.6中可以看出，2007—2016年我国第一类与第二类城市的人口规模与最优规模偏离程度的方差分析中，*F* 统计量的 *P* 值都是小于0.01的。这说明我国第一类与第二类城市人口规模与最优值的偏离程度在2007—2016年都是显著不同的；同时，第一类城市的人口规模与最优规模的偏离值的平均值历年来都显著大于第二类城市。这说明我国直辖市、省会城市、自治区首府与计划单列市的城市人口规模与最优值的偏离程度显著大于其他东部地区城市，因此假设2得到了全部验证。因此我们可以得出结论：我国城市人口规模与最优值的偏离程度在同一类别城市中不会有太大差异，但是不同类别城市的这种差异显著，第一类城市的人口规模与最优值的偏离程度显著大于其他城市。

5.2.3 我国城市人口规模空间分析

由上文可知，我国城市人口规模与最优值的偏离程度在同一类别的城市中差别较小，但是在不同类别的城市中差别较大。为了探寻这种偏离程度在空间上的分布，本书对我国地级及地级以上城市的人口规模与最优值的偏离程度（偏离值）进行空间分析。由于人口规模较大的城市对社会公共基础设施的投入自然要大于人口规模较小的城市，因此我国跨类别城市之间的人口规模与最优值的偏离程度不宜进行直接对比。同时，为了考虑时间变动因素，可以利用2007—2016年我国城市人口规模与最优规模的偏离值增长率来进行客观对比。

2007—2016年城市人口规模与最优规模偏离程度的增长率越大，代表城市人口规模增长空间越大。从区域分布的角度来看，长三角、珠三角与京津冀城市群的人口规模与最优规模的偏离程度增加最快，普遍超过450%。这3个区域是我国经济最为发达的地区，就业选择较为丰富，能吸纳较多的外来人口就业；同时，长三角城市群等东部地区城市群的教育、医疗与卫生基础设施条件相对较好，人口承载能力较强，因此人口规模增长空间最大。第二类城市的人口规模与最优规模的偏离程度增加较快。第二类城市即其他东部沿海地区城市，紧邻我国长三角、珠三角与京津冀三大经济发达地区，东部地区城市与这三大城市群在经济发展水平、产业竞争力等方面的差距相对于其他中西部地区较小，因此可以吸纳相对较多的人口；我国东北－华北地区部分城市的人口规模与最优规模的偏离程度平稳提高，其城市人口规模还有一定的增长空间。

由分析可知，我国第一类城市中，偏离程度变化较大的城市与用地规模处于最优区间的城市之间存在一定联系。除了呼和浩特市、大连市、银川市与哈尔滨市以外，我国大部分第一类城市的用地规模处于最优区间。同时，城市人口规模与最优值偏离程度的增长率也普遍大于100%。这种联系在我国第二类城市中表现得也较为明显。我国东部沿海地区大部分城市的人口承载空间较大，城市用地规模也可以进行合理有序的扩展。因此，这说明了我国城市用地规模与人口规模存在一定程度的相关关系。本书第6章将对这种关系进行更加细致和具体的研究。

5.3　本章小结

城市最优规模一直是社会各界与学术界广泛关心的热点问题，关系着城市经济的发展与居民生活水平的提高。Henry George 定理是20世纪70年代由西方经济学家提出并且得到不断发展的城市最优规模理论，然而它在我国并没有得到大量的研究与应用。本书尝试引入 Henry George 定理，并对其进行一定的推导与完善，运用它对我国地级及地级以上城市最优人口规模问题进行研究。

本书根据 Henry George 定理提出了2个假设：第一，我国各类城市都存在显著的城市集聚经济；第二，我国城市人口规模与最优规模的偏离程度在同一类别城市中不会有太大差异，但是不同类别城市的这种差异显著，特大城市、大城市人口规模与最优值的偏离程度显著大于其他城市。运用2007—2016年我国地级及地级以上城市面板数据构建模型测算城市集聚经济，本书验证了这两个假设对于我国城市是基本成立的。但是我国第三类城市即广大中西部地区城市呈现集聚不经济状态，说明城市规模的增长超出了当地基础设施的承载能力，人口的过度增长加剧了房价上涨、公共资源不足与生态环境损害等城市集聚不经济效应。我国广大中西部地区城市应完善基础设施建设，提升就业容纳能力，加大资本投入，适度控制城市人口规模。从时间与空间上来看，我国长三角、珠三角与京津冀城市群人口容纳潜力增长最快，因此我国进行新型城镇化规划时应重点考虑这三大地区，合理引导我国城市人口规模布局。

第 6 章 中国城市用地规模与人口规模关联分析

城市规模包含城市用地与人口两个维度，用地规模与人口规模的协调发展有利于减少资源的浪费，减轻人口过度增长带来的社会与环境承载压力，促进城市经济的健康发展。党中央、国务院明确指出，土地城镇化快于人口城镇化是当前我国新型城镇化推进过程中面临的重要问题，表现为一些城市空间无序蔓延，盲目追求工业园区、城市新区建设，导致了城市建成区人口密度稀疏、建设用地利用效率低下与耕地资源浪费程度较高等问题产生，也加剧了地方政府性债务风险，逼近耕地红线与威胁生态环境安全，不利于全社会的和谐发展。同时，人口城镇化快于土地城镇化又可能产生劳动力就业竞争加剧，教育、医疗与养老等公共服务资源供不应求等不利影响。因此，对城市用地规模与人口规模进行关联分析，具有重要的社会现实意义。同时，本书之前的章节都是单独从人口或城市用地的角度进行分析，而实际上，将人口与城市用地两个维度结合起来对城市规模进行研究也具有一定理论意义。

有鉴于此，本章的研究目的主要包括以下两个：第一，验证我国城市历年来用地规模与人口规模及经济规模是否具有相关关系；第二，如果具有相关关系，通过引入协调度指数分析我国城市用地规模、人口规模及经济规模之间的协调发展程度。本章的研究内容安排如下：第一节是中国城市用地规模与人口规模的相关性分析；第二节是中国城市用地规模与人口规模协调性分析；第三节是中国城市人口规模与经济规模协调性分析；第四节为本章小结，对本章内容进行归纳与总结。

6.1　中国城市用地规模与人口规模相关性分析

由前文的分析可知，我国一般从用地规模与人口规模这两个角度衡量城市规模。为了保证数据上的一致性，也为了更加精确、独立地分析某个城市的社会经济活动，本书所采用的城市人口数据与用地规模数据均采用地级及地级以上城市市辖区数据。由于统计口径的问题，《中国城市统计年鉴2015》与《中国城市统计年鉴2016》的数据均采用年末户籍人口数据，2015年之前的《中国城市统计年鉴》数据采用年末总人口数据。年末户籍人口是指每年12月31日24时在其常住地的政府户籍管理部门进行了户口登记的人口。年末总人口是指根据本市每年12月31日24时的户籍登记情况统计的人口数，与年末户籍人口基本一致，可以替代使用。因此，本书采用城市市辖区年末户籍人口与年末总人口表示城市人口规模。数据时间跨度为2007—2016年，数据来源为2008—2017年《中国城市统计年鉴》，部分缺失数据通过其他相关统计年鉴与统计公报补全。（由于数据不完整，本章在分析时删除了港澳台地区、拉萨、巢湖等城市与地区的数据。）

由图6.1、图6.2与图6.3可知，2007—2016年我国城市人口规模标准差基本持平，说明历年来我国城市之间的人口规模差距没有明显变化，城市人口规模分布相对稳定。而我国城市用地规模标准差自2014年以来增长较为明显，说明自2014年以来，我国城市之间的用地规模差距明显变大，城市用地规模分布出现了显著的变化。同时，我国城市用地规模与人口规模在10年间的变化趋势基本一致，2012年之前增长幅度较为平缓，2012年以后增长速度明显加快，说明2007—2016年我国城市用地与人口规模之间必然存在一定的相关关系。国内外学者一般采用 Pearson 相关系数来测度两个变量之间的线性相关关系，其公式为：

$$r=\frac{\sum_{i=1}^{n}\left(X_i-\overline{X}\right)\left(Y_i-\overline{Y}\right)}{\sqrt{\sum_{i=1}^{n}\left(X_i-\overline{X}\right)^2}\sqrt{\sum_{i=1}^{n}\left(Y_i-\overline{Y}\right)^2}} \tag{6.1}$$

式中：r 是指 Pearson 相关系数；X、Y 是指两个变量，i 从1到 n。

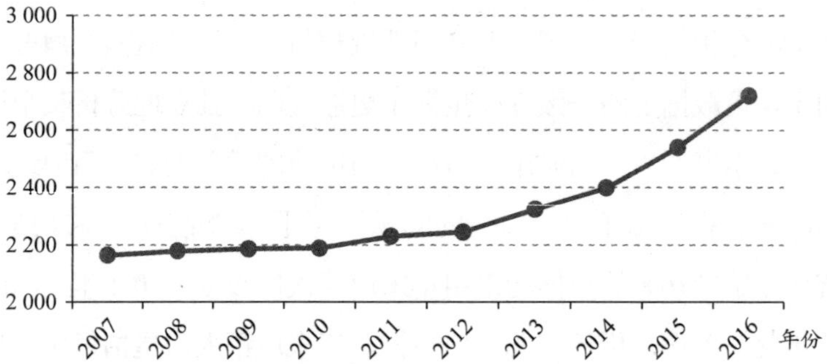

图6.1　2007—2016年我国城市用地平均规模增长趋势（单位：km^2）

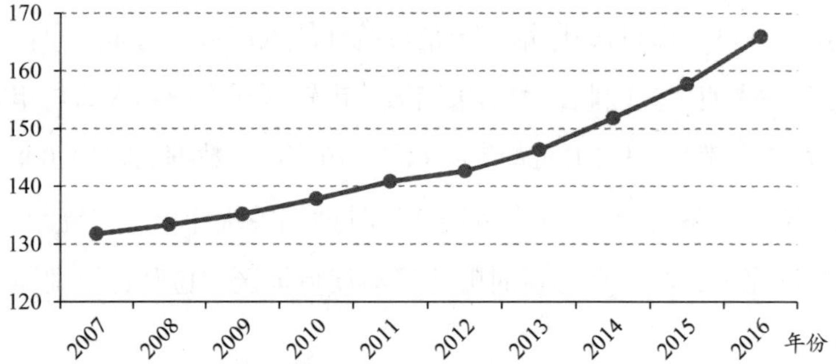

图6.2　2007—2016年我国城市人口平均规模增长趋势（单位：万人）

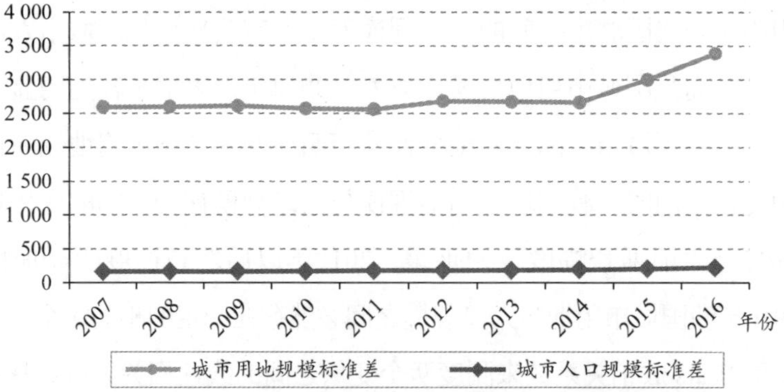

图6.3　2007—2016年我国城市用地规模与人口规模波动趋势

r 的绝对值越趋向于0，代表两个变量的线性相关程度越低；r 的绝对值越趋向于1，代表两个变量的线性相关程度越高。通过计算可得2007—2016年我国城市用地与人口规模相关系数，如表6.1所示。

表6.1　2007—2016年我国城市用地与人口规模相关系数

年份	2007	2008	2009	2010	2011	2012	2013	2014	2015	2016
相关系数	0.524***	0.521***	0.524***	0.516***	0.535***	0.558***	0.561***	0.571***	0.614***	0.699***

注：*** 表示在1% 的水平下显著地与0存在差异。

由表6.1可知，2007—2016年我国城市用地规模与人口规模的确存在显著的相关关系。值得一提的是，这种相关关系从2014年开始明显增强，从57.1%上升至69.9%，说明我国城市用地规模与人口规模之间的联系在不断加强。因此各级政府在进行城市与土地利用总体规划时，要结合城市人口规模进行综合考虑，结合产业发展、教育与医疗等公共资源的承载力对城市人口规模进行科学预测，在适应城市人口规模增长的前提下科学合理地编制土地利用计划，在总体上对土地开发利用进行布局与安排，有效保护和利用土地资源。

通过相关分析可以研究我国城市用地规模与人口规模的线性相关程度，但是如果存在某个因素同时影响城市人口规模与城市用地规模，那么这两者之间的相关关系容易受到干扰，从而产生错误的结论。《财经大辞典》对城市规模进行了定义并指出，除城市人口与用地以外，城市规模还衡量了各种经济要素的集中程度，因此可以用 GDP 来定义城市的经济规模 [114]。如果生产要素得到充分利用，并没有出现很大程度的浪费与粗放式增长，城市的用地规模与人口规模越大，基于这些生产要素的总产出也越大，即 GDP 总量与经济规模越大；城市的经济规模越大，越需要相应的劳动力与土地等资源与之相配套，在符合土地利用总体规划与新增建设用地指标的前提下，城市用地面积与人口规模相应也越大。因此可以预期城市经济规模、用地规模与人口规模三者之间存在一定程度的相关关系，在考虑城市经济规模的前提下分析城市用地规模与人口规模之间的相关关系会更加客观、精确。

与计量经济学原理类似，偏相关分析可以在控制与剔除其他变量的影响下，分析某两个变量之间的关联程度，更加精确地衡量变量之间的线性相关程度，因而是研究多个变量之间相互影响的有效方法。偏相关系数首先计算多个变量两两之间的相关系数，然后以此构建综合系数。其公式如下所示：

$$r_{12(3)} = \frac{r_{12} - r_{13}r_{23}}{\sqrt{1-r_{13}^2}\sqrt{1-r_{23}^2}} \tag{6.2}$$

式中：$r_{12(3)}$ 是指在控制变量3的影响下变量1与变量2之间的偏相关系数；r_{12} 是指变量1与变量2的相关系数；r_{13} 是指变量1与变量3的相关系数；r_{23} 是指变量2与变量3的相关系数。

在控制城市经济规模的前提下，根据偏相关系数公式计算2007—2016年我国地级及地级以上城市用地规模与人口规模的偏相关系数，其中城市市辖区GDP代表城市经济规模；城市用地规模与人口规模根据上文分析均采用城市市辖区数据。计算结果如表6.2所示。

表6.2　我国地级及地级以上城市人口、用地与经济规模偏相关系数分析

年份	控制变量	变量	*sxqrk*	年份	控制变量	变量	*sxqrk*
2007	*sxqgdp*	*sxqmj*	0.510***	2012	*sxqgdp*	*sxqmj*	0.507***
2008	*sxqgdp*	*sxqmj*	0.509***	2013	*sxqgdp*	*sxqmj*	0.514***
2009	*sxqgdp*	*sxqmj*	0.500***	2014	*sxqgdp*	*sxqmj*	0.517***
2010	*sxqgdp*	*sxqmj*	0.467***	2015	*sxqgdp*	*sxqmj*	0.567***
2011	*sxqgdp*	*sxqmj*	0.477***	2016	*sxqgdp*	*sxqmj*	0.652***

注：*** 表示在1% 的水平下显著地与0存在差异。*sxqgdp*、*sxqrk* 与 *sxqmj* 分别代表城市市辖区 GDP、城市市辖区人口与城市市辖区面积。

由表6.2可知，在控制城市经济规模的情况下，2007—2016年我国城市用地规模与人口规模之间的相关程度历年来都略有下降，说明 GDP 对我国城市用地规模与人口规模之间的关联并没有很显著的影响。出现这种情况，很可能是因为我国的城市经济规模与城市人口规模、城市用地规模中的一种的关联程度并不高，因此可以通过分别计算我国地级及地级以上城市的经济规模与人口

规模、用地规模的相关关系来进行分析，结果如表6.3所示。

表6.3　我国城市经济、人口与用地规模相关关系分析

年份	变量		2007	2008	2009	2010	2011	2012	2013	2014	2015	2016
			GDP	GDP	GDP	GDP	GDP	GDP	GDP	GDP	GDP	GDP
2007	用地	相关系数	0.293***									
		显著性	0.000									
		N	277									
2008	用地	相关系数		0.297***								
		显著性		0.000								
		N		277								
2009	用地	相关系数			0.319***							
		显著性			0.000							
		N			277							
2010	用地	相关系数				0.331***						
		显著性				0.000						
		N				277						
2011	用地	相关系数					0.345***					
		显著性					0.000					
		N					277					
2012	用地	相关系数						0.358***				
		显著性						0.000				
		N						277				
2013	用地	相关系数							0.361***			
		显著性							0.000			
		N							277			
2014	用地	相关系数								0.368***		
		显著性								0.000		
		N								277		
2015	用地	相关系数									0.399***	
		显著性									0.000	
		N									277	

续表

年份	变量		2007	2008	2009	2010	2011	2012	2013	2014	2015	2016
			GDP	GDP	GDP	GDP	GDP	GDP	GDP	GDP	GDP	GDP
2016	用地	相关系数										0.455***
		显著性										0.000
		N										277
2007	人口	相关系数	0.809***									
		显著性	0.000									
		N	277									
2008	人口	相关系数		0.821***								
		显著性		0.000								
		N		277								
2009	人口	相关系数			0.843***							
		显著性			0.000							
		N			277							
2010	人口	相关系数				0.843***						
		显著性				0.000						
		N				277						
2011	人口	相关系数					0.834***					
		显著性					0.000					
		N					277					
2012	人口	相关系数						0.840***				
		显著性						0.000				
		N						277				
2013	人口	相关系数							0.844***			
		显著性							0.000			
		N							277			
2014	人口	相关系数								0.838***		
		显著性								0.000		
		N								277		

续表

年份	变量		2007	2008	2009	2010	2011	2012	2013	2014	2015	2016
			GDP	GDP	GDP	GDP	GDP	GDP	GDP	GDP	GDP	GDP
2015	人口	相关系数									0.849***	
		显著性									0.000	
		N									277	
2016	人口	相关系数										0.835***
		显著性										0.000
		N										277

注：*** 表示在1% 的水平下显著地与0存在差异；N 为样本个数。

由表6.3可知，2007—2016年我国地级及地级以上城市市辖区 GDP 与城市市辖区面积的相关性确实并不明显，历年来相关系数都低于0.4，说明2007—2016年我国城市经济规模与用地规模的相互影响程度较低，并没有很明显的联系。这不但证明了上文的观点，即城市经济规模对我国城市用地规模与人口规模之间的关联并没有很显著的影响，而且说明了2007—2016年我国部分城市盲目追求城市用地规模的扩大并没有有效促进经济的发展。因此国土资源部门在进行建设用地审批，特别是新建产业园区的用地审批过程中，要注重对土地产出进行精确估算，对闲置用地、低效用地等现象进行严格整治。但是，2007—2016年我国城市 GDP 与城市市辖区人口关联程度较高，历年来都大于0.8。这说明我国城市经济规模与人口规模存在高度相关的线性关系。这可能是因为：一方面，GDP 越高，在一定程度上代表城市经济越发达，就业机会越多，对劳动力的吸引力越大，因此加速了外来人口的迁入，提高了城市人口规模；另一方面，城市人口规模越大，意味着“人口红利”效应越大，劳动力资源相对越丰富，导致劳动力成本相对越低，越有利于降低企业的生产成本，从而加速本地企业的发展与外来企业的迁入。同时，人口规模越大，越有利于增加社会总积蓄，根据宏观经济学理论，潜在的社会总投资与消费需求也越大，这些因素都能有效刺激经济增长，从而促进 GDP 的增长与经济规模的扩大，因此，城市经济规模与人口规模之间存在显著的相关关系。这在一定程度上也印证了我国官方及学术界广泛采用人口规模代表城市规模，划分城市等级的合理性。

6.2 中国城市用地规模与人口规模协调性分析

人地关系的和谐发展是新型城镇化建设的重要前提，城市发展归根到底都是为了居民生活水平的提高与生活质量的改善。研究二者的相关关系只是探讨我国城市用地规模与人口规模的线性相关关系，因此，本书利用协调性指数来测度2007—2016年我国地级及地级以上城市用地规模与人口规模的协调发展程度。协调性指数用来测度系统内部各要素之间协调发展的程度。城市用地规模与人口规模之间的协调性指数如下所示[164]：

$$C=\frac{\frac{|L+T|}{\sqrt{2}}}{\sqrt{L^2+T^2}} \tag{6.3}$$

式中：T 代表城市市辖区面积的增长率；L 代表城市市辖区人口总量的增长率；C 代表城市用地规模与人口规模之间的协调程度，其取值范围为0到1。当城市用地规模与人口规模协调发展程度最高时，L、T 同为正负且绝对值接近一致，此时 C=1；当城市用地规模与人口规模发展速度极端不协调时，C 的值趋向于0。

我国城市用地规模与人口规模协调性指数分类如表6.4所示。

表6.4 我国城市用地规模与人口规模协调性指数分类

C	协调性	协调性类型
$0.9 < C < 1$	协调	
$0.8 < C \leqslant 0.9$	基本协调	
$0 < C \leqslant 0.8$	不协调	$L>T$，土地城镇化滞后型
		$L<T$，人口城镇化滞后型

通过计算协调性指数，可以分析2007—2016年我国城市用地规模与人口规模的协调发展程度。协调性指数小于等于0.8的城市，其用地规模与人口规模

发展不协调；协调性指数在0.8与0.9之间的城市，其用地规模与人口规模发展基本协调；协调性指数大于0.9的城市，其用地规模与人口规模发展比较协调。由图6.4可知，总体来看，我国城市用地规模与人口规模协调性问题较为突出，并且中西部地区的协调性问题比东部地区更加严重，说明相对于东部地区，我国中西部地区城市在空间规模扩大的过程中更加注意树立“以人为本”的城市发展理念。同时，我国用地规模与人口规模发展不协调的城市比较集中连片，主要分布在甘肃省、华北北部、东北部分地区以及我国中部、东南沿海部分地区，西南地区也有少量分布。值得一提的是，我国用地规模与人口规模发展协调的城市呈片状分布，主要集中在云南、重庆部分地区以及湖北北部、河南南部与山东半岛等区域，东北地区也有少量分布。

根据行政因素与区域因素，可将我国城市分为三类：第一类为直辖市、省会城市、自治区首府与计划单列市；第二类为东部地区其他城市；第三类是其他中西部地区城市（由于数据不完整，本章分析剔除我国港澳台地区、拉萨等城市与地区的数据）。因此可以分这三个类别分别研究城市用地规模与人口规模的协调发展程度。

由图6.4、图6.5和图6.6可知：第一类城市中用地规模与人口规模达到协调发展程度的城市所占比重相对最高，为48%；用地规模与人口规模协调与基本协调的城市所占比重之和为71%。这说明超过三分之二的直辖市、计划单列市、省会城市和自治区首府的城市用地规模与人口规模达到或基本达到协调发展程度。第三类城市中用地规模与人口规模达到协调发展程度的城市所占比重只有22%，协调与基本协调的城市所占比重之和只有34%。这说明中西部地区近三分之二的地级及地级以上城市用地规模与人口规模发展不协调，值得引起各级决策者注意；我国其他东部地区城市协调程度位于第一类与第三类两者之间，超过半数的地级及地级以上城市用地规模与人口规模达到或基本达到协调发展状态。由此可以看出，用地规模与人口规模发展不协调的现象在我国第二类与第三类城市中比较普遍。城市用地规模与人口规模发展的不协调是由发展速度的不一致引起的，因此需要具体分析这种不一致是如何产生的。根据表6.4可以对比分析我国第二类与第三类城市用地规模与人口规模的协调性类型，结果如表6.5所示。

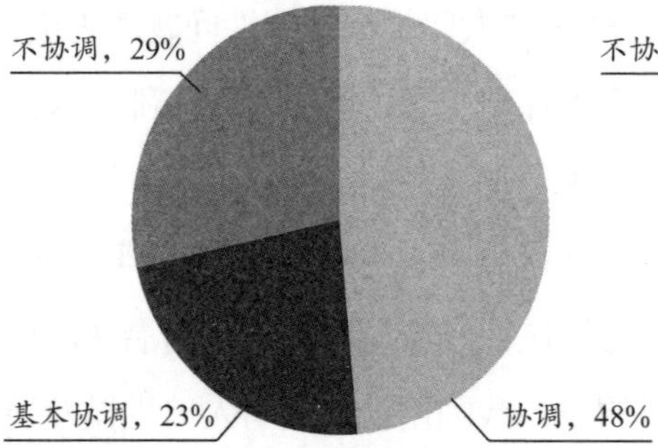

图6.4　我国第一类城市用地规模与人口规模协调程度

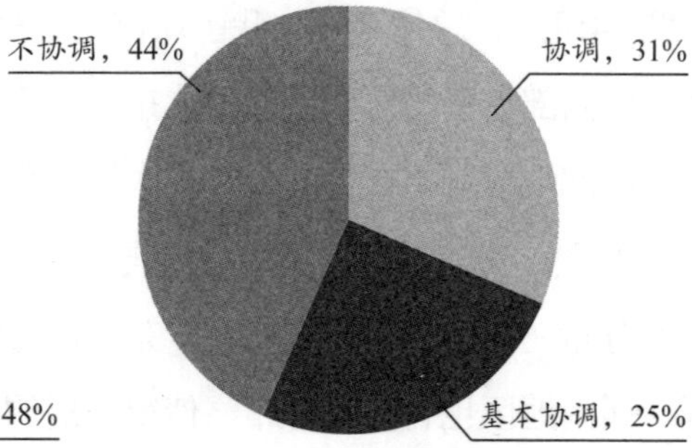

图6.5　我国第二类城市用地规模与人口规模协调程度

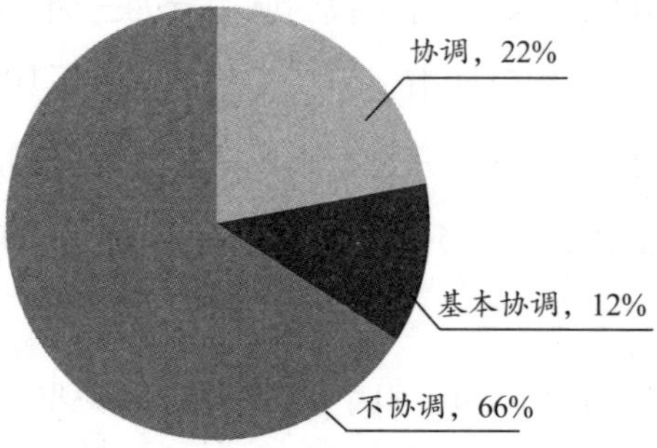

图6.6　我国第三类城市用地规模与人口规模协调程度

表6.5　我国第二类与第三类城市用地规模与人口规模协调程度对比

城市类型	土地城镇化滞后型	人口城镇化滞后型
第二类城市	86.75%	13.25%
第三类城市	84.28%	15.72%

根据表6.5可知，我国第二类与第三类城市在协调性类型上的分布非常相似，其土地城镇化滞后型城市所占比重都超过了84%，人口城镇化滞后型城市所占比重都低于16%。这说明我国除直辖市、省会城市、自治区首府与计划单列市以外的地级及地级以上城市，无论是位于东部、中部还是西部，其城镇人

口的增长速度都超过了城市市辖区面积的扩张速度。这也在一定程度说明了2007—2016年我国大部分城市的人口密度在不断提高。产生这种现象可能是因为我国直辖市、省会城市、自治区首府与计划单列市严格的户籍管理制度、较高的房价与物价水平、不断加大的竞争压力迫使大量劳动力选择其他二三线城市，因而其他二三线城市的土地城镇化速度普遍慢于人口城镇化速度。

6.3　中国城市人口规模与经济规模协调性分析

由前文分析可知，我国城市人口规模与经济规模之间存在高度相关的相关关系。然而城市人口规模与经济规模的协调发展更加重要，如果城市人口规模增长速度超过城市经济规模增长速度，有可能加剧就业压力，导致失业率上升，增加政府财政压力，增加教育、医疗等社会基础设施的负担；而且人均储蓄下降，不利于社会总投资的形成，反过来又会影响新一轮的经济发展。如果城市经济规模增长速度快于城市人口规模增长速度，城市对劳动力的需求可能不断增加，引起劳动力成本上涨，不利于城市经济的平稳较快发展。因此，本书借鉴前文的分析，对我国城市人口规模与经济规模的协调程度进行分析。借鉴表6.4，本书提出了我国城市人口规模与经济规模协调性指数分类，如表6.6所示。

表6.6　我国城市人口规模与经济规模协调性指数分类

C	协调性	协调性类型
$0.9 < C < 1$	协调	
$0.8 < C \leqslant 0.9$	基本协调	
$0 < C \leqslant 0.8$	不协调	$L>E$，经济规模滞后型
		$L<E$，人口规模滞后型

表6.6中 E 代表城市市辖区 GDP 的增长率；L 代表城市市辖区人口总量的增长率；C 代表城市人口规模与经济规模之间的协调程度，其取值范围为0到1，当城市用地规模与人口规模协调发展程度最高时，L、E 同为正负且绝对值接近一致，此时 C=1；当城市人口规模与经济规模发展速度极端不协调时，C 的值趋向于0。根据协调性指数，可以分析2007—2016年我国地级及地级以上城

市人口规模与经济规模的协调发展程度。2007—2016年我国城市人口规模与经济规模不协调问题较为突出。城市人口规模与经济规模不协调的城市主要集中在东北地区与西北部分地区，在东部地区也呈现跳跃式的分布。值得一提的是，城市人口规模与经济规模不协调的城市还密集分布在长江中下游地区。长江中下游地区是我国长江经济带经济发展程度较高的地区，而长江经济带是我国发展的重要增长极之一，近年来成为我国经济发展的重点地区。党中央、国务院高度重视长江经济带的建设与发展。但是城市人口规模与经济规模不协调从侧面暴露了长江中下游地区存在诸多困难、挑战与问题，例如重庆、湖南、湖北等地的劳动力资源过度向长三角地区集聚，一方面，加剧了长三角地区的竞争压力以及教育、卫生等社会公共服务的供给压力；另一方面，不利于中西部地区依靠廉价的劳动力成本优势承接东部地区产业转移，也造成了中西部部分农村地区严重的"空心村"问题，引起耕地利用效率低下，孤寡老人与留守儿童亲情缺失，农村景观破败等。因此，长江经济带的建设要考虑城市人口规模与经济规模的协调发展，一方面，要根据各地区的资源禀赋与产业结构，大力发展实体经济，为劳动力在家门口就业创造条件，促进劳动力在区域之间合理有序地流动。另一方面，要完善农民工子女就近入学政策，推进教育均等化服务，加强对农村孤寡老人与留守儿童的关爱与社会监护。同时，新形势下推动长江经济带的发展，要对长江沿岸实施生态修复与环境保护，坚持绿水青山就是金山银山的理念；做好顶层设计，将长江经济带各区域各城市有机融合，实现协同发展；从供给角度扎实推进结构性改革，促进新动能与旧动能之间的转换，实现高质量的发展。根据前文对我国地级及地级以上城市的分类，可以分开探讨我国3个类别城市人口规模与经济规模协调发展的程度，如图6.7、图6.8和图6.9所示。

由图6.7、图6.8和图6.9可知，2007—2016年我国3个类别城市的经济规模与人口规模协调程度都较低。我国直辖市、省会城市、自治区首府与计划单列市中经济规模与人口规模协调和基本协调的城市只占四分之一左右；我国其他东部地区城市经济规模与人口规模协调程度有所提升，将近40% 的城市达到或基本达到协调程度；我国广大中西部地区城市经济规模与人口规模协调程度比直辖市、省会城市、自治区首府与计划单列市还低，85% 的中西部地区城市呈现不协调状态。

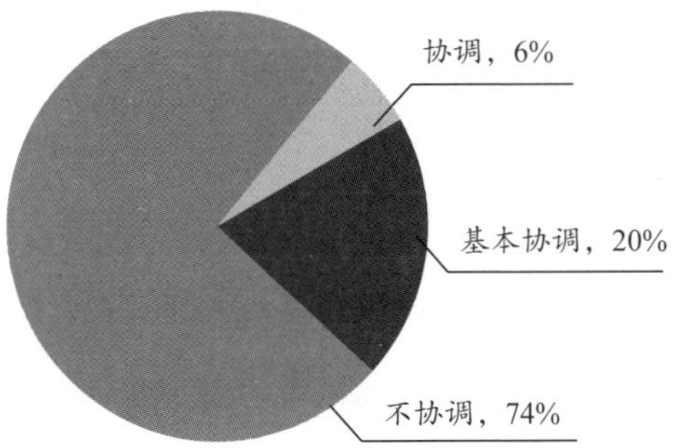

图6.7　我国第一类城市人口规模与经济规模协调程度

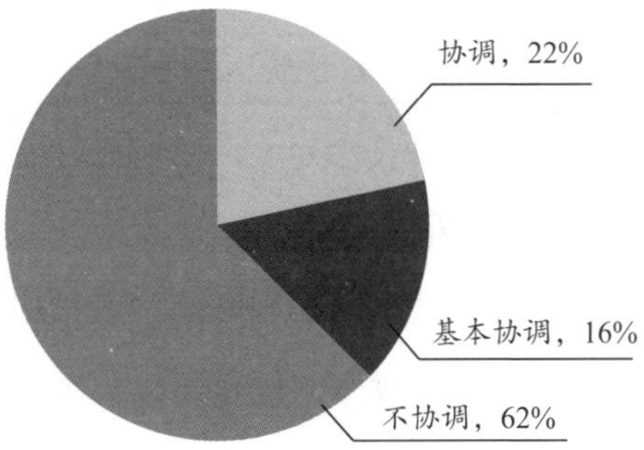

图6.8　我国第二类城市人口规模与经济规模协调程度

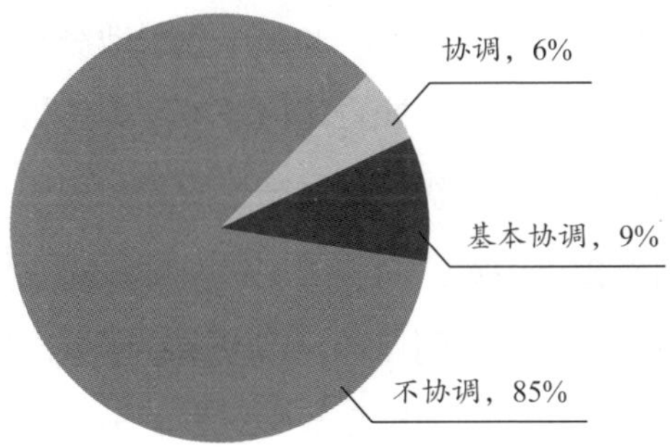

图6.9　我国第三类城市人口规模与经济规模协调程度

由表6.7可知，2007—2016年我国地级及地级以上城市几乎都属于人口规模滞后型，说明我国绝大部分城市的人口规模发展速度并没有跟上经济规模的发展速度，在新型城镇化的进程中仍然可以发挥城市的集聚效应，适度吸引外来务工人员；完善农村土地三权分置，通过土地流转等形式进一步释放农村剩余劳动力，将农业人口有序转变为城镇人口。

表6.7　我国各类城市人口与经济规模协调程度对比

城市类型	经济规模滞后型	人口规模滞后型
第一类城市	0%	100%
第二类城市	1.2%	98.8%
第三类城市	0%	100%

6.4　本章小结

我国及其他国家和地区一般是以人口规模衡量城市规模，而土地是一切经济活动的物质载体，也是可以直观感受到的空间规模，而且本书重点是研究城市最优用地规模，因此本章结合城市用地规模与人口规模，对我国城市用地规模与人口规模进行关联分析。

本章首先对我国城市用地规模与人口规模的发展趋势与相互关系进行了总体分析，结论表明：总体来看，2007—2016年我国地级及地级以上城市用地规模与人口规模增长趋势基本一致，2012年以前都呈现缓慢增长态势，之后增长速度加快。历年来我国地级及地级以上城市之间人口规模差距没有发生明显变化，城市人口规模结构相对稳定。而我国地级及地级以上城市用地规模标准差自2014年以来增长较为明显，说明自2014年以来我国城市用地规模结构发生了显著的变化。2007—2016年我国地级及地级以上城市用地规模与人口规模的确存在显著的相关关系。值得一提的是，这种相关关系从2014年开始明显增强，从57% 上升至70%，说明我国城市用地规模与人口规模之间的联系在不断加强。

通过引入经济规模概念，本章对我国地级及地级以上城市用地规模、人口规模与经济规模进行了偏相关分析，结论表明：在控制经济规模的情况下，2007—2016年我国城市的用地规模与人口规模之间的相关程度历年来都略有下降，说明 GDP 对我国地级及地级以上城市的用地规模与人口规模之间的关联并没有很显著的影响，并且本章分析了产生这种影响的原因是2007—2016年我国城市经济规模与用地规模的相互影响程度较低。

通过借鉴协调度模型，本章分别计算了2007—2016年我国地级及地级以上城市用地规模与人口规模协调性指数、人口规模与经济规模协调性指数，分别分析我国城市用地规模与人口规模和经济规模的协调发展程度，并且按照上文对我国地级及地级以上城市的分类得出结论：第一类城市中用地规模与人口规模达到协调程度的城市所占比重相对最高，为48%，协调与基本协调的城市所占比重之和为71%，说明超过三分之二的直辖市、省会城市、自治区首府与计划单列市的用地规模与人口规模达到或基本达到协调程度；第三类城市中用地规模与人口规模达到协调程度的城市所占比重只有22%，协调与基本协调的城市所占比重之和只有34%，说明近三分之二的广大中西部地区城市用地规模与人口规模发展不协调，值得引起各级决策者注意；我国其他东部地区城市协调程度位于第一类城市与第三类城市两者之间，超过半数的城市用地规模与人口规模发展达到或基本达到协调程度。2007—2016我国3个类别城市经济规模与人口规模的协调程度都较低。我国直辖市、省会城市、自治区首府与计划单列市中经济规模与人口规模协调和基本协调的城市只占四分之一左右；我国其他东部地区城市经济规模与人口规模协调程度有所提升，将近40% 的城市达到或基本达到协调程度；我国广大中西部地区城市经济规模与人口规模协调程度比直辖市、省会城市、自治区首府与计划单列市还低，85% 的城市呈现不协调状态。

第7章　中国城市群最优规模分析

改革开放以来，伴随着基础设施建设的发展，人才、资金与技术等生产要素在区位条件较好的地区不断集聚，城市与城市之间的分工与协作不断加强，逐渐形成了京津冀、长江三角洲、粤港澳大湾区等一批城市群。城市群的不断发展有力地促进了我国经济的快速发展。“十三五”规划纲要列出了19个城市群，这些城市群目前承载了全国78%的人口，贡献了超过80%的GDP。在城市群的发展过程中，也出现了不少问题，如集群效率不高，城市面积无序扩张；部分特大城市主城区人口压力偏大，与综合承载能力之间的矛盾加剧；中小城市集聚产业和人口不足，潜力没有得到充分发挥等。因此，城市群的最优规模也是值得学界和社会探讨的重要议题。目前我国关于城市群最优规模问题的研究较为缺乏。本书借鉴城市经济学的相关理论与方法，依据国家已出台的相关规划，选取了京津冀、长江三角洲等11个城市群，从环境、经济、社会3个维度构建指标体系，运用熵值法与主成分分析法估计各城市的集聚效应与拥挤效应，从而分析城市群的最优规模。本章的具体安排如下：第一节从城市群之间和城市群内部两个层次分析我国城市群人口、用地与经济规模的分布现状；第二节对我国城市群的最优规模进行了实证研究，首先对城市群最优规模进行理论分析，从经济、社会与环境3个维度构建指标体系，估计了我国各城市群的集聚效应与拥挤效应，进而对城市群最优规模进行研究；第三节对本章内容进行了归纳与总结。

7.1　我国城市群规模分布现状

7.1.1　我国城市群内部规模分布

城市群的选取应考虑到以下三点：第一，选取的城市群所在位置要囊括中国东部、中部、西部、北部、南部，全面地考虑城市群所处的位置，才能全面分析与对比城市群的拥挤效应；第二，选取的城市群要极具代表性，且有官方批复文件；第三，选取的城市群所包含的城市是无争议的。依据《中华人民共和国国民经济和社会发展第十三个五年规划纲要》《国家新型城镇化规划（2014—2020年）》《全国主体功能区规划》《全国海洋主体功能区规划》《长江经济带发展规划纲要》和《国务院关于大力实施促进中部地区崛起战略的若干意见》（国发〔2012〕43 号）等，本书最终选取京津冀城市群、粤港澳大湾区、长三角城市群、成渝城市群、长江中游城市群、中原城市群、关中平原城市群、哈长城市群、北部湾城市群、呼包鄂榆城市群、兰西城市群等11个城市群作为本书的研究对象，具体如表7.1所示。

表7.1　本章所研究的11个城市群的批复时间与包含的城市和地区

文件名称	批复时间	包含的城市和地区
京津冀都市圈区域规划	2004 年 11 月	北京、天津、石家庄、唐山、保定、秦皇岛、廊坊、沧州、承德、张家口
长江中游城市群发展规划	2015 年 4 月	武汉、黄石、鄂州、黄冈、孝感、咸宁、仙桃、潜江、天门、襄阳、宜昌、荆州、荆门、长沙、株洲、湘潭、岳阳、益阳、常德、衡阳、娄底、南昌、九江、景德镇、鹰潭、新余、宜春、萍乡、上饶及抚州、吉安部分地区
哈长城市群发展规划	2016 年 3 月	哈尔滨、大庆、齐齐哈尔、绥化、牡丹江、长春、吉林、四平、辽源、松原、延边朝鲜族自治州
成渝城市群发展规划	2016 年 4 月	成都、重庆大部、自贡、泸州、德阳、遂宁、内江、乐山、南充、眉山、宜宾、广安、资阳及绵阳、达州、雅安部分地区
长江三角洲城市群发展规划	2016 年 6 月	上海、南京、无锡、常州、苏州、南通、盐城、扬州、镇江、泰州、杭州、宁波、嘉兴、湖州、绍兴、金华、舟山、台州、合肥、芜湖、马鞍山、铜陵、安庆、滁州、池州、宣城

续表

文件名称	批复时间	包含的城市和地区
中原城市群发展规划	2016 年 12 月	郑州、洛阳、开封、南阳、安阳、商丘、新乡、平顶山、许昌、焦作、周口、信阳、驻马店、鹤壁、濮阳、漯河、三门峡、济源、长治、晋城、运城、邢台、邯郸、聊城、菏泽、宿州、淮北、蚌埠、阜阳、亳州
北部湾城市群发展规划	2017 年 1 月	南宁、北海、钦州、防城港、玉林、崇左、湛江、茂名、阳江、海口、儋州、东方、澄迈、临高、昌江
关中平原城市群发展规划	2018 年 1 月	西安、宝鸡、咸阳、铜川、渭南及商洛、运城、临汾、天水、平凉、庆阳部分地区
呼包鄂榆城市群发展规划	2018 年 2 月	呼和浩特、包头、鄂尔多斯、榆林
兰州—西宁城市群发展规划	2018 年 2 月	兰州、西宁、海东及白银、定西、临夏回族自治州、海北藏族自治州、海南藏族自治州、黄南藏族自治州部分地区
粤港澳大湾区发展规划	2019 年 2 月	香港特别行政区、澳门特别行政区、广州、深圳、佛山、东莞、中山、珠海、江门、肇庆、惠州

本书使用洛伦兹曲线与空间基尼系数测算城市群人口规模、用地规模与经济规模。如图7.1所示，洛伦兹曲线部分即实际分配曲线下凸程度越小，基尼系数越小，说明变量集中度越低；反之，实际分配曲线下凸程度越大，基尼系数越大，说明变量集中度越高[168]，该变量在此区域或者几个区域集中分布。洛伦兹曲线可以很好地说明资源的分配问题。

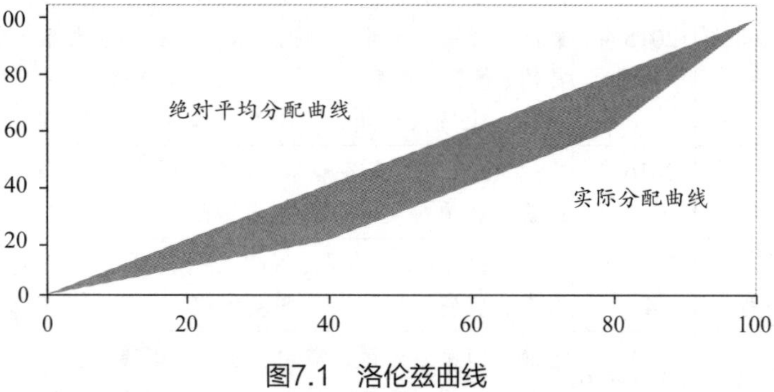

图7.1　洛伦兹曲线

根据联合国相关组织规定，基尼系数判断标准如表7.2所示。

表7.2　基尼系数判断标准

基尼系数	0~0.2	0.2~0.3	0.3~0.4	0.4~0.5	大于 0.5
评价指标	绝对公平	比较公平	相对合理	差距较大	差距悬殊

本章数据来源于2014—2017年的《中国城市统计年鉴》。为了数据核算方便，不包括我国香港特别行政区、澳门特别行政区和台湾地区的数据 [169]。

7.1.1.1　我国城市群内部人口规模分布

1. 研究步骤

第一步，将每个城市群的每个城市或地区划分为一个单位，把单位人口数量作为要素匹配水平分级指标，并将要素匹配水平分级指标从低到高进行排序。

第二步，分别计算每个城市或地区人口数量对应要素的比例以及累计比例。

第三步，以人口数量的累计比例为 y 轴，以城市数量的累计比例为 x 轴，绘制相应的洛伦兹曲线。

第四步，计算基尼系数，公式如下：

$$G=\sum x_i y_{i+1}+\sum x_{i+1} \qquad (7.1)$$

式中：变量 y 为人口数量百分比的累计；变量 x 为城市数量百分比累计；G 为基尼系数；i 代表不同的城市或地区。

2. 基尼系数分析

（1）洛伦兹曲线。图7.2至图7.12根据洛伦兹曲线对我国11个城市群2013—2016年人口分布进行具体分析。

（2）基尼系数计算过程（以2013年京津冀城市群人口为例）。如表7.3所示为2013年京津冀城市群各城市的具体数据。图7.13为2013年京津冀城市群洛伦兹曲线图。

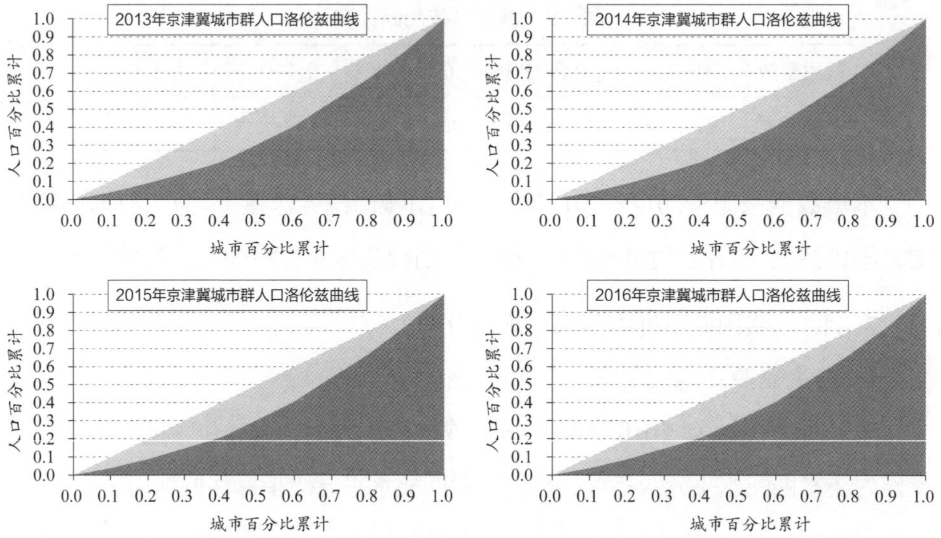

图7.2　2013—2016年京津冀城市群人口洛伦兹曲线

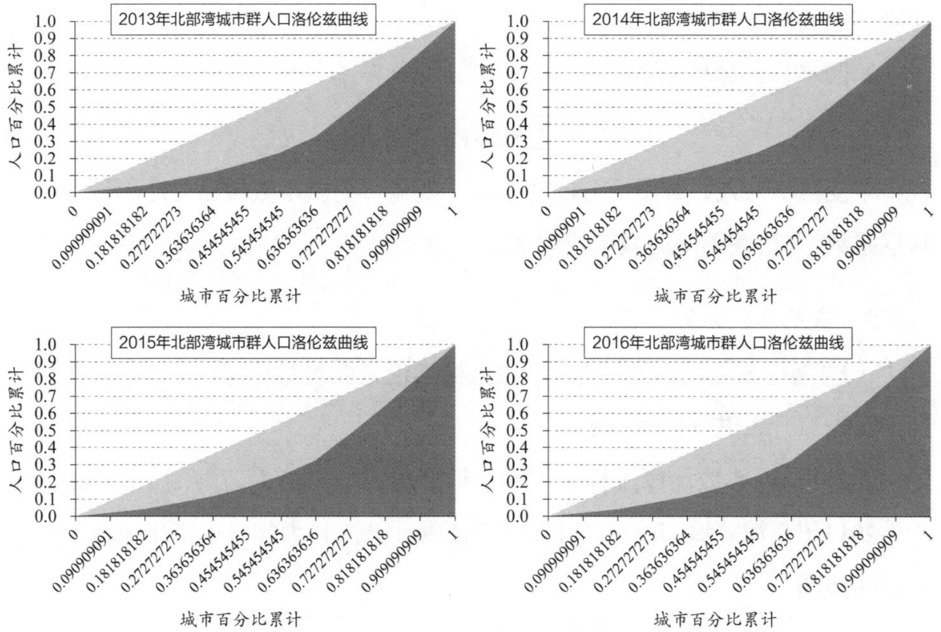

图7.3　2013—2016年北部湾城市群人口洛伦兹曲线

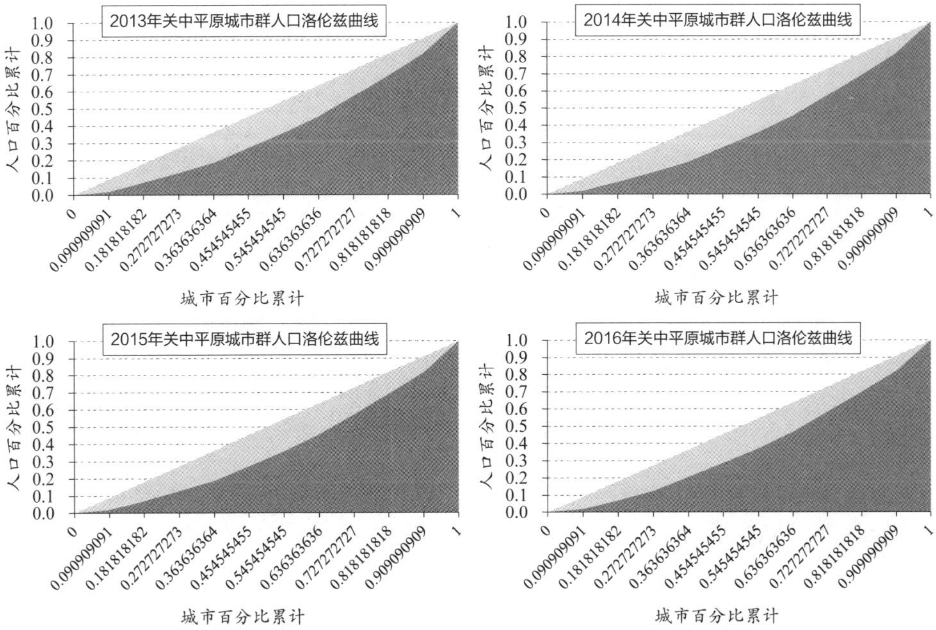

图7.4　2013—2016年关中平原城市群人口洛伦兹曲线

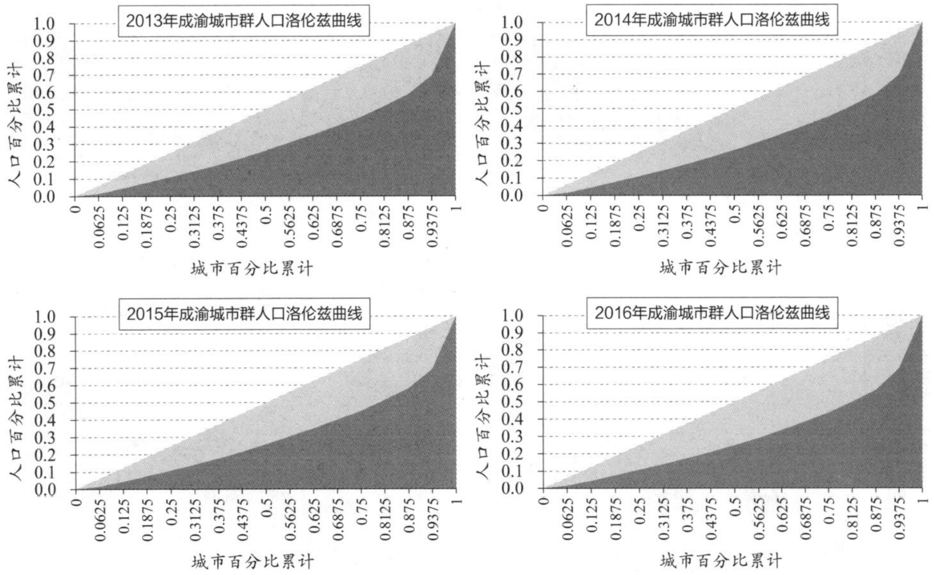

图7.5　2013—2016年成渝城市群人口洛伦兹曲线

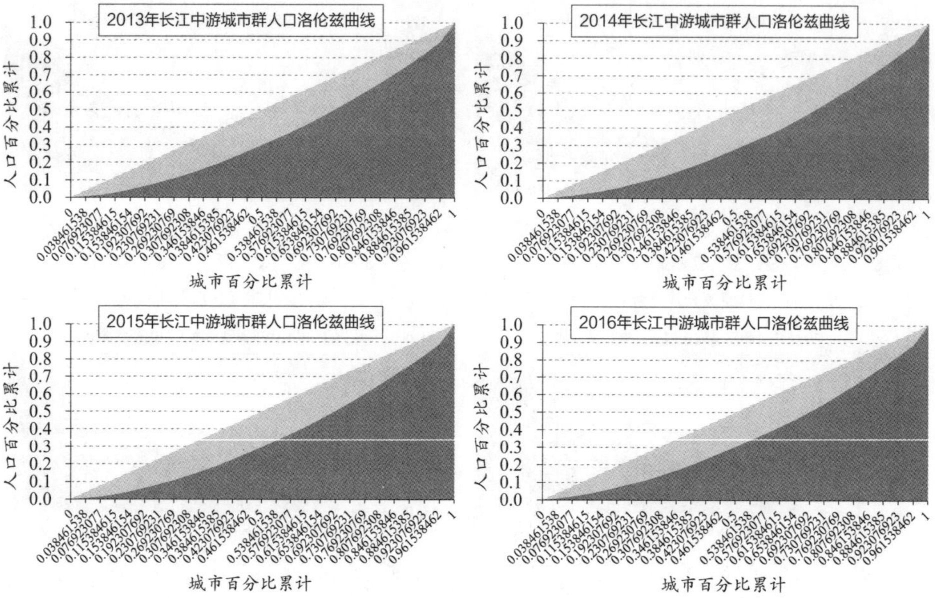

图7.6　2013—2016年长江中游城市群人口洛伦兹曲线

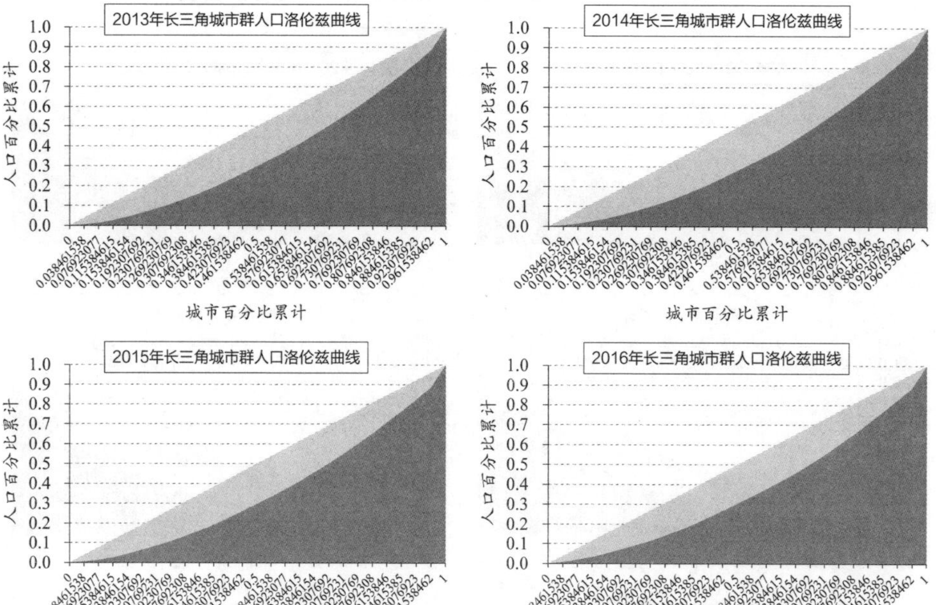

图7.7　2013—2016年长三角城市群人口洛伦兹曲线

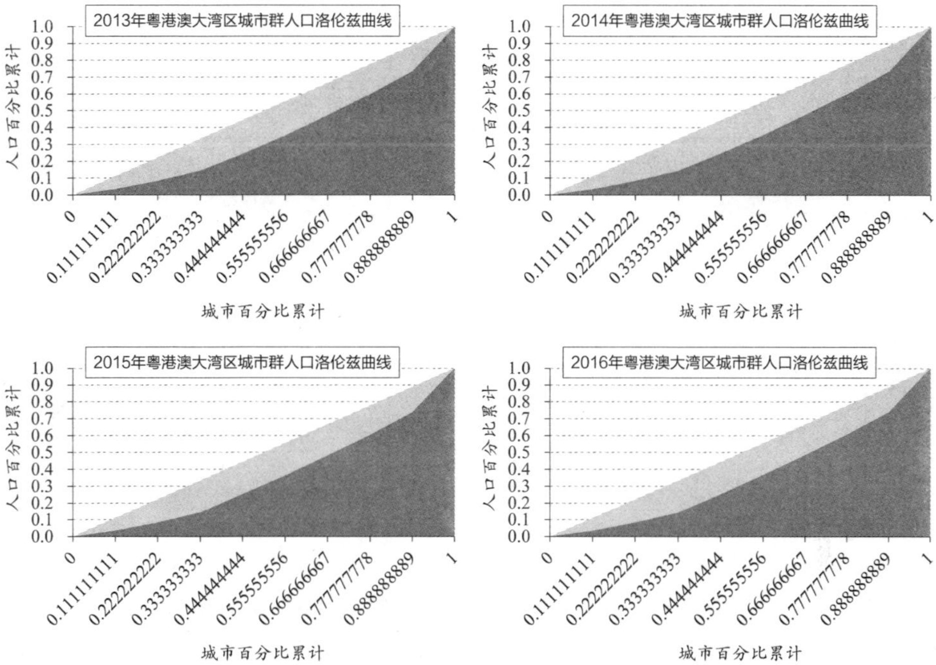

图7.8　2013—2016年粤港澳大湾区人口洛伦兹曲线

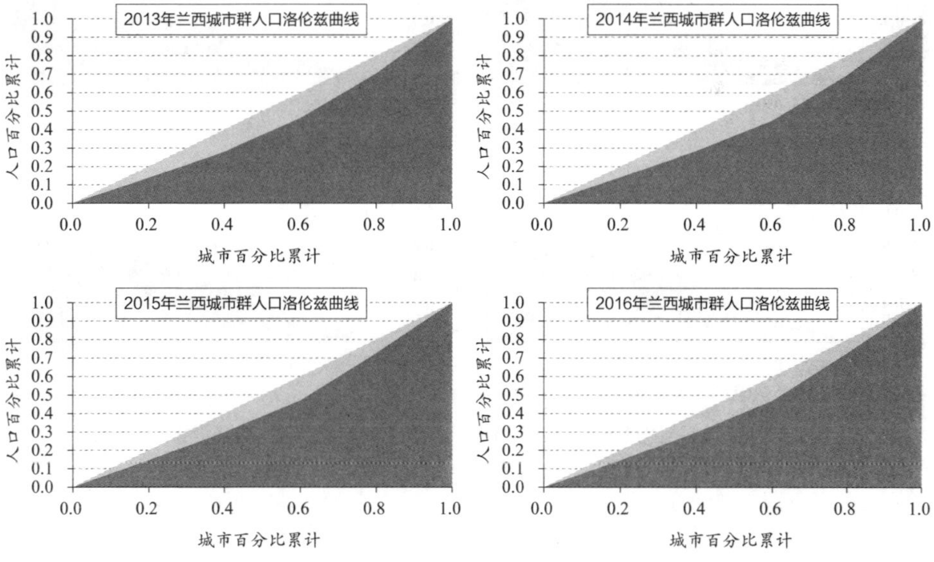

图7.9　2013—2016年兰西城市群人口洛伦兹曲线

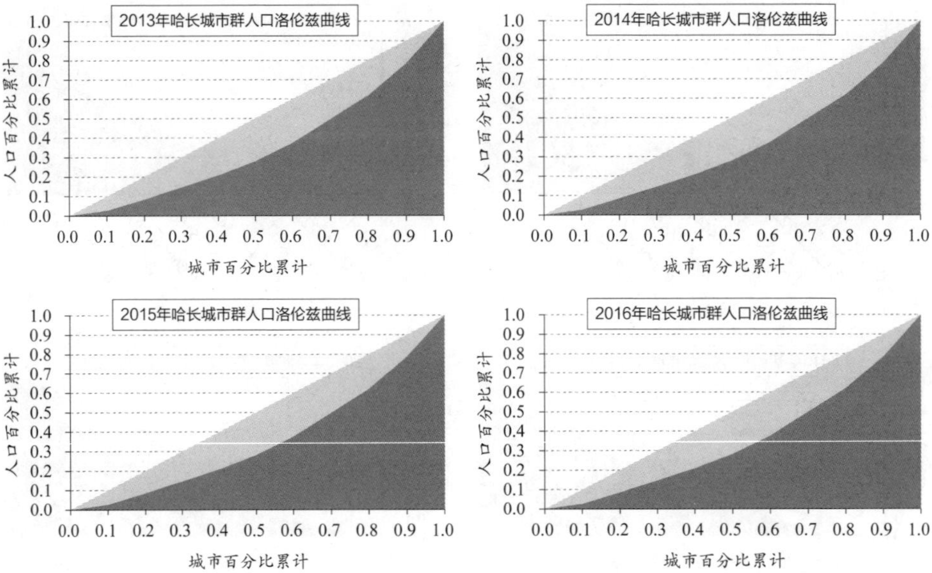

图7.10 2013—2016年哈长城市群人口洛伦兹曲线

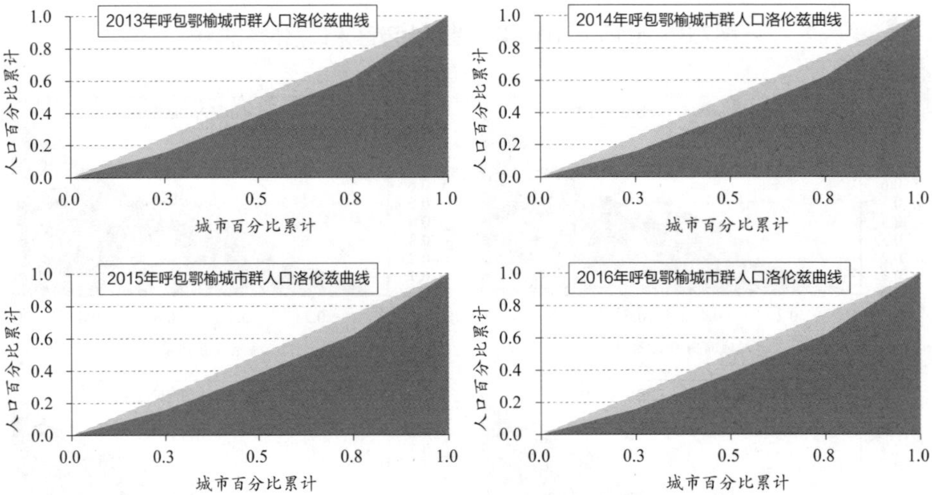

图7.11 2013—2016年呼包鄂榆城市群人口洛伦兹曲线

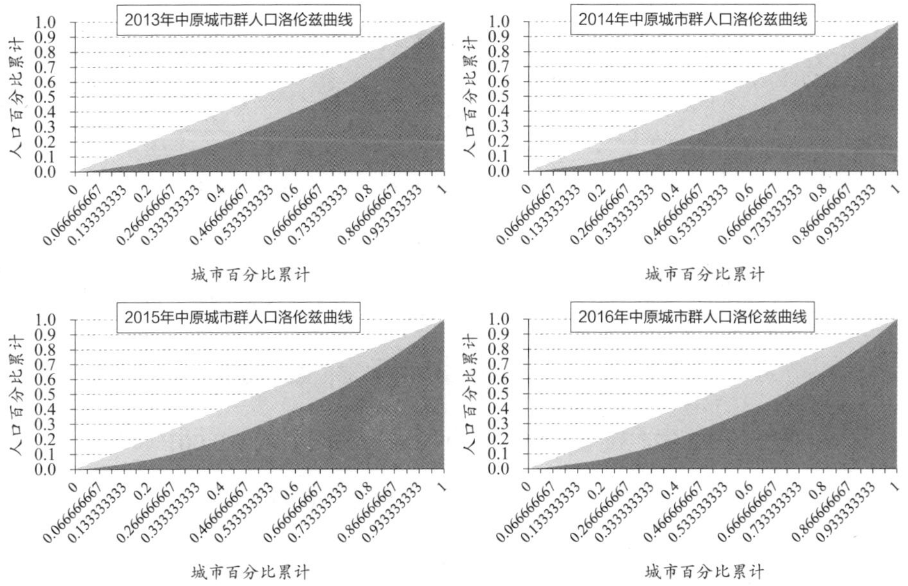

图7.12　2013—2016年中原城市群人口洛伦兹曲线

表7.3　2013年京津冀城市群各城市的具体数据

城市名称	2013 年总人口 / 万人	城市累计	人口累计	绝对平均累计
秦皇岛	292.7	0.100 0	0.038 817 055	0.100 0
承德	378.1	0.200 0	0.088 959 618	0.200 0
廊坊	422.4	0.300 0	0.144 977 124	0.300 0
张家口	466.9	0.400 0	0.206 896 094	0.400 0
唐山	738.7	0.500 0	0.304 860 42	0.500 0
沧州	754.3	0.600 0	0.404 893 575	0.600 0
石家庄	1 003.2	0.700 0	0.537 935 15	0.700 0
天津	1 004	0.800 0	0.671 082 819	0.800 0
保定	1 163.9	0.900 0	0.825 435 979	0.900 0
北京	1 316.3	1.000 0	1	1.000 0
合计	7 540.5			

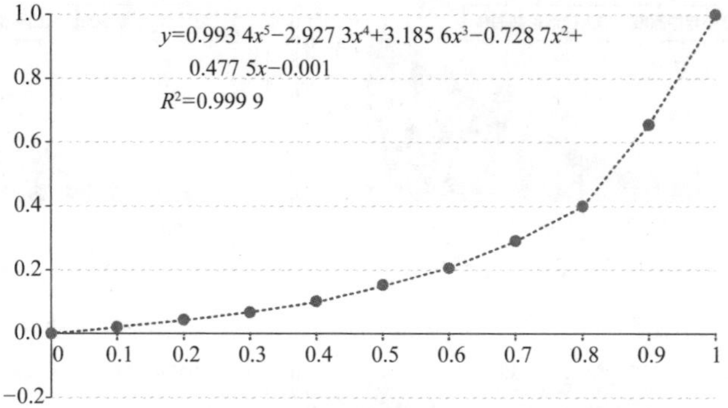

图7.13　2013年京津冀城市群洛伦兹曲线图

$y=0.993\,4x^5-2.927\,3x^4+3.185\,6x^3-0.728\,7x^2+0.477\,5x-0.001$

$S=\int_0^1(0.993\,4x^5-2.927\,3x^4+3.185\,6x^3-0.728\,7x^2+0.477\,5x-0.001)\mathrm{d}x=0.371\,4$

S（月牙形面积）$=0.5-0.371\,4=0.128\,6$

基尼系数 $=0.128\,6/0.5=0.257\,2$

（3）基尼系数汇总分析。基于上述计算过程，同理计算出其他10个城市群2013—2016年人口分布情况，结果如表7-4所示。

表7.4　11个城市群人口基尼系数

城市群	京津冀	北部湾	关中平原	成渝	长江中游	长三角	粤港澳大湾区	兰西	哈长	呼包鄂榆	中原
2013 年	0.26	0.37	0.26	0.40	0.30	0.29	0.30	0.17	0.30	0.19	0.29
2014 年	0.26	0.38	0.26	0.40	0.29	0.31	0.30	0.18	0.30	0.19	0.29
2015 年	0.26	0.38	0.26	0.40	0.29	0.29	0.30	0.15	0.30	0.19	0.29
2016 年	0.26	0.38	0.25	0.42	0.29	0.29	0.29	0.15	0.30	0.19	0.29

从纵向分析，2013—2016年北部湾城市群、成渝城市群、哈长城市群与中原城市群的基尼系数均呈上升和稳定趋势，说明人口集中度上升或不变。但是成渝城市群的基尼系数由0.3~0.4的人口分布相对合理上升至0.4~0.5的人口分布，差距较大。同时，关中平原城市群、长三角城市群、粤港澳大湾区、兰西城市群的基尼系数均有一定下降，说明其人口集中度也在下降。其中粤港澳大湾区与长三角城市群的基尼系数均由0.3~0.4的人口分布合理转变为0.2~0.3的人

口分布。关中平原城市群一直处在0.2~0.3的人口分布，兰西城市群人口分布在0~0.2以下，属于绝对公平。最后，京津冀城市群、呼包鄂榆城市群与中原城市群基尼系数变化在0~0.005之间（变化极小，因表7.4中数据仅保留小数点后两位，故未显示出这三个城市群的基尼系数变化），其人口虽然有流动，但是总量变化不大，且空间分配均在0.3以下，属于比较合理的分布，其中呼包鄂榆城市群的人口分布绝对公平。

从横向分析，2013年绝对公平分布的城市群有兰西城市群、呼包鄂榆城市群；人口分布比较公平的是京津冀城市群、关中平原城市群、长三角城市群、中原城市群；人口相对合理分布的有北部湾城市群、成渝城市群、长江中游城市群、粤港澳大湾区以及哈长城市群。2014年与2013年情况类似，变化不明显。2015年以及2016年除成渝城市群外，这些城市群均保持原有水平或变化不大。

7.1.1.2　我国城市群内部用地规模分布

1. 洛伦兹曲线

本研究通过洛伦兹曲线分析11个城市群2013—2016年的用地分布情况，见图7.14至图7.24。

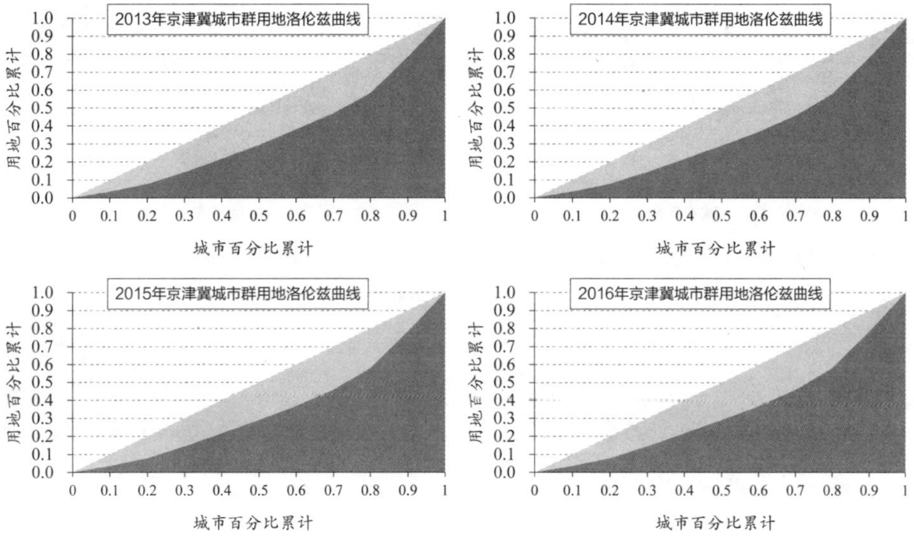

图7.14　2013—2016年京津冀城市群用地洛伦兹曲线

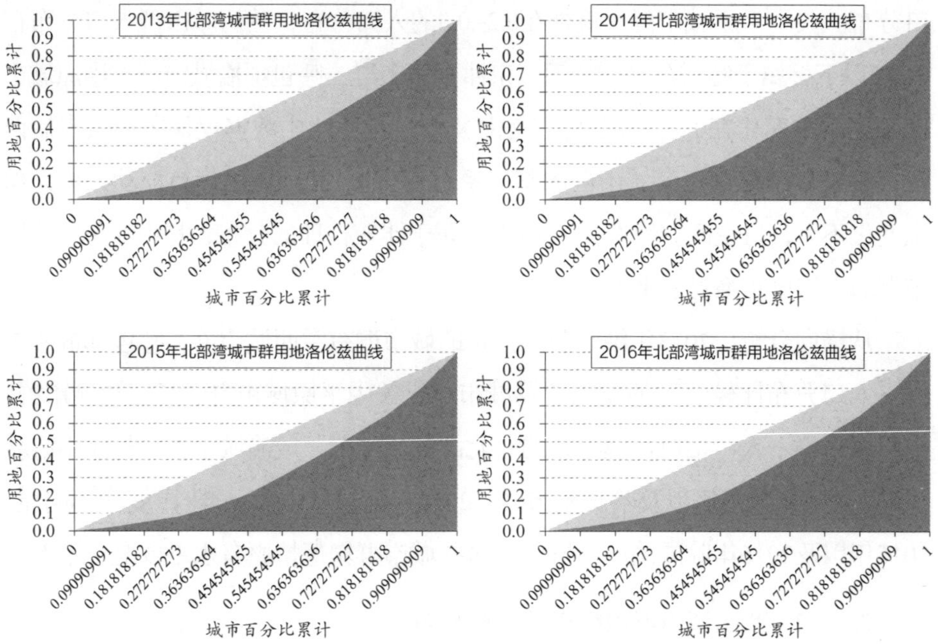

图7.15　2013—2016年北部湾城市群用地洛伦兹曲线

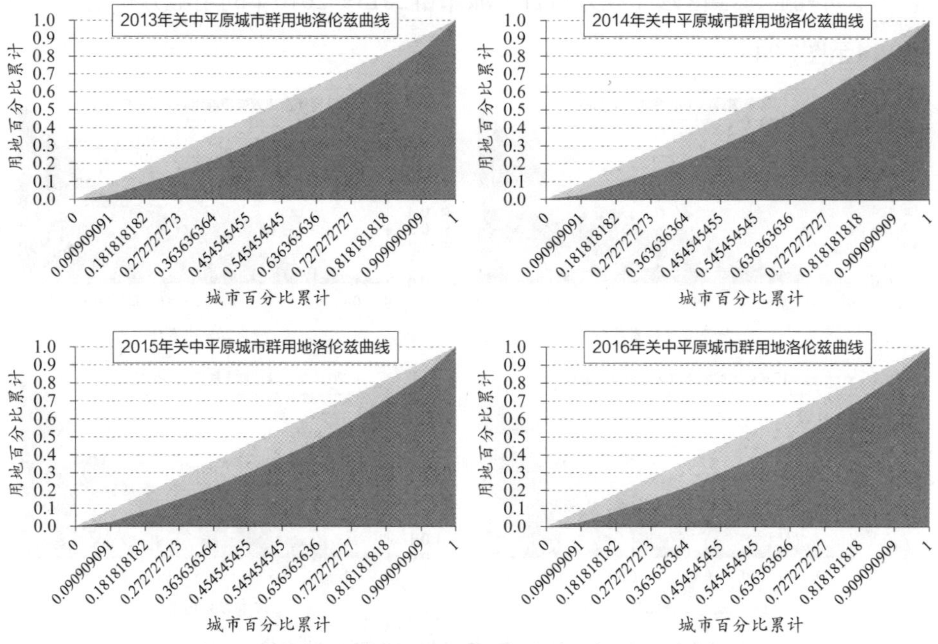

图7.16　2013—2016年关中平原城市群用地洛伦兹曲线

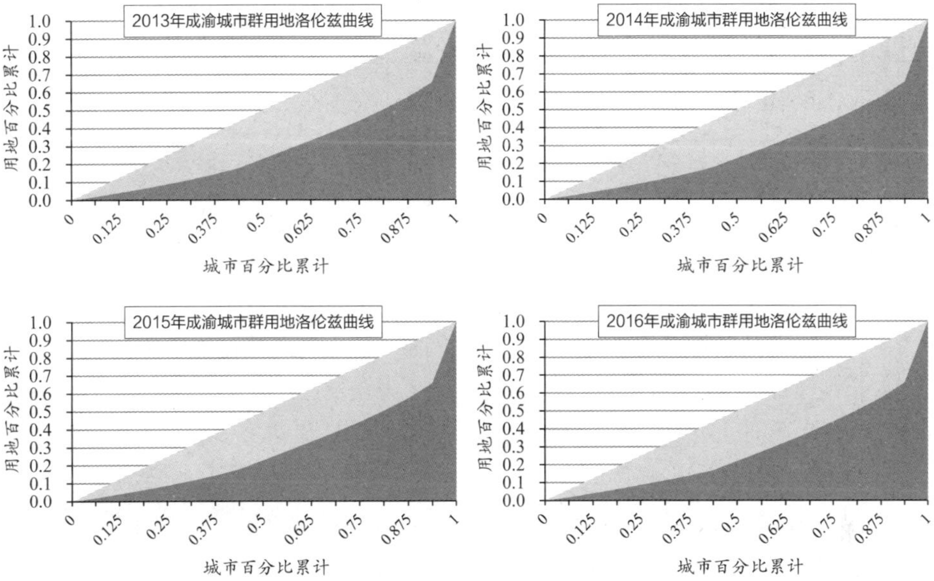

图7.17　2013—2016年成渝城市群用地洛伦兹曲线

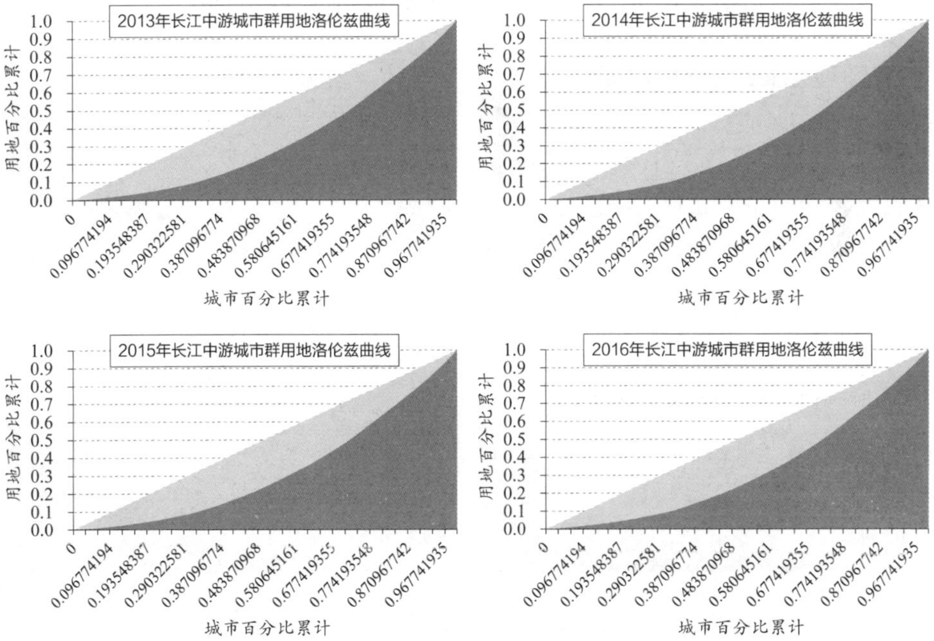

图7.18　2013—2016年长江中游城市群用地洛伦兹曲线

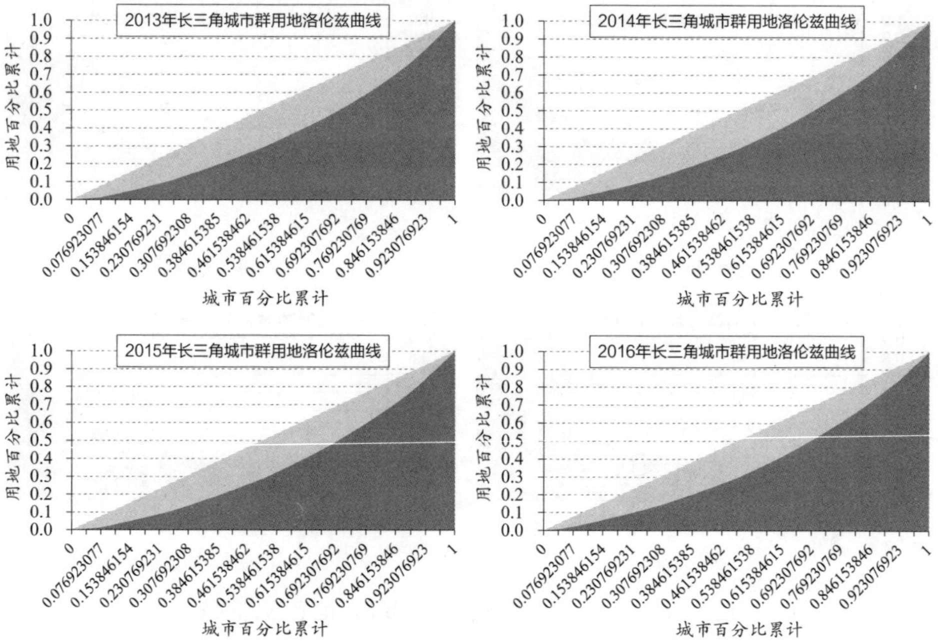

图7.19　2013—2016年长三角城市群用地洛伦兹曲线

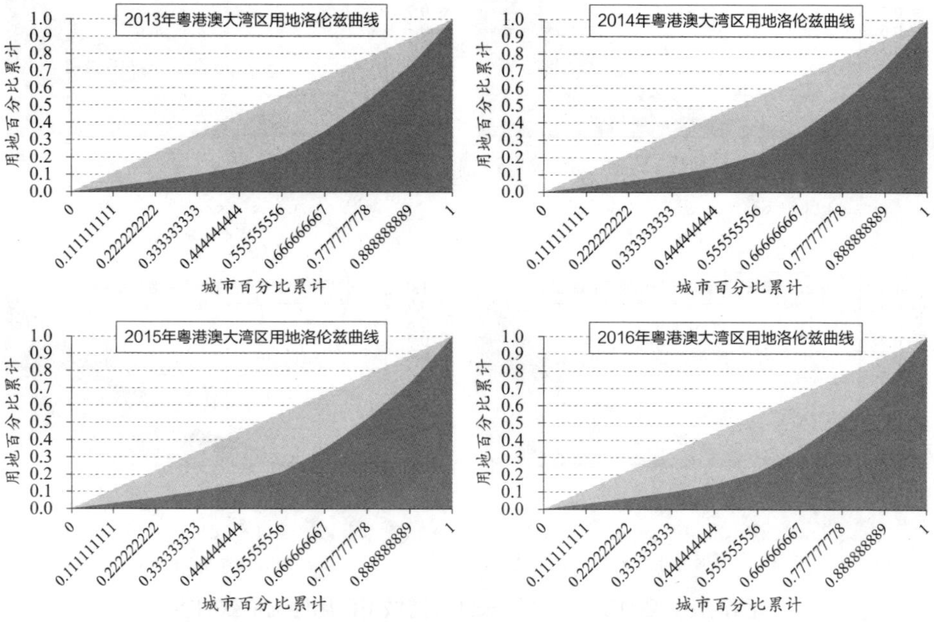

图7.20　2013—2016年粤港澳大湾区用地洛伦兹曲线

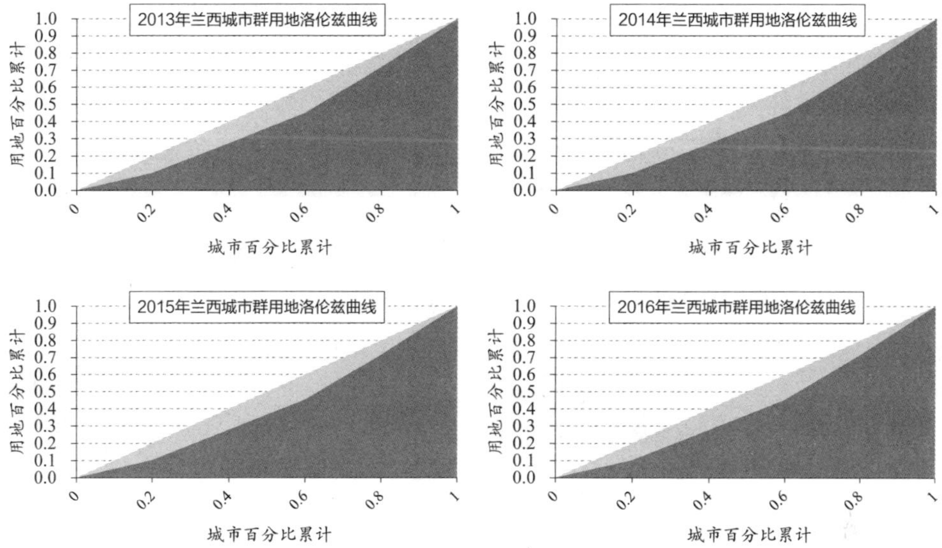

图7.21　2013—2016年兰西城市群用地洛伦兹曲线

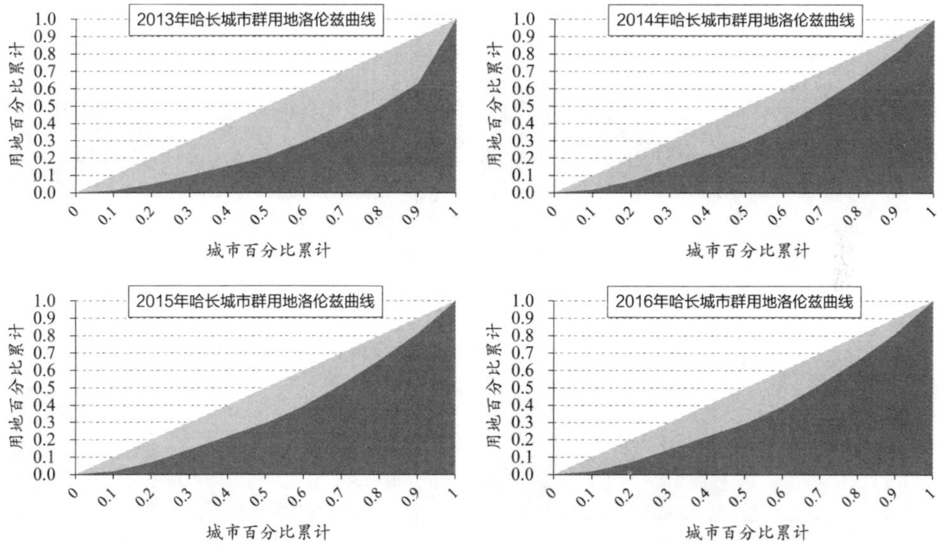

图7.22　2013—2016年哈长城市群用地洛伦兹曲线

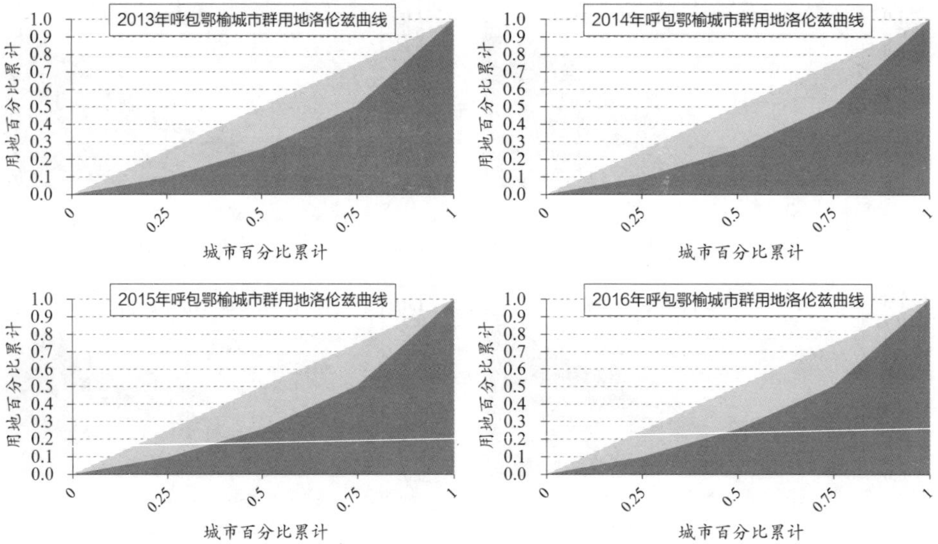

图7.23　2013—2016年呼包鄂榆城市群用地洛伦兹曲线

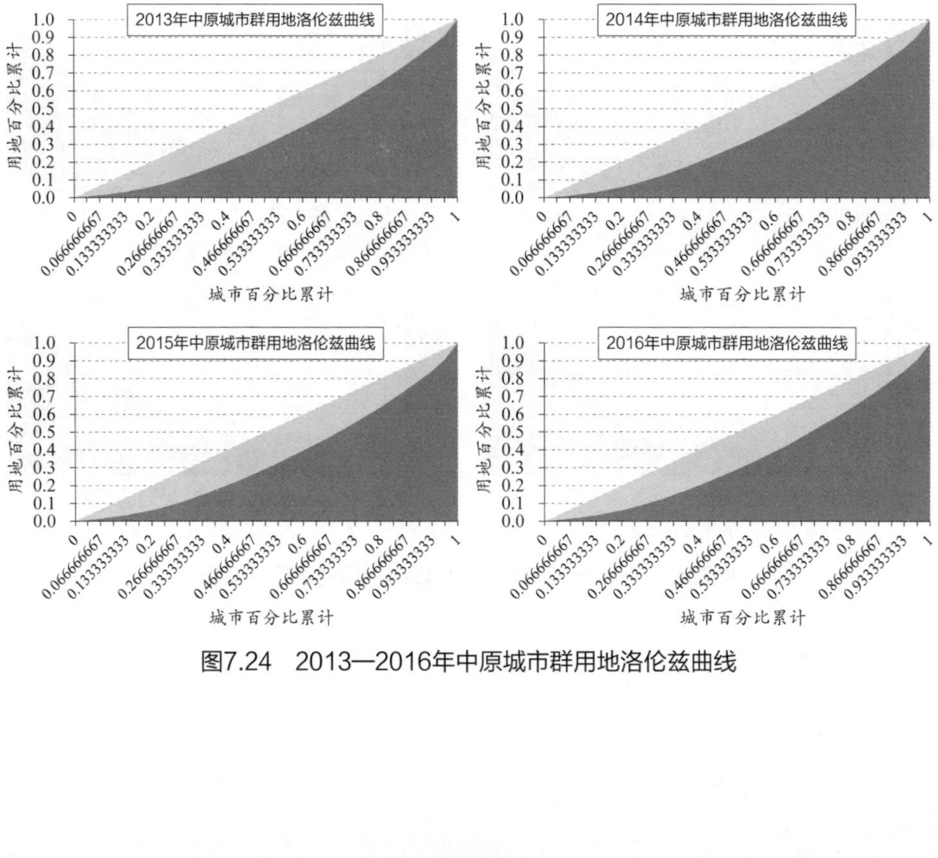

图7.24　2013—2016年中原城市群用地洛伦兹曲线

2．基尼系数

2013—2016年11个城市群城市用地基尼系数如表7.5所示。

表7.5　2013—2016年11个城市群城市用地基尼系数

城市群	京津冀	北部湾	关中平原	成渝	长江中游	长三角	粤港澳大湾区	兰西	哈长	呼包鄂榆	中原
2013 年	0.31	0.33	0.23	0.44	0.35	0.29	0.36	0.19	0.43	0.347 2	0.29
2014 年	0.31	0.33	0.23	0.44	0.35	0.29	0.42	0.19	0.28	0.347 2	0.28
2015 年	0.31	0.33	0.23	0.44	0.35	0.29	0.42	0.19	0.28	0.347 2	0.30
2016 年	0.31	0.33	0.23	0.44	0.35	0.28	0.424	0.19	0.31	0.346 2	0.30

从纵向分析，2013—2016年京津冀、长三角、成渝等城市群的基尼系数基本保持稳定，说明这几个城市群的用地分配均等程度基本不变。哈长城市群土地资源配置均等程度呈现“倒 U 形”特征，即先上升后下降。

从横向分析，2013年绝对公平分布的城市群有兰西城市群；用地资源比较公平分布的有关中平原城市群、长三角城市群与中原城市群；用地资源相对合理分布的有京津冀城市群、北部湾城市群、呼包鄂榆城市群、长江中游城市群与粤港澳大湾区；用地资源分配差距较大的有成渝城市群与哈长城市群。

哈长城市群由于在统计年鉴中的数据不准确，所以哈长城市群用地资源分布存在很大的变动，但平均看来哈长城市群应该分布合理。自2014年起，粤港澳大湾区用地资源分配超过0.4的“警戒线”，分布差距较大。

7.1.1.3　我国城市群内部经济规模分布

1．洛伦兹曲线

本研究通过洛伦兹曲线对11个城市群2013—2016年的 GDP 分布进行具体分析，见图7.25至图7.35。

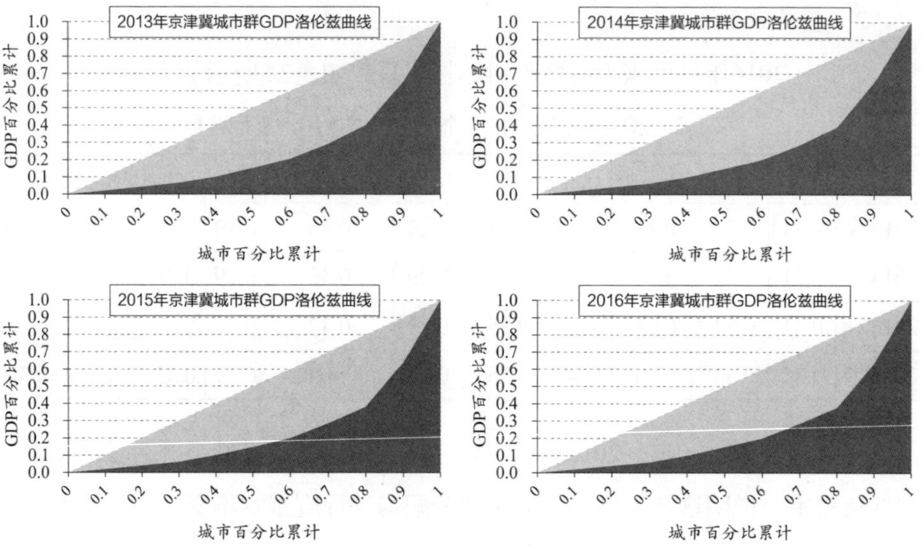

图7.25　2013—2016年京津冀城市群 GDP 洛伦兹曲线

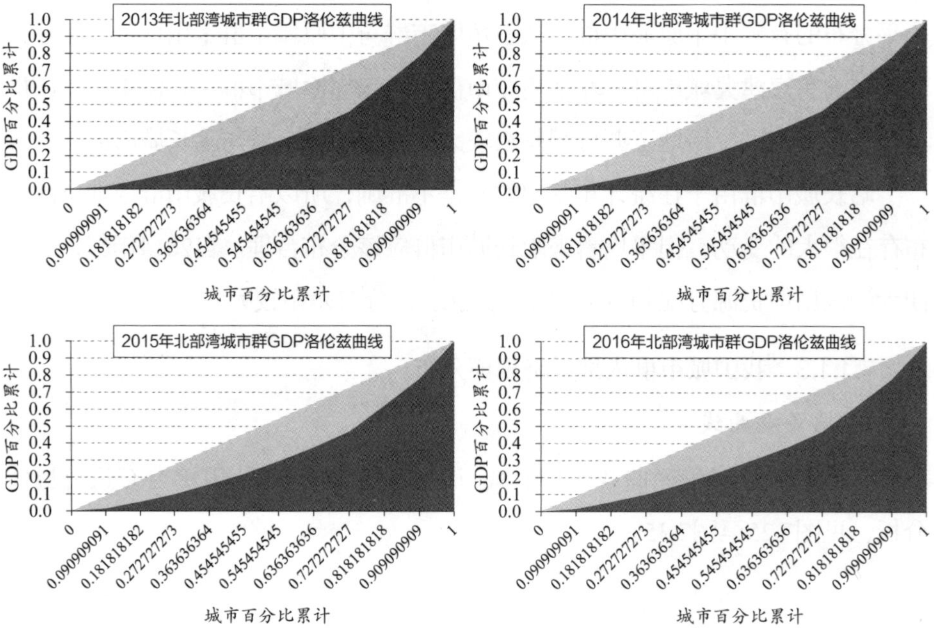

图7.26　2013—2016年北部湾城市群 GDP 洛伦兹曲线

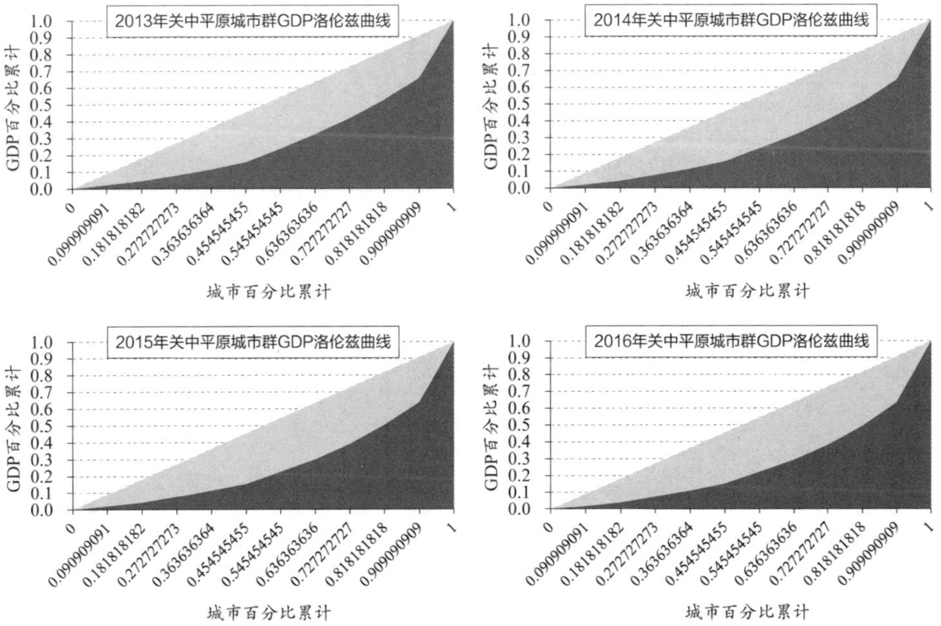

图7.27　2013—2016年关中平原城市群 GDP 洛伦兹曲线

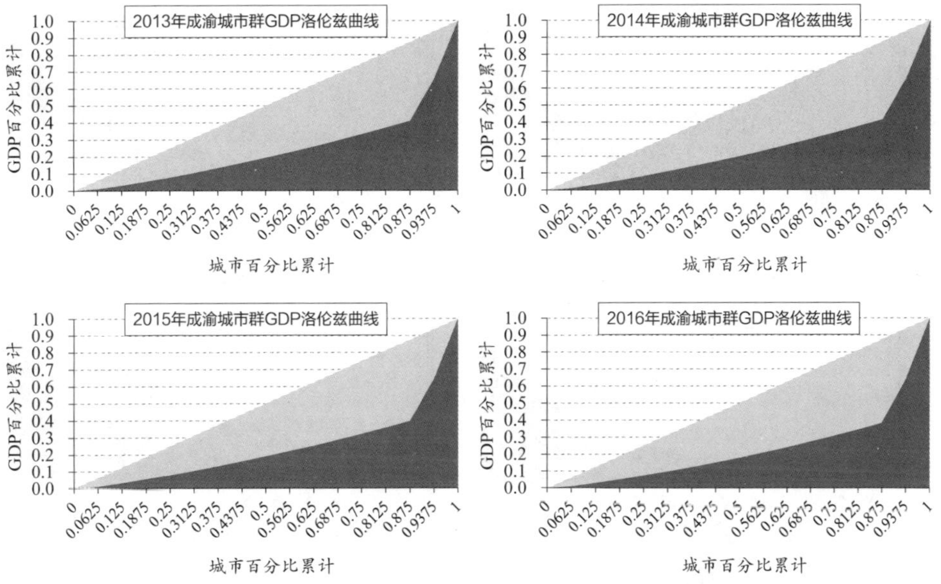

图7.28　2013—2016年成渝城市群 GDP 洛伦兹曲线

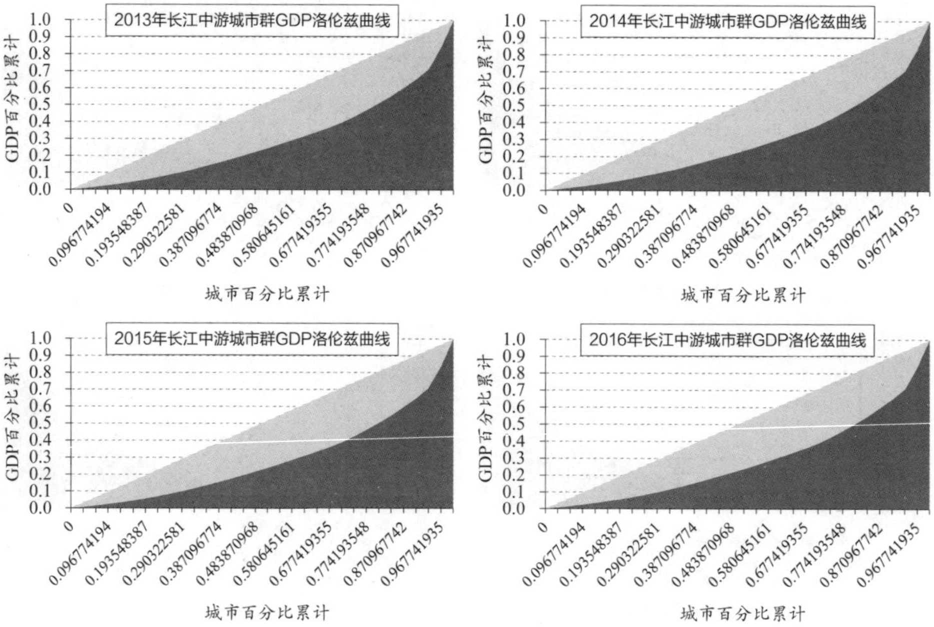

图7.29　2013—2016年长江中游城市群 GDP 洛伦兹曲线

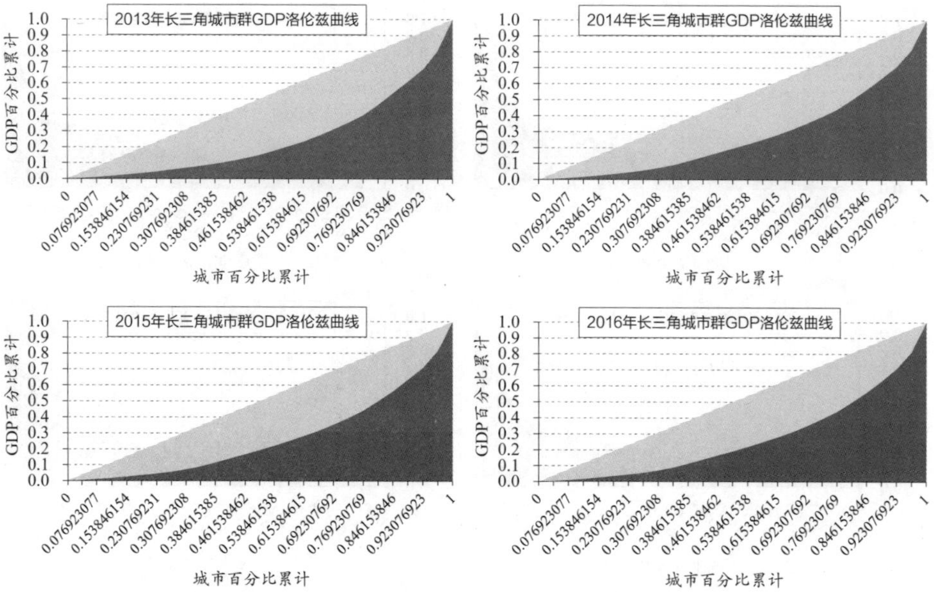

图7.30　2013—2016年长三角城市群 GDP 洛伦兹曲线

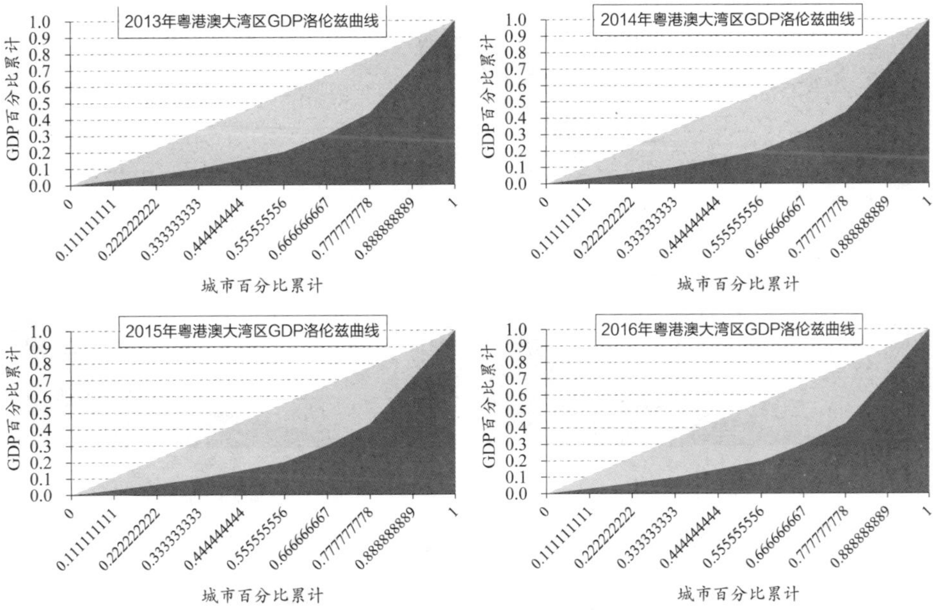

图7.31　2013—2016年粤港澳大湾区 GDP 洛伦兹曲线

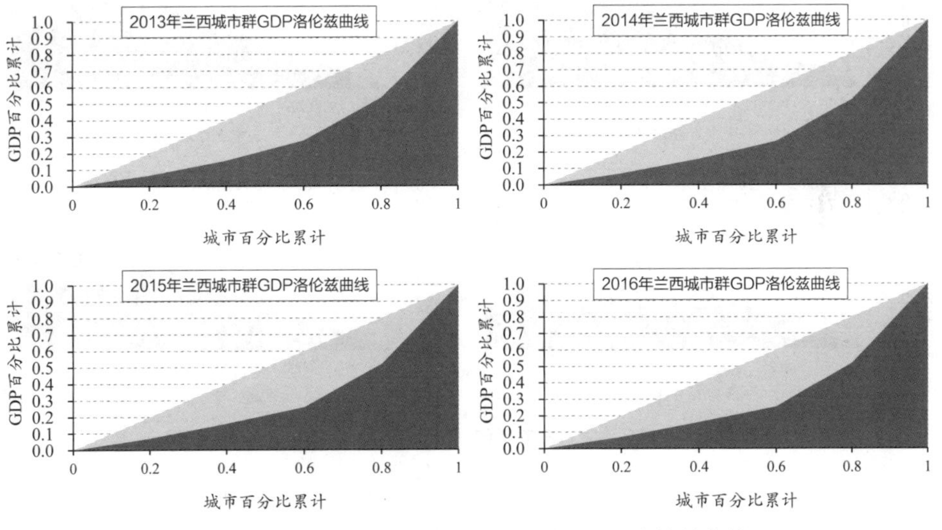

图7.32　2013—2016年兰西城市群 GDP 洛伦兹曲线

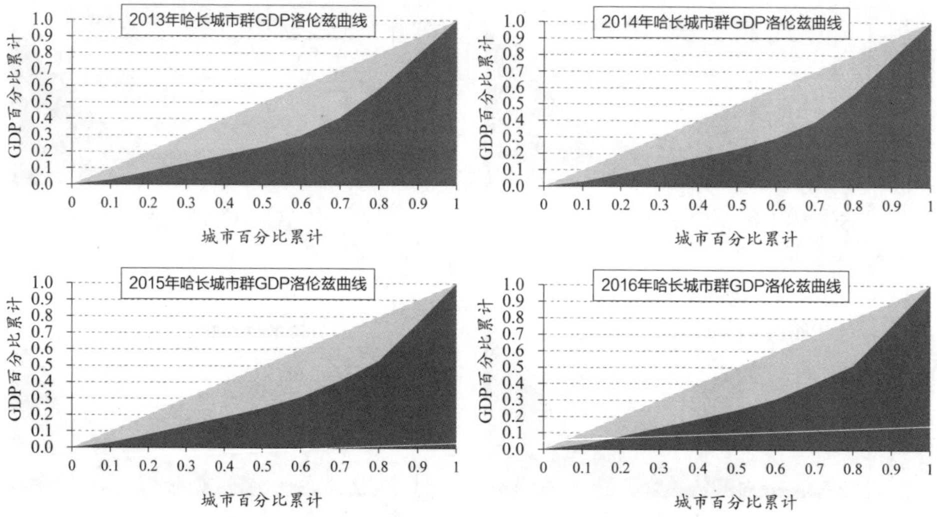

图7.33　2013—2016年哈长城市群 GDP 洛伦兹曲线

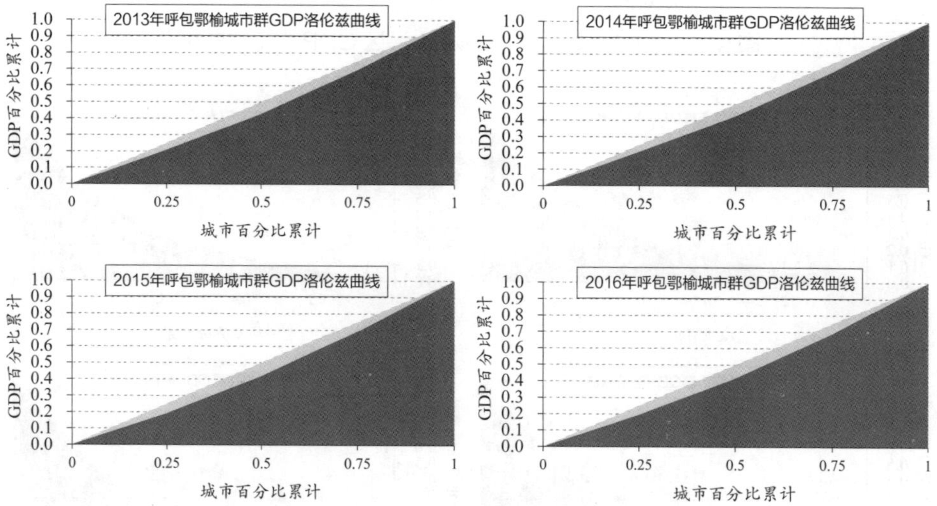

图7.34　2013—2016年呼包鄂榆城市群 GDP 洛伦兹曲线

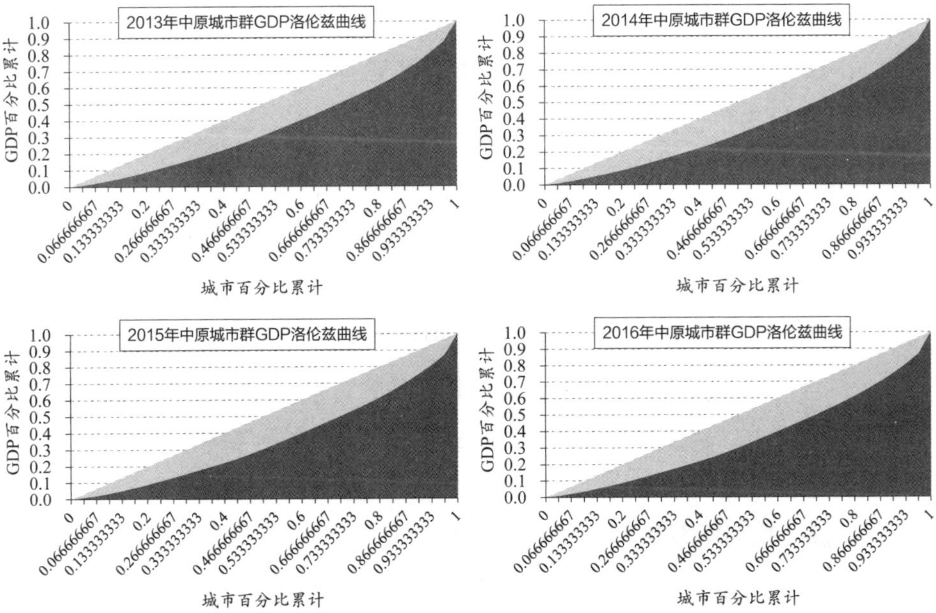

图7.35　2013—2016年中原城市群 GDP 洛伦兹曲线

2．基尼系数

本书通过基尼系数对11个城市群2013—2016年的 GDP 分布进行具体分析，具体分析步骤见附录 B。11个城市群的 GDP 基尼系数见表7.6。

表7.6　11个城市群的 GDP 基尼系数

城市群	京津冀	北部湾	关中平原	成渝	长江中游	长三角	粤港澳大湾区	兰西	哈长	呼包鄂榆	中原
2013 年	0.52	0.20	0.45	0.53	0.42	0.51	0.45	0.41	0.36	0.09	0.29
2014 年	0.53	0.35	0.46	0.52	0.43	0.47	0.45	0.41	0.36	0.08	0.29
2015 年	0.53	0.35	0.47	0.54	0.43	0.55	0.45	0.42	0.37	0.11	0.30
2016 年	0.53	0.35	0.48	0.68	0.43	0.55	0.45	0.42	0.37	0.12	0.30

从纵向分析，2013—2016年所有城市群的 GDP 均有所上升，说明各个城市群的城市收入差距均在不同程度地变大。

呼包鄂榆城市群的基尼系数处于0~0.2之间，收入分配高度均衡。中原城市群的基尼系数处于0.2~0.3之间，收入分配比较均衡。哈长城市群、北部湾城市群的基尼系数处于0.3~0.4之间，收入分配比较合理。长江中游城市群、关中平原城市群、粤港澳大湾区与兰西城市群处于0.4~0.5之间，收入分配差距较大。京津冀城市群、成渝城市群与长三角城市群的基尼系数大于0.5，收入分配差距悬殊。

从横向分析，2013年收入分配绝对公平分布的城市群有呼包鄂榆城市群；收入分配比较公平分布的有北部湾城市群与中原城市群；收入分配相对合理的有哈长城市群；收入分配差距较大的有关中平原城市群、长江中游城市群、粤港澳大湾区与兰西城市群；收入分配差距悬殊的有京津冀城市群、成渝城市群与长三角城市群。自2014年后，北部湾城市群的收入分配转变为比较合理。

7.1.2　我国城市群之间的规模分布

本书采用2014—2016年《中国城市统计年鉴》的数据，选取每个城市的人口、建设用地以及 GDP 数据加总得到11个城市群相应的3项数据总和，用以研究我国城市群之间的规模分布。具体数据见表7.7。

表7.7　11个城市群人口、建设用地、GDP 综合数据

年份	2013 年	2014 年	2015 年	2016 年
	人口 / 万人			
哈长城市群	4 565.1	4 544.4	4 502.09	4 459
呼包鄂榆城市群	613.3	617.6	619.76	624
京津冀城市群	8 567.3	7 688	7 740.58	7 813
兰西城市群	1 243	1 229	1 174.93	1 183
关中平原城市群	6 266.6	3 636.8	4 427.51	4 573
中原城市群	28 331.5	18 594.1	18 615.65	18 847
长三角城市群	12 810.5	12 502.9	12 907.46	12 597
长江中游城市群	14 228.6	13 368.9	13 359.36	13 436.7
成渝城市群	10 970	11 018.8	10 973.82	11 024
粤港澳大湾区	3 142.2	3 193.2	3 251.04	3 334
北部湾城市群	4 340.9	4 397.5	4 437.15	4 497

续表

年份	2013 年	2014 年	2015 年	2016 年
	建设用地 / 平方公里			
哈长城市群	398 208	279 070	279 404	279 431
呼包鄂榆城市群	131 706	131 706	131 706	131 973
京津冀城市群	3 161	3 366	3 614	3 448
兰西城市群	75 613	74 253	74 674	74 674
关中平原城市群	968	933	11 175	1 031
中原城市群	2 415	2 660	2 483	3 127
长三角城市群	4 739	4 922	4 959	7 138
长江中游城市群	3 155	3 366	3 059	3 254
成渝城市群	2 408	2 630	2 751	3 106
粤港澳大湾区	2 364	2 548	2 791	2 743
北部湾城市群	109 076	109 056	109 089	109 125
	GDP/ 万元			
哈长城市群	240 105 997	24 300 794	241 093 131	247 720 249
呼包鄂榆城市群	101 693 082	105 858 473	110 385 800	114 591 541
京津冀城市群	564 738 664	606 894 210	638 639 926	698 191 430
兰西城市群	38 073 467	41 702 193	43 512 003	37 913 925
关中平原城市群	145 060 439	154 954 546	160 062 155	170 629 867
中原城市群	496 825 058	531 341 637	561 298 517	609 797 957
长三角城市群	1 097 812 086	1 268 008 946	1 355 125 330	1 487 908 254
长江中游城市群	561 243 618	611 878 558	665 513 319	726 055 264
成渝城市群	368 218 595	414 282 056	439 372 818	483 590 438
粤港澳大湾区	530 604 779	576 500 248	622 677 779	678 418 457
北部湾城市群	127 651 729	143 079 546	152 338 932	132 246 933

7.1.2.1 研究方法

本书应用 GeoDa 和 Arcgis，进行空间自相关分析。GeoDa 是于2003年2月发布的一个免费的、跨平台的、具有空间数据分析功能的程序，由芝加哥大学空间数据科学中心卢克•安瑟琳（Luc Anselin）的团队领衔开发，储存文件的格式是 shapefile，与不同版本的 Windows、macOS 和 Linux 操作系统兼容，为非专业人士提供了方便。

空间自相关即空间依赖性，基于托布勒（Tobler）提出的地理学第一定律：任何事物都存在相关关系，但较近的事物比较远的相关性更强。空间自相关包括全局空间自相关和局部空间自相关。空间自相关的研究方法就是通过计算某变量在单位空间内的集聚程度，测量相邻单位空间变量的相关性，例如经济的影响、人口的流动、用地面积的变化等[170]。

1. 全局空间自相关

公式如下：

$$I=\frac{N}{S_0}\cdot\frac{\sum_{i=1}^{n}\sum_{j=1}^{n}w_{ij}\left(x_i-\mu\right)\left(x_j-\mu\right)}{\sum_{i=1}^{n}\left(x_i-\mu\right)^2} \tag{7.2}$$

$$S_0=\sum_{i}\sum_{j}w_{ij} \tag{7.3}$$

式中：I 是指全局空间自相关系数；N 是指样本个数。

期望值为：

$$E(I)=\frac{-1}{n-1} \tag{7.4}$$

式中：i 和 j 是不同的空间样本；n 表示空间样本总数；x 表示样本所需观测值；μ 为所有样本所需观测值的平均值；w_{ij} 为权值矩阵。

由于 w_{ij} 是由0、1组成的对称矩阵。当值为1时，空间单元 i 与空间单元 j 相邻，反之，不相邻。 当 I 趋近于 −1时，表示研究区域空间样本趋异性显著；当 I 趋近于1时 ，说明研究区域空间样本集聚性显著。当 $I>0$时，说明空间样本正相关；当 $I=0$时，说明空间样本不相关；当 $I<0$时，说明空间样本负相关[171]。

2. 局部空间自相关

本研究考虑到全局莫兰指数仅对研究区域的整体状态进行研究，仅说明了各城市群与周边城市群空间差异的平均水平，而忽略了局部区域存在差异的情况，所以同时采用局部空间自相关分析法。局部莫兰指数表明了研究区域自身的空间自相关对整体样本空间自相关的影响程度。公式如下：

$$I_i = \frac{x_i - \bar{x}}{S^2} \sum_{j \neq i}^{n} w_{ij} \left(x_j - \bar{x} \right) \tag{7.5}$$

$$S^2 = \frac{\left(x_i - \bar{x} \right)}{n} \tag{7.6}$$

其期望值 $E(I)$ 为：

$$E\left(I\right) = -\sum_{j=1}^{n} \frac{w_{ij}}{n-1} \tag{7.7}$$

式中：I_i 是指局部空间自相关系数；j、i 代表不同空间的样本；n 表示空间样本总数；x 表示样本所需观测值；w_{ij} 为权值矩阵[172]。表7.8为我国城市群人口密度的 H—H 和 L—L 分类情况。H—H、L—H、H—L、L—L 分别代表高高（区域自身和周边地区的属性水平均较高，二者空间差异程度较小）、低高（区域自身属性水平低，周边地区属性水平高，二者空间差异程度较大）、高低（区域自身属性水平高，周边地区属性水平低，二者空间差异程度较大）以及低低（区域自身和周边地区的属性水平较低，二者空间差异程度较小）。

表7.8　我国城市群人口密度的 H—H 和 L—L 分类情况

位置	第一象限	第二象限	第三象限	第四象限
类型	H—H 型	L—H 型	H—L 型	L—L 型
指数	$I > E(I)$	$I < E(I)$	$I > E(I)$	$I < E(I)$
相关性	正相关	负相关	正相关	负相关

3．指数 Z 分析

为了判定空间自相关的样本之间差异的显著性，特采用 Z 值进行补充说明。

表7.9　Z 值判断标准

正态分布情况	$Z>1.69$ 或 $Z>1.96$	$Z<1.69$ 或 $Z<1.96$	$Z<-1.69$ 或 $Z<-1.96$	$Z>-1.69$ 或 $Z>-1.96$
相关性	明显有关系	无关	明显有关	无关

7.1.2.2　我国整体城市群人口分布现状

根据《中华人民共和国国民经济和社会发展第十三个五年规划纲要》《国家新型城镇化规划（2014—2020年）》《全国主体功能区规划》《全国海洋主体功能区规划》《长江经济带发展规划纲要》和《国务院关于大力实施促进中部地区崛起战略的若干意见》（国发〔2012〕43号）的规定，运城同时被包含在中原城市群与关中平原城市群的规划范围中，但是关中平原城市群只包括运城的部分地区，所以为了保证结论的准确性，本书将运城列入中原城市群进行研究。

（1）全局莫兰指数分析。表7.10为2013—2016年莫兰指数及 Z 值。图7.36至图7.39为2013—2016年城市群人口散点图。

表7.10　2013—2016年莫兰指数及 Z 值

年份	2013年	2014年	2015年	2016年
Z 值	2.455 8	2.494 1	2.505 9	2.505 9
莫兰指数	0.335	0.341	0.343	0.343

本书通过全局莫兰指数分析城市群人口空间分布的协调性，运用GeoDa计算可知，全局莫兰指数均为正值且 Z 值均大于1.96，说明城市群之间人口空间分布正相关，并且可以分为5个等级：第一等级人口分布在中原城市群和长江中游城市群，说明这2个城市群有着较高的人口集聚性；第二等级人口分布在成渝城市群、京津冀城市群与长三角城市群，说明这3个城市群的人口集聚性次之；第三等级的哈长城市群与北部湾城市群的空间样本集聚性排第三；第

四等级的关中平原城市群、兰西城市群与粤港澳大湾区的人口集聚性排第四；第五等级为呼包鄂榆城市群，人口分布最少。2013—2016年，城市群人口分布变化并不明显，但是可以看出，北京、上海、广州和深圳所在的京津冀城市群、长三角城市群、粤港澳大湾区并不是人口最集聚的，中原城市群和长江中游城市群才是两个人口最集聚的城市群。

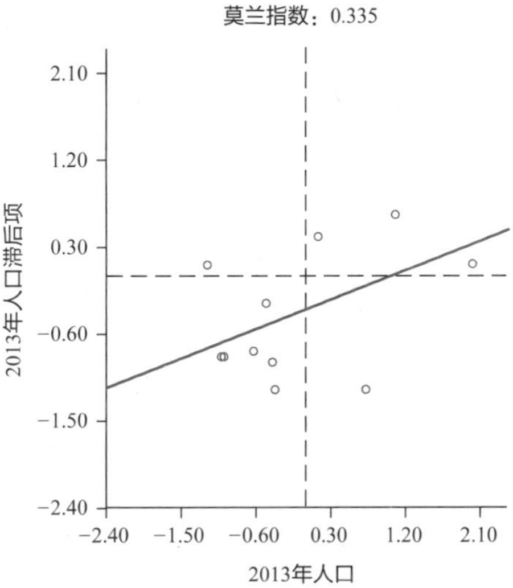

图7.36　2013年城市群人口散点图

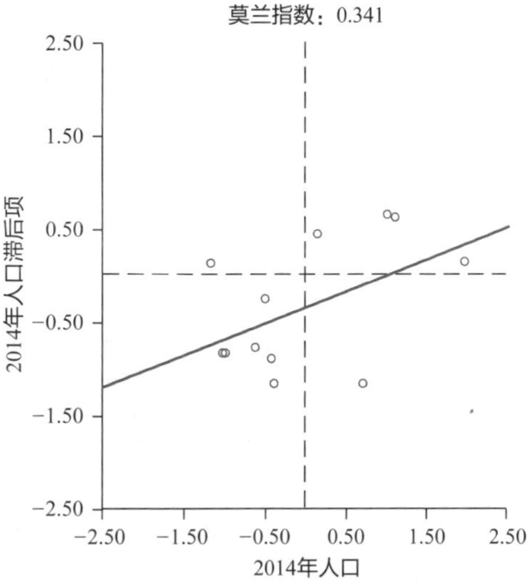

图7.37　2014年城市群人口散点图

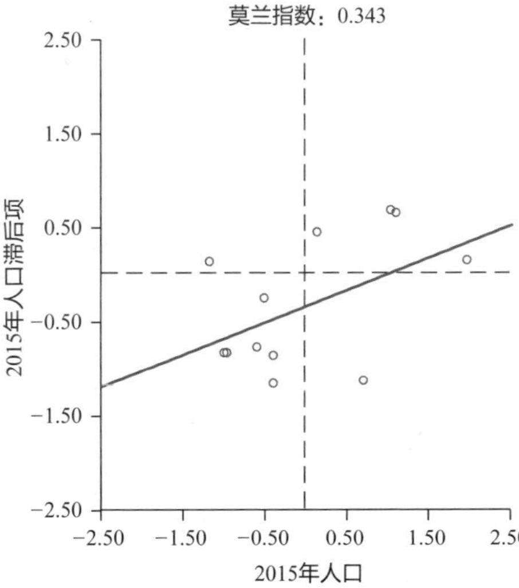

图7.38　2015年城市群人口散点图

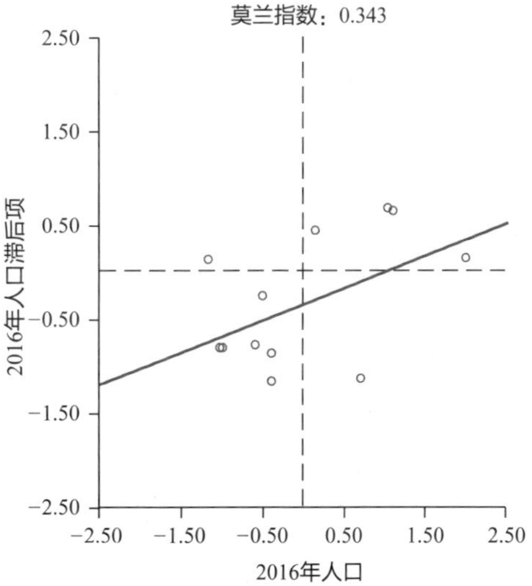

图7.39　2016年城市群人口散点图

（2）我国城市群的人口局部莫兰指数。由局部莫兰指数可知，H—L 集聚区有成渝城市群，说明它不具有显著的空间自相关性；L—L 集聚区有哈长城市群、兰西城市群、呼包鄂榆城市群和北部湾城市群，这几个城市群的人口密度很低，且附近城市群的人口密度也很低，说明成渝城市群在地理上具有一定的独立性，所以与附近城市群的关联较小，独立性明显，人口流动困难；哈长城市群、兰西城市群、呼包鄂榆城市群和北部湾城市群人口密度低，附近城市群的人口密度也很低，说明这几个城市群的人口主要流动方向并不是附近的城市群。

7.1.2.3 我国整体城市群用地分布现状

（1）我国城市群用地全局莫兰指数分析。表7.11为2013—2016年莫兰指数及 *Z* 值。图7.40至图7.43为2013—2016年城市群用地散点图。

表7.11 2013—2016年莫兰指数及 *Z* 值

年份	2013 年	2014 年	2015 年	2016 年
Z 值	1.988 6	2.500 4	2.503 4	2.511 9
莫兰指数	0.803	0.899	0.900	0.901

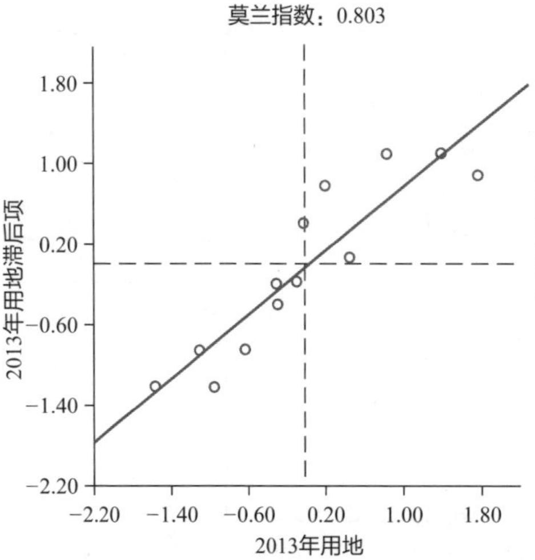

图7.40 2013年城市群用地散点图

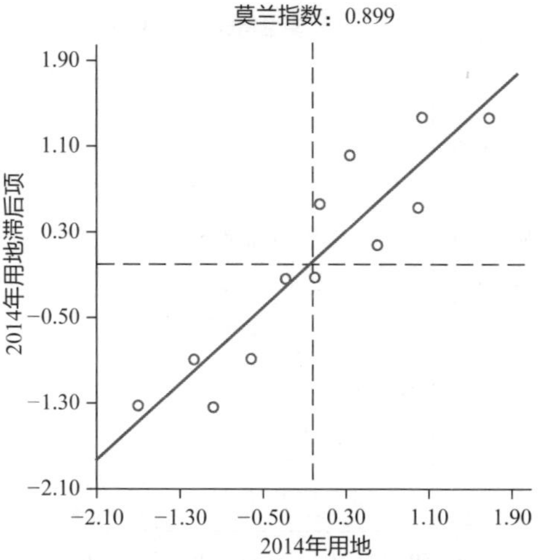

图7.41 2014年城市群用地散点图

本书通过全局莫兰指数分析城市群用地资源空间分布的协调性。运用GeoDa 计算可知，全局莫兰指数均为正值且 Z 值均大于1.96，说明城市群之间的人口空间分布正相关。同样，2013年的用地被分为5个等级：第一等级为长江中游城市群与哈长城市群；第二等级为成渝城市群、中原城市群和长三角城市群；第三等级为呼包鄂榆城市群与京津冀城市群；第四等级为关中平原城市群、兰西城市群与北部湾城市群；第五等级为粤港澳大湾区。随后的2014—2016年情况稳定：第一等级为长中游城市群与中原城市群；第二等级为成渝城市群、哈长城市群和长三角城市群；第三等级为呼包鄂榆城市群与京津冀城市群；第四等级为关中平原城市群、兰西城市群与北部湾城市群；第五等级为粤港澳大湾区。

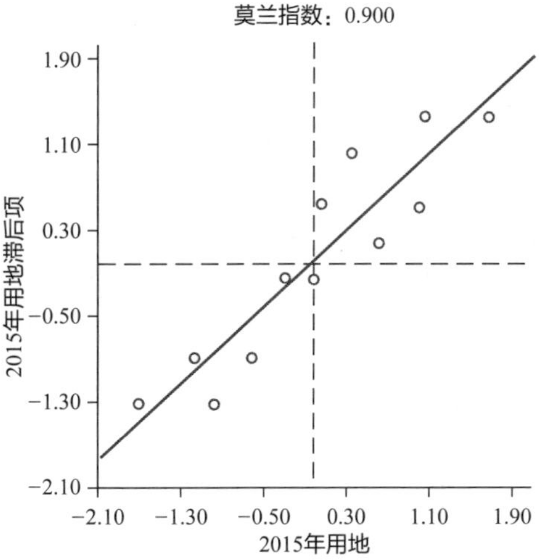

图7.42　2015年城市群用地散点图

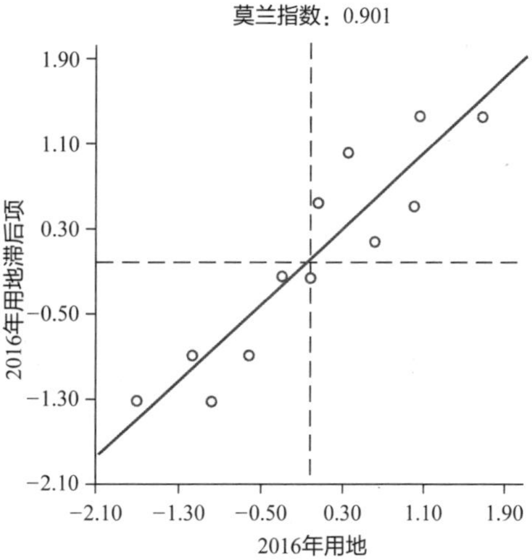

图7.43　2016年城市群用地散点图

（2）我国城市群的用地局部莫兰指数。由局部莫兰指数可知，H－H 集聚区为高值城市群，其周围被高值城市群包围，对周围用地的辐射作用较大。此高值城市群就是中原城市群和长江中游城市群。L—L 集聚区为低值城市群，周围被低值城市群包围，对周围用地的辐射作用较小。兰西城市群、北部湾城市群与粤港澳大湾区这几个城市群的用地最少。

7.1.2.4　我国整体城市群经济发展现状

（1）我国城市群 GDP 全局莫兰指数分析。表7.12为2013—2016年莫兰指数及 *Z* 值。图7.44至图7.47为2013—2016年城市群 GDP 散点图。

表7.12　2013—2016年莫兰指数及 *Z* 值

年份	2013 年	2014 年	2015 年	2016 年
Z 值	2.652 4	2.579 5	2.579 0	2.428 2
莫兰指数	0.486	0.478	0.478	0.457

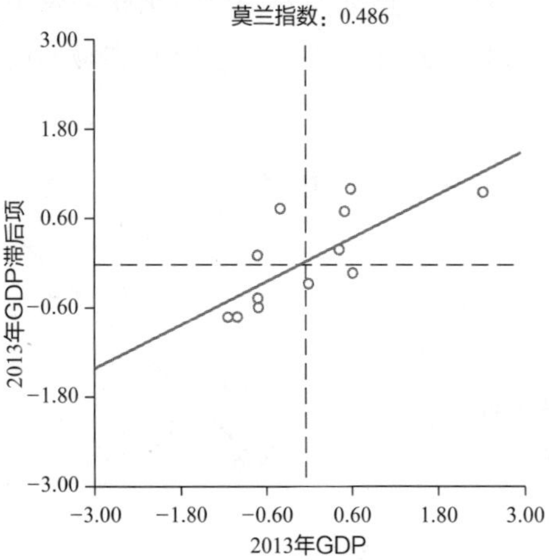

图7.44　2013年城市群 GDP 散点图

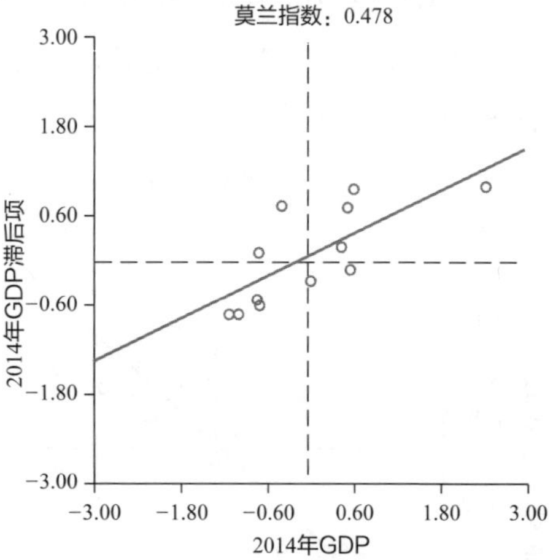

图7.45　2014年城市群 GDP 散点图

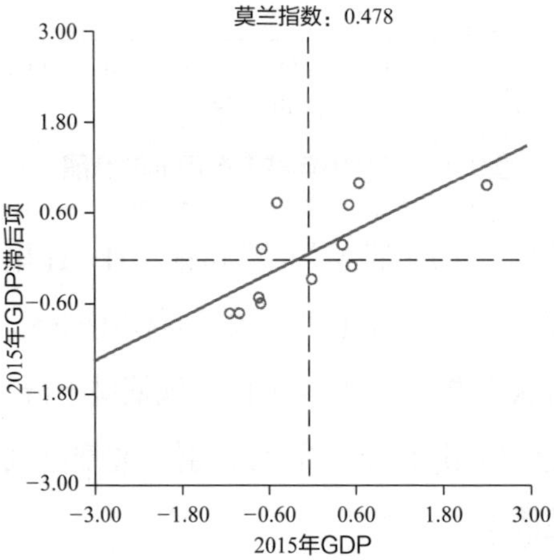

图7.46　2015年城市群 GDP 散点图

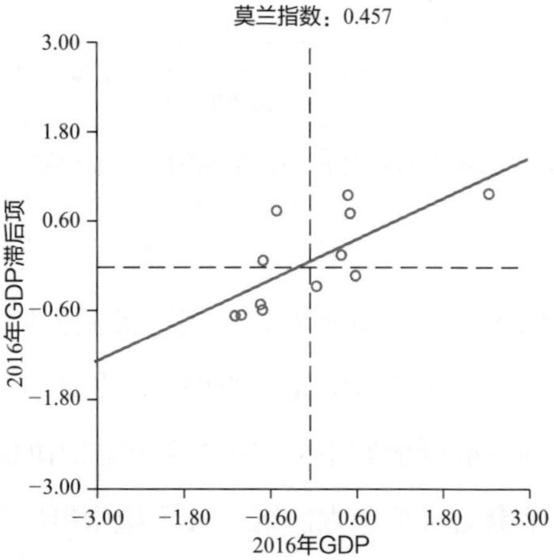

图7.47　2016年城市群 GDP 散点图

运用 GeoDa 计算可知，全局莫兰指数均为正值且 Z 值均大于1.96，说明城市群之间的 GDP 空间分布正相关。全局莫兰指数整体呈下降趋势，但是2014年和2015年持平，GDP 的空间集聚程度显著下降。2014—2015年整体GDP 的空间集聚程度变化程度不大。同样，2013年 GDP 总量分为5个等级：第一等级为长三角城市群与京津冀城市群；第二等级为粤港澳大湾区、中原城市群和长江中游城市群；第三等级为哈长城市群与成渝城市群；第四等级为关中平原城市群、呼包鄂榆城市群与北部湾城市群；第五等级为兰西城市群。通过全局莫兰指数可以更清楚地看出我国东强西弱、南强北弱的发展状况。

（2）我国城市群 GDP 局部莫兰指数。由分析可知，H—H 城市群有长三角城市群和粤港澳大湾区，说明这2个城市群在自我发展，同时也推动了周围城市群的发展，对周围城市群的辐射作用明显；L—H 城市群即经济发展低值且被经济发展高值城市群所包围的城市群，有哈长城市群，说明其经济缓冲区的作用相对明显，并且地理位置上具有相对独立性；L—L 城市群即经济发展低值且由同为经济发展低值的区域组成的集聚区，有兰西城市群、关中平原城市群和呼包鄂榆城市群，其经济差距明显，是区域经济发展凹地，并且对周围城市群的带动效果不明显。

7.2　我国城市群集聚效应与拥挤效应测算

7.2.1　城市群最优规模理论分析

7.2.1.1　成本 – 收益理论下的城市群最优规模

城市群由空间距离接近、经济联系密切、规模大小各异、城镇化水平不同、功能互补、等级有序的周边城市共同组成，具有以特大城市为核心、以大中小城市为支撑的规模结构。城市群内的城市具有相互吸引、集聚和扩散及辐射功能。在特定区域范围内，城市群以其中心城市为依托，在辐射带动周边小城镇的同时，连通城市与城市之间的交通体系推动了中心城市的进一步发展。集聚是中心城市发挥作用的基础和保证。中心城市作为主体，与其他城市之间协作构建包括国际性大都市、全国性中心城市、区域性中心城市、地方中小城市等在内的不同层次的城市群。成本－收益理论本质上就是集聚，只有集聚，才能不断提升城市群的规模效应和经济效率，而中心城市作为城市群中城市等级最高的城市，处于城市群层级体系的顶端位置，是体系中最大的经济中心。同时，它的集聚力量要远远大于城市群内其他次级城市，因此其经济发展水平与人口用地规模也是第一位的，可以由中心城市的最优规模转化为城市群的最优规模。城市群最优规模是由中心城市的经济活动空间集中所带来的收益和各种外部成本之间的均衡所决定的。随着城市群的规模不断扩大，其集聚经济效果不断增强，带来的城市群收益也在不断增加，然而集聚不经济也随之产生。

7.2.1.2 城市网络理论下的城市群最优规模

卡佩罗和卡马尼[43]认为研究城市规模的目的不应该是确定最优规模，而是确定有效规模。城市网络理论是对以往城市最优规模理论的批判，它认为城市效率并不是以人口为基础的静态概念，而是一个以城市网络为基础的动态概念。城市之间的功能网络可以产生协同效应和互补性。网络外部性在一定程度上替代了集聚外部性。在一个不同于新古典理论的框架下，单个城市被视为整个城市分工网络上的节点，突出了城市间的网络外部效应。卡佩罗和卡马尼还认为，传统理论对城市最优规模的研究往往忽略了城市生产什么、怎样生产以及与其他城市之间的合作方式。城市网络理论将城市规模看作经济、社会与自然资源三大要素相互作用的结果，并且这3个部门之间相互作用和相互发展的效益和非效益决定了城市的最优规模；也就是说，城市网络产生了网络外部效应。

城市效应包括了所有正的社会、经济、环境收益。城市负荷效应包括了所有与城市区位相关的负外部性。笔者由此归纳总结出了城市效应和城市负荷效应的具体内容和测度指标，见表7.13和表7.14。

卡佩罗和卡马尼在一套较为全面的城市效应和城市负荷效应的具体内容和测度指标的基础上，得出以下主要结论：第一，平均城市效应和城市负荷效应分别与城市规模呈倒U形和正U形关系，最大的城市效应发生在人口规模为36.1万人处，最小的城市负荷效应发生在人口规模为5.55万人处，表明成本最低的城市规模小于收益最大的城市规模。第二，如果城市发展高一级的功能，规模收益递减会推迟。当第三产业活动增加时，城市负荷增加，但是以递减速度增加。当城市第三产业增加值达到城市总产值的49% 之后，随着城市第三产业活动的增加，城市效应增加。

表7.13　城市效应和城市负荷效应的具体内容

	经济与自然环境相互作用	经济与社会环境相互作用	自然环境与社会环境相互作用
城市效应	有效的能源使用、有效的不可再生资源的使用以及城市环境设施使用的规模经济	好的住房条件、工作、娱乐与教育设施以及广泛的社会接触	拥有社会娱乐活动所需的绿地及绿地上的居住设施，容易接近城市环境设施
城市负荷效应	自然资源消耗，过度的能源使用，水、空气污染，绿地减少，交通拥挤和噪音	高的住房租金、被迫郊区化、劳动力市场上的摩擦以及城市贫困	城市健康问题、历史建筑的损耗以及文化遗产的损失

资料来源：卡佩罗和卡马尼 [43]。

表7.14　城市效应和城市负荷效应的测度指标

	经济与自然环境相互作用	经济与社会环境相互作用	自然环境与社会环境相互作用
城市效应	人均能源使用量 人均汽油使用量 人均水使用量	毕业生占人口比例 学校数量占人口比例 银行数量占人口比例 公共服务数量占人口比例 每平方米租金	人均绿地的平方米数
城市负荷效应	人均 NO*x* 散发量 城市垃圾人均公斤数 每平方米汽车数	失业人口占人口比例	受害者占人口比例

资料来源：卡佩罗和卡马尼 [43]。

麦肯（McCann）和艾克斯（Acs）[173] 认为，城市在国家和国际尺度下的网络连通性对于城市绩效的影响大于城市自身规模产生的影响。特别是通过城市网络中发展较好的城市辐射该城市网络中发展较弱的城市，提高其发展水平。卡马尼等人 [174] 认为，与大城市相比，小城市可以从高等级的外部关系网络中获得更多的绩效。

我们可以将一个城市群看作一群城市在一些复杂的经济、自然或其他内在规律相互作用下融合的“一个城市”。城市群的出现以劳动和知识分工为现实条件，其形成和发展使得企业和产业分工在空间上表现为城市分工，在分工互补以及生产性服务企业的影响下，城市在经济组织和空间上逐渐成为一个信息和基础交通设施互联互通，公共服务共建共享的整体。个体城市的发展不仅仅是通过竞争争夺资源要素的方式进行，更需要依赖城市间的合作以及各城市的发展状况。城市作为城市群中的节点，受到整个城市群的影响，彼此相互依存、共同发展。城市群依靠城市发展的方式以及城市间形成的竞争合作关系，促使城市分工趋向深化，专业化程度趋于提高。区域城市网络中，城市因共享整个城市群的资源和市场而利用彼此的优势在总体上增强对企业和个人的吸引力，进而引致集聚经济的强化。在这种影响下，城市群产业结构的重构、优化和升级速度要快于仅依靠城市自身力量进行发展的速度。

城市群对创新的作用在于城市群本身具有产业、金融、创新、服务、交通、技术和信息等多重网络属性，作为多重属性交互叠加网络中的节点，城市与城市之间形成了较为全面和开放的资源、信息共享平台，有利于提升城市在新知识、新技术、新产品等方面的创新能力。

最优城市群规模由城市群内外部因素及其组织方式共同决定。以城市分工为基础的城市网络强化了城市集聚经济，优化了产业结构，实现了新旧生产要素的优化配置，并以便捷高效的知识信息网络提高了城市创新能力及其溢出效应；同时，通过网络外部性和网络溢出效应进一步改变了城市群组织运行方式，以中心城市带动周边小城镇，由此提高了城市群发展的整体性。

7.2.2 城市群经济、社会与环境指标体系构建

7.2.2.1 指标体系构建的理论分析

随着城市产业分工愈发明确，城市群应运而生，在此过程中，规模经济为城市群带来了更多的劳动力、技术、资源等，城市群获得了更多的效益。但当人口和经济活动集聚到某个值时，规模不经济开始抵消城市群因集聚而获得的效应。为了衡量城市群规模，我们分别选取了用于测量集聚效应和拥挤效应的

指标，来构建指标体系。

本书参考《中国城市综合发展指标2017》[175] 中提供的相关指标，根据我们所需要的与集聚效应和拥挤效应相关的指标以及我们获取数据的能力，对指标进行筛选，并将指标分为环境、经济、社会三类，见表7.15。

表7.15　按环境、经济、社会分类的相关指标

环境	社会	经济
每万人水资源	行政层级	GDP 规模
单位 GDP 二氧化碳排放量	大城市群层级	常住人口规模
工业二氧化硫排放量	核心城市层级	税收规模
工业烟（粉）尘排放量	人口自然增长率指数	电力消耗量
环境努力指数	高等教育指数	产业结构指数
节水努力指数	地方财政教育支出指数	规模以上工业总产值
建成区土地产出率	交通安全指数	GDP 增长率指数
农林牧水产土地产出率	公共图书馆藏书量	每万人 GDP
单位 GDP 能耗	入境游客	每万人财政收入
工业固体废物综合利用率	国内游客	被抚养人口指数
每万人公共汽（电）车客运量	国际旅游外汇收入	每万人登记失业人员数
每万人公共汽（电）拥有量	国内旅游收入	职工平均工资
每万人私人机动车拥有量	医疗保险养老保险参保指数	对企业服务业从业人数
每万人出租汽车拥有量	平均房价与收入比	人口流动
固定资产投资规模指数	每万人社会消费品零售额	货物出口•进口
公园绿地面积	每万人住宿和餐饮业营业收入	实际使用外资
建成区绿化覆盖率	每万人电信消费	对外直接投资
建成区供水管道密度	每万人居民生活用水量	规模以上外商投资企业产值
建成区排水管道密度	每万人在园儿童数	水运运量指数
燃气普及率	执业（助理）医师数	铁路运量指数
	卫生机构床位数	公路运量指数

由于数据的缺失以及指标本身存在不确定性，所以剔除以下指标：环境指标有每万人水资源、工业二氧化硫排放量、工业烟（粉）尘排放量、环境努力指数、节水努力指数、建成区土地产出率、农林牧水产土地产出率、单位GDP能耗、每万人公共汽（电）拥有量、每万人私人机动车拥有量、每万人出租汽车拥有量、固定资产投资规模指数、公园绿地面积、建成区供水管道密度、建成区排水管道密度、燃气普及率；社会指标有行政层级、大城市群层级、核心城市层级、人口自然增长率指数、高等教育指数、地方财政教育支出指数、交通安全指数、公共图书馆藏书量、入境游客、国内游客、国际旅游外汇收入、国内旅游收入、医疗保险养老保险参保指数、平均房价与收入比、每万人社会消费品零售额、每万人住宿和餐饮业营业收入、每万人电信消费、每万人居民生活用水量、每万人在园儿童数、执业（助理）医师数；经济指标有常住人口规模、电力消耗量、产业结构指数、规模以上工业总产值、GDP增长率指数、每万人GDP、被抚养人口指数、对企业服务业从业人数、人口流动、货物出口•进口、实际使用外资、对外直接投资、规模以上外商投资企业产值、水运运量指数、铁路运量指数、公路运量指数。

出于数据的来源以及部分数据缺失的种种考虑，我们筛选出集聚效应测量指标和拥挤效应测量指标，见表7.16。

表7.16　集聚效应测量指标和拥挤效应测量指标

类别	集聚效应指标	拥挤效应指标
环境	建成区绿化覆盖面积/公顷 一般工业固体综合废物利用率/% 全年公共汽（电）车客运总量/万人次	工业二氧化碳排放量/万吨 工业废水排放量/万吨
社会	学校（普通高等学校）人数/人 城镇基本医疗保险参保人数/人 天然气供气总量/万立方米	人均卫生机构床位数的倒数/人•床$^{-1}$ 平均房价/元
经济	地区生产总值/万元 财政总收入/万元 职工平均工资/元	人口密度/人•平方公里$^{-1}$ 失业率/%

7.2.2.2　指标体系的构建

1. 集聚效应指标

（1）建成区绿化覆盖面积（公顷）：随着经济的发展和生活水平的提高，人们对自然环境的要求也在提高，人们更愿意去往自然条件优越的地区生活和发展。优美的自然环境更容易吸引到人才，从而为城市带来人口的集聚。

（2）全年公共汽（电）车客运总量（万人次）：公共汽车客运的发展需要城市道路建设和政策法规的支持。公共汽车客运主要用于满足城市居民出行便利、快捷和舒适的需要。客运量的提高，在一定程度上可以缓解城市通勤的拥堵，提高公交系统的运行效率，降低碳排放，减少人们的出行时间和成本，使人们生活的城市更加宜居，人口更加集聚。

（3）一般工业固体综合废物利用率（%）：反映城市的环境水平以及防污治污的能力。一般工业固体综合废物利用率越高说明污染防治能力越高，居民的生活环境越舒适，居民越愿意留在城市。

（4）学校（普通高等学校）人数（人）：教育事业、高等教育规模继续呈现稳步发展态势，高等教育结构进一步优化。学校（普通高等学校）人数往往反映了一定时期内教育的发展情况。学校是人才培养的基地，也是一个地区创新能力的发源地。高水平的创新需要人才的集聚，人才集聚才能带来创新，改变产业结构，提高人口素质，从而引领当地经济发展。

（5）城镇基本医疗保险参保人数（人）：中国社会福利体系由社会转移支付项目组成，根据转移支付提供方式的不同可分为政府财政向家庭和个人直接提供的货币和实物（最低生活保障、临时性救济、抚恤金等），政府管理的社会保险计划（养老保险、医疗保险、失业保险、工伤保险、生育保险），政府提供的旨在减少个人和家庭支出的补贴（教育补贴、住房补贴、食品补贴）。医疗保险的参保人数一定程度上反映了人民的生活水平和生活质量。健全的社会保障体系解决了人们的后顾之忧，让人们更愿意留在城市。人口形成集聚后，城市才得以发展，才能促进经济增长。

（6）天然气供气总量（万立方米）：天然气供应是城市生活设施建设的一

部分，而舒适的居住环境是吸引人才的重要因素。

（7）地区生产总值（万元）：一个地区的经济发展水平是吸引人才的重要因素。一个地区经济发展水平的提高能增强该地区的人才吸引能力，促进人才集聚地的形成，提升创新能力和促进科技发展。

（8）财政总收入（万元）：财政总收入是衡量一个地区发展水平和综合实力的重要指标。

（9）职工平均工资（元）：主要反映职工工资水平。收入差距是驱动人口流动的基本力量。一个城市的工资水平越高，对劳动力的吸引力越强，越容易形成人口集聚。

2. 拥挤效应指标

（1）工业二氧化碳排放量（万吨）：中国过去的高速发展主要依靠劳动力、土地、能源、水、矿产品和环境资源等要素投入。然而，随着资源消耗总量上升，环境污染压力、能源供应紧张等逐渐成为国民经济增长的约束条件。过多的工业二氧化碳排放量会对气候与环境产生危害，使得人们想要离开现居城市。对环境的破坏会产生规模不经济，形成拥挤效应。

（2）工业废水排放量（万吨）：工业废水不仅会造成环境污染，还会阻碍社会综合发展效率的提高，增加居民的生活成本，使城市效益下降。

（3）失业率（%）：失业率通常可用于测量劳动力市场的拥挤程度。失业率越高意味着劳动力市场越拥挤，就业竞争者越多，就业竞争压力越大，人们可能越想离开现居城市去往其他城市生活。

（4）平均房价（元）：土地的价格和建筑物的价格等构成了房价。高额房价造成人们生活成本的提高，人们想要在城市定居但受到了阻碍。劳动力集聚是城市经济增长的重要条件之一，但高房价却是制约劳动力流动的障碍，因此高房价正是拥挤效应的表现之一。

（5）人口密度（人 / 平方公里）：人口分布过于集中会造成教育设施、社会治安、城市交通这些公共用品的拥挤问题，从而增加地区的财政成本，使得居民总效益下降。

（6）人均卫生机构床位数的倒数（人 / 床）：卫生机构床位数一定程度上反映了医院的规模、等级和提供卫生服务的能力。制定医院病床配置标准需要考虑居民的住院需求、人口规模与结构、疾病谱、标准病床工作日、住院天数等指标。经济水平、教育文化条件是影响卫生服务能力的重要因素。人均床位数量越高，代表卫生医疗资源越丰富，人均床位数倒数越小；人均床位数量越低，代表卫生服务提供水平越低，卫生资源配置越不合理、不公平，人均床位数倒数越大。

综上，从经济、社会、环境3个维度对11个城市群内的各个城市构建同一指标体系，估计各城市群的集聚效应与拥挤效应。

7.2.3　城市群集聚效应估计

当城市扩大到一定的程度，多个城市会形成向一个或几个中心城市靠近的向心力，这些中心城市和周边城市相互作用、相互影响，便形成了城市群。城市群是指在特定地域范围内，以1个以上特大城市为核心，有至少3个以上大城市作为构成单元，依托发达的交通、通信等基础设施网络形成的空间组织紧凑、经济联系紧密并最终实现高度同城化和高度一体化的城市群体，是工业化和城市化发展到高级阶段的产物，也是都市区和都市圈发展到高级阶段的产物[176]。随着城市化进程的不断推进，城市群成为新型城镇化的主体形态，能够产生巨大的集聚经济效应，所以研究城市群的集聚效应对经济的发展及现代化水平的提高有着深远意义。

本节将经济、社会和环境作为影响城市群集聚效应的3个主要因素，并运用主成分分析法对前文所选取的9个二级指标进行分析，得出了2013—2016年每年各城市群中每个城市所对应的集聚效应得分。

7.2.3.1　集聚效应指标体系

本书选取的城市群的集聚效应评价指标体系如表7.17所示。

表7.17 城市群的集聚效应评价指标体系

一级指标	二级指标	单位	指标属性	数据来源
经济指标	地区生产总值	万元	正向	《中国城市统计年鉴》
	财政总收入	万元	正向	《中国城市统计年鉴》
	职工平均工资	元	正向	《中国城市统计年鉴》
社会指标	学校（普通高等学校）人数	人	正向	《中国城市统计年鉴》
	城镇基本医疗保险参保人数	人	正向	《中国城市统计年鉴》
	天然气供气总量	万立方米	正向	《中国城市统计年鉴》
环境指标	建成区绿化覆盖面积	公顷	正向	《中国城市统计年鉴》
	全年公共汽（电）车客运总量	万人	正向	《中国城市统计年鉴》
	一般工业固体综合废物利用率	—	正向	《中国城市统计年鉴》

7.2.3.2 数据来源

根据国家发改委发布的相关城市群批复文件，本书选择11个城市群（京津冀城市群、粤港澳大湾区、长三角城市群、成渝城市群、长江中下游城市群、中原城市群、关中平原城市群、哈长城市群、北部湾城市群、呼包鄂榆城市群、兰西城市群）为研究对象。考虑到数据的可获得性，本书剔除香港特别行政区、澳门特别行政区和仙桃、潜江、天门等县级市以及自治州的数据。以上述指标体系为依据，收集11个城市群2013—2016年的统计数据。数据主要来源于2014—2017年的《中国城市统计年鉴》和统计局官网。

7.2.3.3 评估方法与模型

本节运用主成分分析法对11个城市群的相关数据进行分析。主成分分析法通过正交变换将一组可能存在相关性的变量转换为一组线性不相关的变量，转换后的这组变量即为主成分。

1. 集聚得分估计

首先对数据进行 KMO 检验，判断数据是否适合运用主成分分析法进行分析。由表7.18可知，因子检验的 KMO 检验系数为0.884。

表7.18　KMO 与 Bartlett 鉴定

Kaiser-Meyer-Olkin 测量取样适当性		0.884
Bartlett 的球形检定	大约卡方	5 775.584
	df	36
	显著性	0.000

按照统计学家凯撒（Kaiser）所给出的标准，一般情况下，当 KMO >0.5 时，就适用于因子分析。因此，本书运用 SPSS 22软件对11个城市群158个城市的2013—2016年数据进行主成分分析，具体步骤如下：

（1）将原始数据导入 SPSS 22软件，进行正态标准化处理和因子分析（因子分析特征值取大于0.9）；

（2）各主成分载荷向量除以各主成分特征值的算数平方根得到主成分系数，再乘以9个原始变量标准化之后的变量，分别计算出主成分1和主成分2；

（3）根据下面的公式计算出最终的集聚值 Y_1：

$$Y_1=\frac{\text{主成分1的方差}}{\text{主成分方差和}}\times\text{主成分1的得分}+\frac{\text{主成分2的方差}}{\text{主成分方差和}}\times\text{主成分2的得分} \tag{7.8}$$

所得出的集聚效应得分详见下文各城市群的分析。

京津冀城市群集聚效应得分如表7.19所示。

京津冀城市群2013—2016年集聚得分最高的城市是北京，其最高得分是17.447 1；集聚得分最低的城市是承德，其最高得分的是 −1.292 5，最低得分是 −1.630 0。

京津冀城市群是我国北方的重要经济核心区，拥有北京、天津两个国家中心城市。通过发挥北京的辐射带动作用，京津冀城市群的发展目标是建成以首都为核心的世界级城市群。但是京津冀城市群目前具有明显的非均衡发展特点，北京和天津作为双增长极，集聚得分在整个城市群中较高。2013—2016年，北京和天津两个城市的最高得分分别是17.447 1和6.512 3。相比之下，天津的集聚作用明显小于北京。而除北京、天津以外，京津冀城市群排第三的核心城市为石家庄，但石家庄集聚得分相对较低，2013—2016年间最高得分仅为0.944 1，集聚作用弱。

京津冀城市群除北京、天津、石家庄以外的城市，集聚得分普遍较低，大部分为负数，说明了集聚给周边的中小城市带来的正面作用较小，核心城市没有为周边的中小城市带来更多的优势，集聚并没有产生较好的生产协作能力，导致北京与天津两个城市过大、其他中小城市过小，区域发展差距悬殊。

表7.19 京津冀城市群集聚效应得分

城市群	城市名称	2013 年得分	2014 年得分	2015 年得分	2016 年得分
京津冀城市群	北京	14.370 0	14.380 1	12.384 4	17.447 1
	天津	6.510 0	6.512 3	5.906 5	5.553 0
	保定	−0.330 0	−0.333 0	−0.106 9	−0.098 2
	唐山	0.290 0	0.294 0	0.250 7	0.221 0
	廊坊	−0.410 0	−0.411 7	−0.074 6	0.054 5
	石家庄	0.530 0	0.532 6	0.944 1	0.914 7
	秦皇岛	−0.460 0	−0.456 1	−0.591 5	−0.466 4
	张家口	−1.340	−1.343 1	−1.067 6	−1.050 5
	承德	−1.630 0	−1.627 1	−1.465 6	−1.292 5
	沧州	−0.400 0	−0.401 9	−0.399 6	−0.714 6

粤港澳大湾区城市群集聚效应得分如表7.20所示。

表7.20 粤港澳大湾区集聚效应得分

城市群	城市名称	2013 年得分	2014 年得分	2015 年得分	2016 年得分
粤港澳大湾区	广州	6.930 0	6.925 7	7.099 2	6.909 1
	深圳	6.710 0	6.711 9	7.016 5	6.685 2
	佛山	1.200 0	1.198 7	1.121 4	1.191 9
	东莞	1.560 0	1.555 6	2.169 9	2.205 9
	中山	−0.330 0	−0.335 1	−0.113 5	−0.089 9
	珠海	0.200 0	0.197 8	0.218 0	0.241 8
	江门	−0.430 0	−0.433 6	−0.461 1	−0.355 4
	肇庆	−0.590 0	−0.587 9	−0.651 8	−0.944 0
	惠州	0.220 0	0.223 4	0.100 3	0.135 9

粤港澳大湾区2013—2016年集聚得分最高的城市是广州，其最高得分是7.099 2，最低得分是6.909 1；集聚得分最低的城市是肇庆，其最高得分是 −0.587 9，最低得分是 −0.944 0。

粤港澳大湾区是中国开放程度最高、经济活力最强的区域之一，在国家发展大局中具有重要的战略地位，并且粤港澳大湾区拥有香港特别行政区、澳门特别行政区、广州、深圳四大引擎（前文已提及本节不涉及港澳地区），其中广州、深圳、佛山、东莞、珠海、惠州集聚得分相对较高，说明集聚对于城市的发展产生了较多正面影响，并且广州和深圳2013—2016年的最高集聚得分分别是7.099 2和7.016 5，相差甚微。但是佛山、东莞和广州、深圳的差距较大，而中山、江门、肇庆的集聚得分为负，说明了集聚作用带来的优势不明显，并且与广州和深圳的差距较大，区域发展不平衡。

北部湾城市群集聚效应得分如表7.21所示。

表7.21　北部湾城市群集聚效应得分

城市群	城市名称	2013 年得分	2014 年得分	2015 年得分	2016 年得分
北部湾城市群	南宁	0.750 0	0.752 4	0.874 0	0.588 7
	北海	−0.960 0	−0.960 9	−0.937 4	−0.866 8
	钦州	−1.090 0	−1.084 0	−1.011 4	−0.870 0
	防城港	−1.120 0	−1.113 5	−1.019 3	−0.946 4
	玉林	−1.050 0	−1.047 2	−1.006 2	−0.928 1
	崇左	−1.050 0	−1.050 7	−1.418 5	−1.415 0
	湛江	−0.100 0	−0.094 1	−0.519 5	−0.499 1
	茂名	−0.270 0	−0.267 8	−0.642 1	−0.637 2
	阳江	−0.810 0	−0.813 4	−0.969 2	−0.715 7
	海口	−0.240 0	−0.245 1	−0.211 3	−0.438 8

北部湾城市群2013—2016年集聚得分最高的城市是南宁，其最高得分是0.874 0，最低得分是0.588 7；集聚得分最低的城市是崇左，其最高得分是 −1.050 7，最低得分是 −1.418 5。

北部湾城市群位于中国南部，具有良好的地缘优势和区域特质，其总体定位是发挥地缘优势，挖掘地域特质，建设面向东盟、服务“三南”（西南、中南、华南）、宜居宜业的蓝色海湾城市群。但是北部湾城市群集聚得分普遍较低，说明了集聚所带来的优势并没有明显地在该城市群表现出来。目前北部湾城市群的城市普遍发展不够充分，城市群内部各城市间联系也不够密切，尤其是最低集聚得分城市——崇左，近两年的集聚得分显著低于平均水平，且最低集聚得分为 −1.418 5，比同年防城港的集聚得分 −1.019 3还要低0.399 2。

哈长城市群集聚效应得分如表7.22所示。

表7.22　哈长城市群集聚效应得分

城市群	城市名称	2013 年得分	2014 年得分	2015 年得分	2016 年得分
哈长城市群	哈尔滨	1.840 0	1.836 7	1.909 4	1.625 0
	大庆	0.450 0	0.447 9	0.227 7	−0.033 2
	齐齐哈尔	−0.680 0	−0.676 0	−0.743 0	−0.698 6
	绥化	−1.230 0	−1.227 0	−1.300 6	−1.009 0
	牡丹江	−1.190 0	−1.193 0	−0.811 2	−0.725 6
	长春	1.760 0	1.757 7	1.566 1	1.330 5
	吉林	−0.150 0	−0.149 8	−0.643 6	−0.731 6
	四平	−1.100 0	−1.101 3	−1.090 5	−0.934 0
	辽源	−1.240 0	−1.234 3	−1.235 3	−1.087 2
	松原	−0.870 0	−0.867 7	−0.890 3	−0.912 8

哈长城市群2013—2016年集聚得分最高的城市是哈尔滨，其最高得分是1.909 4，最低得分是1.625 0；集聚得分最低的城市是绥化，其最高得分是 −1.009 0，最低得分是 −1.300 6。

作为中国东北经济合作区域，哈长城市群的发展目标是到2020年，整体经济实力明显增强，功能完备、布局合理的城镇体系和城乡区域协调发展格局基本形成；到2030年，建成在东北亚区域具有核心竞争力和重要影响力的城市群。2013—2016年4年间，哈尔滨和长春是哈长城市群集聚得分最高的两所城市，其集聚得分分别是1.909 4和1.760 0。但是除哈尔滨和长春外，其余城市的集聚得分均不高，并且大多都是负数。绥化、牡丹江、四平、辽源这4个城市的集聚得分大都低于 −1，且4个城市的差距不大。总体来看，集聚得分领先的城市和集聚得分落后的城市之间差距大，且数量分配不合理。这说明了整体来看，在哈长城市群中，各个城市的集聚作用普遍较差，而哈长城市群各个城市之间也没有发挥出较强的集聚作用。

中原城市群集聚效应得分如表7.23所示。

表7.23　中原城市群集聚效应得分

城市群	城市名称	2013 年得分	2014 年得分	2015 年得分	2016 年得分
中原城市群	郑州	2.140 0	2.143 9	2.223 9	1.847 1
	开封	−0.890 0	−0.891 6	−0.817 1	−0.324 8
	洛阳	−0.350 0	−0.358 4	−0.465 0	−0.566 2
	平顶山	−0.720 0	−0.713 0	−0.713 5	−0.782 9
	安阳	−0.820 0	−0.821 7	−0.846 0	−0.727 4
	鹤壁	−1.230 0	−1.229 5	−1.258 7	−1.212 7
	新乡	−0.620 0	−0.619 3	−0.636 8	−0.950 6
	焦作	−1.130 0	−1.126 6	−1.146 3	−1.013 8
	濮阳	−1.000 0	−0.996 9	−1.029 0	−1.005 4
	许昌	−0.810 0	−0.804 8	−0.850 9	−0.817 1
	漯河	−1.010 0	−1.012 5	−1.002 3	−1.016 3
	三门峡	−1.570 0	−1.560 6	−1.681 8	−1.503 9
	南阳	−0.840 0	−0.832 6	−0.773 5	−0.826 5
	商丘	−0.680 0	−0.678 8	−0.812 2	−0.817 5
	信阳	−0.790 0	−0.789 5	0.106 7	−0.945 3
	周口	−0.900 0	−0.902 5	−0.920 1	−0.871 5
	驻马店	−1.000 0	−0.998 1	−1.082 0	−0.930 4
	长治	−1.030 0	−1.031 6	−1.087 2	−1.009 1
	晋城	−0.840 0	−0.837 5	−0.991 4	−0.976 3

续表

城市群	城市名称	2013 年得分	2014 年得分	2015 年得分	2016 年得分
中原城市群	运城	−1.700 0	−1.698 2	−1.476 9	−1.330 4
	邢台	−0.710 0	−0.709 8	−0.762 2	−0.723 0
	邯郸	−0.380 0	−0.381 7	−0.364 3	−0.412 9
	聊城	−0.590 0	−0.585 5	−0.622 0	−0.657 8
	菏泽	−0.670 0	−0.669 2	−0.689 4	−0.623 8
	宿州	−1.330 0	−1.332 0	−1.245 5	−0.979 0
	淮北	−0.690 0	−0.687 5	−0.854 0	−0.945 3
	蚌埠	−0.600 0	−0.601 9	−0.601 0	−0.486 8
	阜阳	−0.790 0	−0.792 6	−0.777 2	−0.804 2
	亳州	−0.860 0	−0.860 6	−1.030 0	−0.961 4

中原城市群2013—2016年集聚得分最高的城市是郑州，其最高得分是2.223 9，最低得分是1.847 1；集聚得分最低的城市是运城，其最高得分是 −1.330 4，最低得分是 −1.700 0。

中原城市群在全国有着“两横三纵”的城市化战略格局地位，其高速铁路网和现代综合交通枢纽格局正在加速形成，立体综合交通网络不断完善，装备制造、智能终端等产业集群优势明显，物流、旅游等产业具有一定国际影响力。

中原城市群拥有29个城市，是此次研究的城市群中拥有城市最多的城市群，但是如表7.23所示，其集聚得分较高的仅有郑州，且最高得分为2.223 9。与其他城市群中的城市相比，中原城市群的核心城市较少，并且发达程度不高。郑州以外的城市，集聚得分基本都是负数，并且有21个城市的集聚得分处于 −0.5~−1之间，差距不大。2013—2016年，运城、三门峡两个城市的集聚得分位于 −1.5之下，其中最低的城市——运城，2013年的集聚得分仅有 −1.700 0。综合来看，在中原城市群中，集聚得分领先的城市与集聚得分落后的城市数量差距太大，集聚效果普遍较差，没有明显的集聚效应。这说明了集聚对于城市的发展没有起到较大的积极作用，中原城市群之间的城市也没有根据自身的发展需求，结合自身区位，加强与周边城市的联系，与周边城市形成强力有效、共同发展、关联互补的合作关系。

关中平原城市群集聚效应得分如表7.24所示。

表7.24　关中平原城市群集聚效应得分

城市群	城市名称	2013 年得分	2014 年得分	2015 年得分	2016 年得分
关中平原城市群	西安	3.010 0	3.007 4	3.119 3	2.489 6
	铜川	−0.950 0	−0.946 8	−1.032 2	−0.966 4
	宝鸡	−1.070 0	−1.063 2	−1.248 1	−0.969 0
	咸阳	−0.600 0	−0.596 3	−0.660 0	−0.930 0
	渭南	−0.890 0	−0.894 8	−0.960 8	−0.878 8
	商洛	−1.970 0	−1.969 3	−1.938 7	−1.459 7
	运城	−1.700 0	−1.698 2	−1.476 9	−1.330 4
	临汾	−1.170 0	−1.166 5	−0.994 5	−0.981 3
	天水	−0.970 0	−0.975 7	−0.919 3	−0.761 4
	平凉	−0.670 0	−0.672 7	−0.710 7	−0.693 3
	庆阳	−0.660 0	−0.654 7	−0.616 7	−0.489 7

关中平原城市群2013—2016年集聚得分最高的城市是西安，其最高得分是3.119 3，最低得分是2.489 6；集聚得分最低的城市是商洛，其最高得分是 −1.459 7，最低得分是 −1.970 0。西安是国家中心城市之一，也是国家“一带一路”建设过程中的中心城市之一。

关中平原城市群集聚了先进的科技、人才和资金等要素，交通便利，有着深厚的文化底蕴和经济基础。西安作为关中平原城市群的巨大增长极，通过支配效应、乘数效应、极化与扩散效应将关中平原城市群的其他城市紧密联系在一起，应该对周围地区的经济发展产生示范、组织、引领作用，从而带动周围城市的不断发展。但是2013—2016年关中平原城市群中仅有西安的集聚效应显著，其余9个城市的集聚得分均为负值，并且与中心城市西安的差距较大。中心城市的辐射范围较小，集聚效果不明显，说明关中平原城市群中心城市的带动作用较小，城市与城市之间的交流和协作仍需要加强。

成渝城市群集聚效应得分如表7.25所示。

表7.25　成渝城市群集聚效应得分

城市群	城市或地区名称	2013 年得分	2014 年得分	2015 年得分	2016 年得分
成渝城市群	成都	4.220 0	4.212 4	5.429 1	3.493 9
	重庆大部	7.130 0	7.120 6	5.371 8	4.830 2
	自贡	−0.720 0	−0.727 0	−0.669 4	−0.500 6
	泸州	−0.410 0	−0.405 5	−0.469 2	−0.398 1
	德阳	−0.400 0	−0.395 4	−0.429 8	−0.610 3
	遂宁	−0.650 0	−0.647 7	−0.893 5	−0.772 8
	内江	−1.030 0	−1.031 9	−0.973 5	−1.003 8
	乐山	−0.710 0	−0.715 5	−0.648 7	−0.792 6
	南充	−0.760 0	−0.758 8	−0.646 3	−0.668 5
	眉山	−1.020 0	−1.022 1	−0.827 8	−1.093 5
	宜宾	−0.910 0	−0.909 6	−0.610 6	−0.609 9
	资阳	−1.010 0	−1.009 2	−0.926 7	−1.024 0
	绵阳	−0.140 0	−0.139 3	−0.157 3	−0.281 1
	达州	−0.870 0	−0.866 1	−0.738 7	−0.794 1
	雅安	−1.090 0	−1.088 3	−1.185 6	−1.066 2

成渝城市群2013—2016年集聚得分最高的地区是重庆大部，其最高得分是7.130 0，最低得分是4.830 2；集聚得分最低的城市是绵阳，其最高得分是 −0.139 3，最低得分是 −0.281 1。

成都和重庆作为国家级的中心城市，其要素资源配置较为齐全，流动性强。在国务院批复的《成渝城市群发展规划》中，成渝城市群和关中平原城市群作为两个国家级的城市群，对西部的发展有着重要的引领作用。整体上看，在成渝城市群中，成都和重庆大部的集聚效果更加显著。这两个集聚效应显著的地区除了带动成渝城市群的发展，还可以加速与其他城市群之间的要素流动，甚至达到强强联合的效果，进而带动整个西部地区的整体发展。但是除了成都和重庆大部，其余城市的集聚效果均为负值，城市集聚不明显。

呼包鄂榆城市群集聚效应得分如表7.26所示。

表7.26　呼包鄂榆城市群集聚效应得分

城市群	城市名称	2013 年得分	2014 年得分	2015 年得分	2016 年得分
呼包鄂榆城市群	呼和浩特	−0.330 0	−0.323 9	−0.400 2	−0.302 2
	包头	−0.180 0	−0.182 4	−0.253 6	−0.400 4
	鄂尔多斯	−0.460 0	−0.461 4	−0.428 8	−0.314 5
	榆林	0.020 0	0.020 2	−0.300 0	−0.069 8

呼包鄂榆城市群2013—2016年集聚得分最高的城市是榆林，其最高得分是0.020 2，最低得分是 −0.300 0；集聚得分最低的城市是鄂尔多斯，其最高得分是 −0.314 5，最低得分是 −0.461 4；整体来看，集聚效果很不显著。

如表所示，2013—2016年间榆林的集聚效果较好，其集聚效应甚至比中心城市呼和浩特更显著，说明了呼和浩特作为中心城市，在城市群内部不仅带动作用较差，而且自身发展也不够充分，辐射范围小，和周边城市联系不紧密，无法与其他城市形成高效的协同作用。

兰西城市群集聚效应得分如表7.27所示。

表7.27　兰西城市群集聚效应得分

城市群	城市名称	2013 年得分	2014 年得分	2015 年得分	2016 年得分
兰西城市群	兰州	0.870 0	0.866 4	0.884 6	0.575 9
	西宁	0.010 0	0.015 1	−0.364 3	−0.403 6
	海东	−0.940 0	−0.944 1	−0.722 9	−0.613 4
	白银	−1.130 0	−1.127 4	−1.233 1	−1.040 8
	定西	−1.260 0	−1.260 4	−2.230 8	−0.904 5

兰西城市群2013—2016年集聚得分最高的城市是兰州，其最高得分是0.884 6，最低得分是0.575 9；集聚得分最低的城市是定西，其最高得分是 −0.904 5，最

低得分是 −2.230 8。

兰西城市群以兰州、西宁为核心城市，是中国西部重要的跨省区城市群。兰州、西宁分别是甘肃、青海的省会城市。在“两圈一轴”的发展规划下，以兰州和西宁这两个中心城市形成的轴线向外推移，促进经济区的全面发展。如表所示，2013—2016年间西宁的集聚效果并没有兰州显著，西宁、海东、白银和定西的集聚效果不显著，说明由西宁和兰州构成的辐射圈并没有很好地带动周边城市的发展。因此，要加快甘肃中部地区、青海东部地区地区的发展，须加强中心城市之间的联系。

长三角城市群集聚效应得分如表7.28所示。

表7.28　长三角城市群集聚效应得分

城市群	城市名称	2013 年得分	2014 年得分	2015 年得分	2016 年得分
长三角城市群	上海	11.080 0	11.087 8	11.364 5	11.463 7
	南京	4.010 0	4.012 6	4.100 2	3.575 1
	无锡	1.750 0	1.752 5	1.813 7	1.908 6
	常州	0.950 0	0.950 9	0.998 9	1.125 1
	苏州	3.290 0	3.291 2	3.638 1	3.388 3
	南通	1.020 0	1.015 0	0.748 0	0.718 7
	盐城	−0.130 0	−0.127 9	−0.054 1	−0.048 5
	扬州	0.090 0	0.082 0	0.217 7	0.213 8
	镇江	0.130 0	0.134 3	0.062 1	0.060 1
	泰州	−0.100 0	−0.101 2	−0.091 7	−0.066 9
	杭州	3.680 0	3.678 8	3.621 9	3.579 4
	宁波	1.880 0	1.884 5	1.988 2	1.610 3
	嘉兴	0.230 0	0.226 2	0.185 5	0.267 7
	湖州	−0.220 0	−0.220 9	−0.278 9	−0.217 6
	绍兴	0.550 0	0.551 8	0.403 3	0.347 1
	金华	0.100 0	0.096 7	−0.039 8	0.114 9
	舟山	−0.220 0	−0.216 8	−0.355 1	−0.242 5

续表

城市群	城市名称	2013 年得分	2014 年得分	2015 年得分	2016 年得分
长三角城市群	台州	−0.140 0	−0.148 3	−0.123 4	−0.052 3
	合肥	1.790 0	1.788 4	1.818 2	1.331 0
	芜湖	−0.050 0	−0.052 9	−0.221 2	−0.147 0
	马鞍山	−0.570 0	−0.574 1	−0.516 0	−0.457 3
	铜陵	−0.750 0	−0.747 4	−0.757 1	−0.646 3
	安庆	−0.740 0	−0.738 4	−0.784 1	−0.755 5
	滁州	−0.600 0	−0.594 5	−0.630 4	−0.711 3
	池州	−1.140 0	−1.138 6	−1.046 4	−1.014 2
	宣城	−0.830 0	−0.828 4	−0.843 8	−0.805 3

长三角城市群在本书中有26个城市，2013—2016年集聚得分最高的城市是上海，其最高得分是11.463 7，最低得分是11.087 8；集聚得分最低的城市是池州，其最高得分是 −1.014 2，最低得分是 −1.140 0。

长三角城市群是“一带一路”与长江经济带的重要交汇地带，有着得天独厚的地理位置，对外贸易条件优越。上海位于城市群中的最顶端。如表所示，与其余城市相比，上海、南京、无锡、常州、苏州、杭州、宁波和合肥的集聚效果更明显，并且上海与其他各大城市形成的中心区域经济发达，提高了这个城市群的核心竞争力。与其他城市群相比，长三角城市群的总体集聚效果更好。

长江中游城市群集聚效应得分如表7.29所示。

表7.29　长江中游城市群集聚效应得分

城市群	城市名称	2013 年得分	2014 年得分	2015 年得分	2016 年得分
长江中游城市群	武汉	4.210 0	4.213 9	4.940 9	3.523 6
	黄石	−0.950 0	−0.959 2	−0.466 8	−0.885 2
	鄂州	−1.390 0	−1.390 3	−1.276 5	−1.328 3
	黄冈	−1.180 0	−1.181 1	−1.162 6	−1.452 2
	孝感	−1.400 0	−1.395 1	−1.372 9	−1.351 6

续表

城市群	城市名称	2013 年得分	2014 年得分	2015 年得分	2016 年得分
长江中游城市群	咸宁	−1.540 0	−1.538 4	−1.295 5	−1.112 8
	襄阳	0.060 0	0.058 6	−0.343 9	−0.729 2
	宜昌	−0.860 0	−0.855 8	−1.118 9	−1.030 9
	荆州	−1.310 0	−1.310 6	−1.470 0	−1.404 5
	荆门	−1.180 0	−1.176 7	−1.128 4	−1.360 5
	长沙	1.730 0	1.734 2	3.165 2	1.827 8
	株洲	−0.350 0	−0.350 0	−0.033 8	−0.258 4
	湘潭	−0.220 0	−0.223 3	−0.249 8	−0.216 1
	岳阳	−0.650 0	−0.655 8	−0.637 9	−0.713 8
	益阳	−0.960 0	−0.955 7	−0.964 3	−0.837 2
	常德	−0.680 0	−0.688 1	−0.596 4	−0.481 0
	衡阳	−0.570 0	−0.568 9	−0.527 3	−0.392 5
	抚州	−0.900 0	−0.902 8	−1.062 7	−0.905 4
	吉安	−0.860 0	−0.855 6	−0.887 6	−0.817 1
	九江	−0.900 0	−0.907 3	−0.848 4	−0.737 1
	景德镇	−0.900 0	−0.898 8	−0.908 5	−0.903 6
	鹰潭	−1.110 0	−1.106 1	−0.953 2	−0.846 9
	新余	−0.880 0	−0.876 9	−0.889 6	−0.821 6
	宜春	−0.900 0	−0.901 4	−0.834 2	−1.091 4
	萍乡	−0.930 0	−0.928 9	−0.9064	−0.971 0
	上饶	−1.560 0	−1.558 4	−1.574 6	−0.799 6

2013—2016年长江中游城市群集聚得分最高的城市是武汉，其最高得分是4.940 9，最低得分是3.523 6；集聚得分最低的城市是上饶，其最高得分是 −0.799 6，最低得分是 −1.570 0。数据显示，武汉、长沙和南昌的集聚效果显著。

武汉、长沙和南昌分别是湖北、湖南和江西的省会城市，具有优越的区位条件，交通发达，科技教育资源丰富，集聚效应较好。但是在此城市群中，除武汉、长沙和南昌以外，其余城市的集聚得分均为负值，发展程度较低，集聚效果不明显。这说明了武汉、长沙和南昌构成的中心圈辐射作用较小，对于长江中下游城市群的发展起到的促进作用较小，其辐射范围还可以进一步扩大，以发挥中心城市的带动作用，加强长江中下游城市群城市之间的联系，优化产业结构，形成区域特色产业。

2. 城市群集聚效应影响因素分析

为研究地区生产总值、人口、行政区域土地面积对集聚得分的影响，本节将使用线性回归拟合出的模型进行进一步解释。具体步骤如下：

（1）为使数据更加平稳、研究结果更加显著，本节采取取自然对数的方法，建立线性回归模型 [177]。如表7.30所示，为线性回归输出。由于集聚得分有负值，所以先将 Y_1 值进行标准化处理得到 Y_2。

表7.30　线性回归输出

模型	Beta	T	显著性
（常数）	−0.116	−38.568	0.000
取对数行政区域土地面积（平方公里）	0.883	−4.722	0.000
取对数地区生产总值（万元）	−0.067	33.015	0.000

$$Y_2 = \frac{Y_1 - Y_{1\min}}{Y_{1\max} - Y_{1\min}} \tag{7.9}$$

（2）得出正值 Y_2，再对 Y_2、行政区域土地面积、地区生产总值和人口取自然对数，选取行政区域土地面积、地区生产总值和人口为线性回归自变量，以 Y_2 值为因变量，进行线性回归，结果见表7.31。

表7.31　模型摘要

模型	R	R^2	调整后 R^2	标准偏斜度错误
1	0.846	0.715	0.714	0.320 523 787 640 638

（3）由表7.31可知，其显著性均小于0.05。建立线性回归模型如下：

$$Y_2 = -0.09X_1 + 0.603X_2 - 0.063X_3 - 11.315 \quad (7.10)$$

式中：X_1 取自然对数行政区域土地面积（平方公里）；X_2 取自然对数地区生产总值（万元）；X_3 取自然对数人口（万人）。

7.2.3.4 线性回归模型结果分析

由模型结果可得：从结构上来说，2013—2016年间取自然对数行政区域土地面积和取自然对数人口对集聚得分的影响呈反方向变化，取自然对数地区生产总值对集聚得分的影响呈正方向变化。从数值上来说，2013—2016年间取自然对数地区生产总值变化一个单位，其所带来的集聚得分在数值上的变化比其他两个指标变化一个单位所带来的集聚得分在数值上的变化更大。

7.2.3.5 总结

根据主成分分析法，本书将城市群集聚得分除以各自城市数，得到每个城市相应的平均集聚值，再进行排名，如表7.32所示。

表7.32 平均集聚值得分

排名	城市群	平均每个城市集聚得分
第一	京津冀	1.765 6
第二	粤港澳大湾区	1.761 3
第三	长三角	0.960 4
第四	成渝	0.263 9
第五	呼包鄂榆	−0.272 9
第六	哈长	−0.275 1
第七	兰西	−0.547 7
第八	长江中游	−0.551 9
第九	北部湾	−0.636 3
第十	关中平原	−0.674 5
第十一	中原	−0.770 4

根据其集聚得分跨度，将表7.32中的11个城市群分4个等级进行分析，如表7.33所示。

表7.33　城市群等级划分表

等级	第一等级（集聚得分高）	第二等级（集聚得分较高）	第三等级（集聚得分中等）	第四等级（集聚得分较低）
城市群	京津冀、粤港澳大湾区	长三角、成渝	哈长、呼包鄂榆	兰西、长江中游、北部湾、关中平原、中原

根据对各个二级指标[地区生产总值、财政总收入、职工平均工资、学校（普通高等学校）人数、城镇基本医疗保险参保人数、天然气供气总量、建成区绿化覆盖面积、全年公共汽（电）车客运总量、一般工业固体综合废物利用率]的分析，发现仅从集聚效应得分来说，2013—2016年间，粤港澳大湾区、京津冀城市群、成渝城市群、长三角城市群的总体情况较好，中心城市发展程度较高，并且中心城市之间联系较紧密，合作密切，差距较小，综合辐射范围较大，城市群整体水平较高。2013—2016年间，呼包鄂榆城市群、哈长城市群、关中城市群、中原城市群、长江中游城市群、兰西城市群、北部湾城市群集聚效应相对较差，中心城市发展程度较低，需要向发展较好的城市群学习经验，利用区域优势，积极开展城市间的交流与合作，促进劳动力、技术、资源等要素的流动，发展区域特色产业。同时，这几个城市群还要利用中心城市的发展，带动城市群之间的联系与交流。

7.2.4　城市群拥挤效应估计

一般而言，城市群拥挤效应是指城市群中某些因素的增加使得这个城市群出现负面效应，从而导致城市群各方面效率下降，发展缓慢甚至退化。通过前文的指标体系分析，本节对我国城市群的拥挤效应进行估计。

7.2.4.1　指标解释

本节以环境、经济、社会作为一级指标，再分别在一级指标下选取影响拥挤效应的相关指标。在环境这个一级指标下，本节选取了工业二氧化硫排放量和工业废水排放量两个二级指标。工业二氧化硫排放量影响着城市群的空气质量，因此工业二氧化硫排放量越高，城市群的空气质量越差。工业废水排放量影响着城市群的水源质量，工业废水排放量越高，水源受到污染的程度越高，这两者会导致环境效率降低，出现拥挤效应。在经济这个一级指标下，本节选取了失业率和平均房价两个二级指标。城市群的失业率越高，人们生活水平越低，人们生活的幸福感越低。城市群的平均房价越高，那么人们用于住房的费用越高，生活成本也越高，城市群经济效率越低，越容易出现拥挤效应。在社会这个一级指标下，本节选取了人均卫生机构床位数的倒数和人口密度两个二级指标。如果城市群的人均卫生机构床位数不足，那么人们的医疗需求无法得到满足，因此人均卫生机构床位数的倒数在一定程度上可以衡量城市群社会效率。人口密度是指单位土地面积上的人口数量。城市群中人口过多会导致人均资源减少、城市群宜居指数下降、社会效率下降，从而使拥挤效应不断增强。

7.2.4.2 数据来源

由前文分析可知，本节选取京津冀城市群、粤港澳大湾区、长三角城市群、成渝城市群、长江中游城市群、中原城市群、关中平原城市群、哈长城市群、北部湾城市群、呼包鄂榆城市群、兰西城市群等11个城市群作为研究对象，11个城市群中各地的6个指标数据分别来自2014年、2015年、2016年与2017年的《中国城市统计年鉴》[169]以及各省市统计局的统计公报与年度数据，其中儋州等个别地级市、县级市与自治州的数据不全，缺失较大，故本节将其剔除；由于我国香港特别行政区、澳门特别行政区的数据统计方法与我国其他地区存在较大差异，且部分数据缺失，因此将二者的数据剔除。城市群的拥挤效应评价指标体系如表7.34所示。

表7.34 城市群的拥挤效应评价指标体系

一级指标	二级指标	单位	指标属性	数据来源
环境	工业二氧化硫排放量	万吨	正向	《中国城市统计年鉴》、各省市统计局的统计公报和年度数据
	工业废水排放量	万吨	正向	
经济	失业率	%	正向	
	平均房价	元/平方米	正向	

续表

一级指标	二级指标	单位	指标属性	数据来源
社会	人均卫生机构床位数的倒数	人 / 床	正向	《中国城市统计年鉴》、各省市统计局的统计公报和年度数据
	人口密度	人 / 平方公里	正向	

7.2.4.3　熵值法

1. *方法介绍*

熵值法是一种客观赋权法，能够避免人为因素的干扰，根据各个指标的信息量来确定各指标的权重，为多指标综合评价提供依据。指标包含的信息越多，熵越小，指标的离散程度越大，则该指标对综合评价的影响越大；反之，熵越大，指标的离散程度越小，则该指标对综合评价的影响越小[178]。本节利用熵值法求出11个城市群中各个城市各年的拥挤值得分。

为防止缺失值对分析结果产生影响，首先要将数据中所有缺失值补全。目前常用的缺失值分析方法为 EM 估计，EM 估计是基于极大似然估计的算法。本节选用 EM 估计将缺失值进行补全。

由于各指标的量纲与经济意义不同，无法直接比较，要避免这些差异带来的影响，首先要对指标数据进行无量纲化处理。无量纲化处理的方法包括 min-max 归一化法、Z-score 标准化法、向量规范法、极值处理法等，不同的无量纲化处理方法有不同的适用范围与效果。根据朱喜安、魏国栋[179]以及张立军、袁能文[180]的相关研究可知：Z-score 标准化法和极值处理法相对于其他方法更有效，故本节选择的方法为 Z-score 标准化法。运用 SPSS 软件对原始数据进行标准化处理，得到标准化数据，用 X_{ij} 表示。

标准化数据 X_{ij} 中有负值存在，而熵值法的计算过程要求 $X_{ij}>0$，所以要对标准化数据进行坐标平移。坐标平移公式为：

$$Y_{ij}=X_{ij}+A \tag{7.11}$$

式中：Y_{ij} 是指坐标平移以后的数值；A 表示平移幅度，$A>\min(X_{ij})$。为了尽可能地保留原始数据之间的差异信息，A 的取值要逼近 $\min(X_{ij})$。本节中 A=1.7，

平移后的数据用 X'_{ij} 表示，用平移后的值 X'_{ij} 按以下步骤来计算。

第 j 项指标下第 i 方案指标值的比重 P_{ij} 为：

$$P_{ij} = X'_{ij} \Big/ \sum_{i=1}^{n} X_{ij} \tag{7.12}$$

得到标准化矩阵为：

$$\boldsymbol{P}=(P_{ij})_{n\times m} \tag{7.13}$$

将数据代入后，可得到 **P** 矩阵。截取北京市部分2013—2016年的 **P** 矩阵为：

$$\begin{pmatrix} 0.001\,635\,778 & 0.002\,043\,122 & 0.000\,250\,531 & 0.004\,715\,088 & 0.001\,124\,972 & 0.000\,800\,177 \\ 0.001\,421\,510 & 0.002\,008\,060 & 0.000\,237\,435 & 0.004\,876\,443 & 0.001\,127\,671 & 0.000\,891\,754 \\ 0.001\,086\,616 & 0.001\,986\,039 & 0.000\,276\,713 & 0.005\,827\,662 & 0.001\,129\,514 & 0.000\,885\,266 \\ 0.000\,870\,169 & 0.001\,934\,010 & 0.000\,433\,833 & 0.007\,376\,192 & 0.001\,132\,362 & 0.000\,857\,641 \end{pmatrix}$$

第 j 项指标的熵值 E_j，表示所有方案对指标的贡献总量：

$$E_j = -K\sum_{i=1}^{n}\left[P_{ij}\ln P_{ij}\right] \tag{7.14}$$

式中，K 代表 n 对数的倒数：

$$K = \frac{1}{\ln n} \tag{7.15}$$

因此$0\leqslant E_j \leqslant 1$，即 E_j 最大为1。将算出的数据代入后，得到6个二级指标的 E_j 值，如表7.37所示。其中，*EYHL* 表示工业二氧化硫排放量，*FS* 表示工业废水排放量，*SYL* 表示失业率，*PJFJ* 表示平均房价，*PKMD* 表示人口密度，1/*RJCWS* 表示1/人均卫生机构床位数。

表7.35　二级指标的 E_j 值

E_{EYHL}	E_{FS}	E_{SYL}	E_{PJFJ}	E_{RKMD}	$E_{1/RJCWS}$
0.980 314 79	0.980 643 609	0.975 238 613	0.982 356 759	0.978 550 837	0.982 357 961

第 j 项指标的差异性系数 D_j，即第 j 项指标下各方案贡献度的一致性程度：

$$D_j = 1 - E_j \tag{7.16}$$

差异性 D_j 越小，E_j 就越大；而差异性 D_j 越大，则 E_j 越小。该指标对方案比较的作用越大，指标也就越重要。将上述数据代入后，得到6个二级指标的 D_j，如表7.36所示。

表7.36　二级指标的 D_j 值

D_{EYHL}	D_{FS}	D_{SYL}	D_{PJFJ}	D_{RKMD}	$D_{1/RJCWS}$
0.019 685 21	0.019 356 391	0.024 761 387	0.017 643 241	0.021 449 163	0.017 642 039

定义权数 W_j：

$$W_j = D_j \Big/ \sum_{j=1}^{n} D_j \tag{7.17}$$

当 D_j=0时，第 j 项指标可以剔除，其权重为0。将求得的数据代入后，得到6个二级指标的 W_j，如表7.37所示。

表7.37　二级指标的 W_j 值

W_{EYHL}	W_{FS}	W_{SYL}	W_{PJFJ}	W_{RKMD}	$W_{1/RJCWS}$
16.331 200 85%	16.058 406 82%	20.542 488 13%	14.637 146 92%	17.794 607 80%	14.636 149 48%

计算综合得分 S_{ij}：

$$S_{ij} = \sum_{j=1}^{n} \left(W_j \times P_{ij} \right) \tag{7.18}$$

将算得的数据代入，则可得到各城市各年的总拥挤得分。如北京市2013—2016年的总拥挤得分如表7.38所示，其中 BJ 表示北京。

表7.38　北京市2013—2016年的总拥挤得分

S_{BJ2013}	S_{BJ2014}	S_{BJ2015}	S_{BJ2016}
1.777 222 998	1.777 222 998	1.777 222 998	1.777 222 998

2．结果分析

运用熵值法分析可知这11个城市群中的158个城市对应的综合拥挤值得分，将每个城市群所含的每一个城市4年的拥挤值得分加总，得出其总拥挤得分，同时将总拥挤得分比上相对应的城市群所含城市个数得出其平均拥挤得分，再进行排名，结果如表7.39所示。

表7.39　城市群拥挤得分综合排名

城市群	城市个数	总拥挤得分	平均拥挤得分	排名
京津冀	10	79.537 996 64	7.953 799 664	1
呼包鄂榆	4	28.773 752 61	7.193 438 152	2
中原	29	201.671 852	6.954 201 793	3
长三角	26	180.253 689 2	6.932 834 201	4
粤港澳大湾区	9	62.054 879 96	6.894 986 662	5
长江中游	28	192.907 597 3	6.889 557 047	6
成渝	16	109.012 012 3	6.813 250 77	7
哈长	10	62.658 247 45	6.265 824 745	8
北部湾	10	62.290 245 99	6.229 024 599	9
关中平原	11	67.410 279 78	6.128 207 253	10
兰西	5	27.829 448 37	5.565 889 675	11

将各城市群的环境、社会、经济拥挤得分除以各自城市数，得到相应平均拥挤得分，再进行排名，如表7.40及图7.48所示。

根据其拥挤得分，将11个城市群分4个等级进行分析，如表7.41所示。

表7.40　11个城市群的平均经济、环境、社会拥挤得分

城市群	平均环境拥挤得分	平均经济拥挤得分	平均社会拥挤得分
京津冀	3.001 287	3.259 723	1.692 79
呼包鄂榆	3.279 896	2.526 528	1.387 014
中原	1.880 974	2.056 785	3.016 443
长三角	2.901 552	2.319 536	1.711 746
粤港澳大湾区	2.637 788	2.710 752	1.546 446
长江中游	1.709 127	2.250 398	2.930 032
成渝	2.299 409	2.774 659	1.739 182
哈长	1.894 365	2.614 118	1.757 342
北部湾	1.613 699	2.066 804	2.548 522
关中平原	2.007 089	2.416 194	1.704 925
兰西	1.865 616	2.024 420	1.675 854

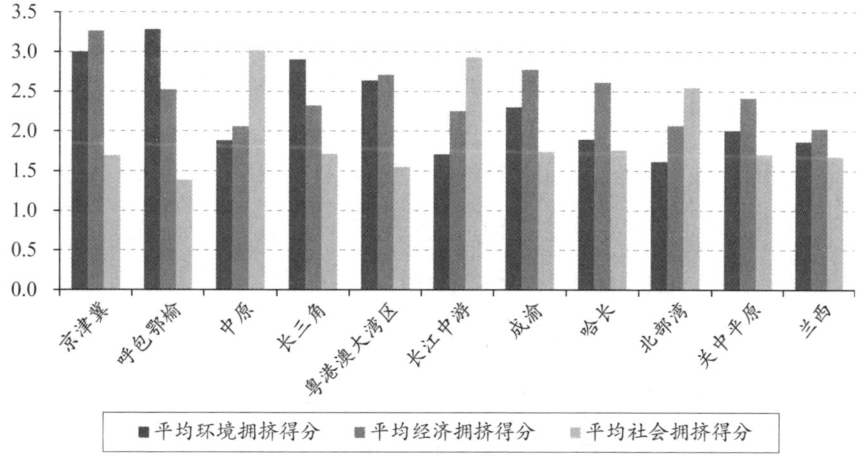

图7.48　11个城市群的环境、经济、社会拥挤得分

表7.41　城市群等级划分表

	第一等级（拥挤得分高）	第二等级（拥挤得分较高）	第三等级（拥挤得分中等）	第四等级（拥挤得分较低）
城市群	京津冀	呼包鄂榆、中原、长三角、粤港澳大湾区、长江中游、成渝	哈长、北部湾、关中平原	兰西

由上文可知，京津冀城市群的平均拥挤得分最高，与位居第二的呼包鄂榆城市群的平均拥挤得分差值较大，主要是因为京津冀城市群在经济与环境两个方面的拥挤得分排名分别为第一和第二。呼包鄂榆、中原、长三角、粤港澳、长江中游和成渝城市群的平均拥挤得分排名相差不大，但影响它们拥挤得分的原因有较大差别。如呼包鄂榆城市群的环境指标的平均拥挤得分较高，中原城市群的社会指标的平均拥挤得分排名第一，而粤港澳大湾区在环境和经济两个方面的平均拥挤得分都比较高。哈长、北部湾、关中平原及兰西城市群的平均拥挤得分较低，在11个城市群中排名靠后。平均环境拥挤得分居于首位的是呼包鄂榆城市群，其后是京津冀和长三角城市群。平均经济拥挤得分居前三位的是京津冀城市群、成渝城市群和粤港澳大湾区。平均社会拥挤得分居前三位的是中原城市群、长江中原城市群及北部湾城市群。从总体来看，除粤港澳大湾区以外，所有城市群的平均拥挤得分都在下降，环境和社会平均拥挤得分持续

下降，但平均经济拥挤得分略有波动式上升。

分别来看，京津冀城市群的平均拥挤得分居第一，主要有以下原因：京津冀城市群包括了北京和天津两个直辖市以及河北省部分城市。这些城市在地理位置上的相邻和文化上的共通使它们在发展中相互关联。北京是中国的政治文化中心、国际交往中心及科技创新中心。天津则是国家的中心城市之一、北方国际航运核心区。它们形成了两大增长极，在区位和经济上都具有强大的拉动力。河北作为上述二者的支撑区域，同时也是现代商贸物流的重要基地，受到了两大增长极的辐射带动作用。

如图7.49和图7.50所示，在经济方面，北京、秦皇岛、张家口、天津的平均拥挤得分较高。北京主要是高房价的问题，秦皇岛和张家口主要是失业率较高的问题，天津则是两个原因都有。从整体来看，北京和张家口的总拥挤得分在2013—2016年上升幅度较大。除秦皇岛外，其他城市虽有上下波动，但总体较为稳定。秦皇岛市在4年间的经济拥挤得分持续下降，原因在于北京非首都功能的疏解和天津滨海新区的规划为其带来了发展机遇，扩大了当地的就业，但发展仍不完善，各方面吸引力还不够，因此当地的租金成本仍然维持在一个较低水平。

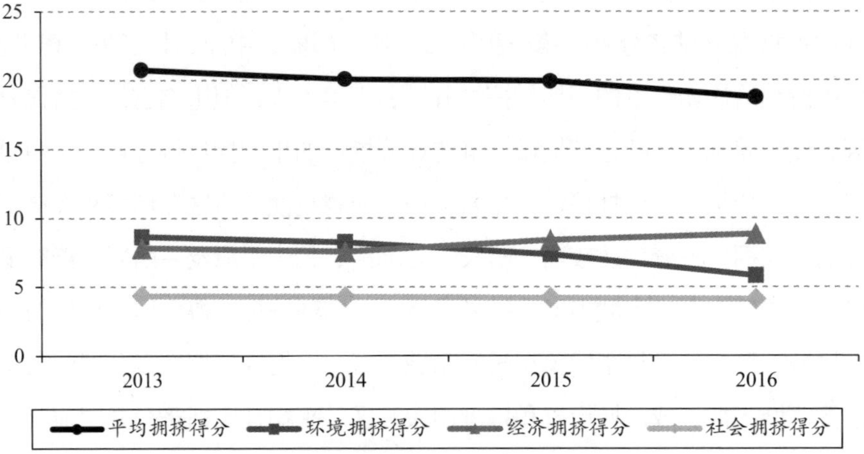

图7.49　京津冀城市群2013—2016年拥挤得分情况

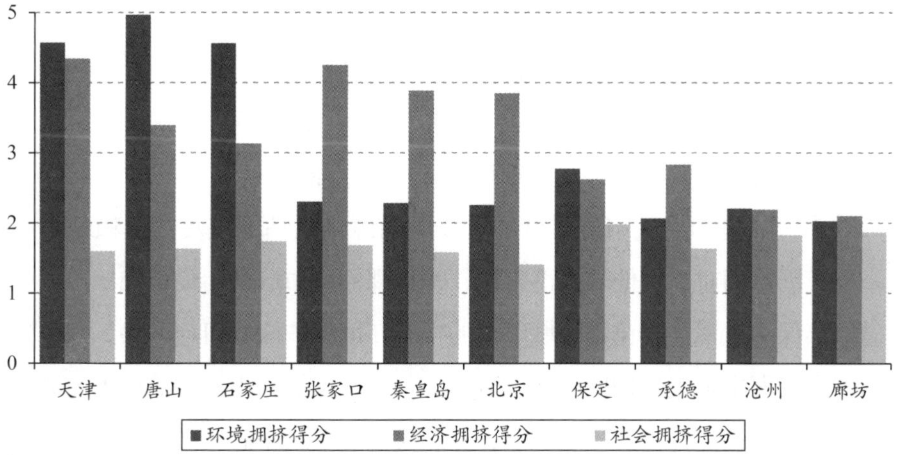

图7.50　京津冀城市群环境社会拥挤得分情况

环境指标方面，天津、唐山和石家庄的平均拥挤得分高于整个城市群的平均环境拥挤得分，其原因在于高能耗、高污染的企业向首都经济圈外圈进行转移，但石家庄、唐山等市本就以传统的高耗能高污染产业居多，虽然借助京津产业转移的机会进行了产业转型和升级，但还需要较长一段时间才能看见成效。周京奎等[181]的研究表明，天津是因为京津冀地区在地理位置上存在空间邻近性，城市之间的空间影响比较明显，所以其环境容易被邻近地区污染。从总体来看，整个城市群的环境拥挤得分呈现下降趋势，说明了京津冀城市群在发展过程中追求经济与生态环境协调发展，这也与党中央“五位一体”的总体布局中要求的生态文明建设相呼应。

社会指标方面，京津冀城市群的拥挤得分略有下降，但总体变化不大。原因在于：虽然中央对超大城市、特大城市等人口经济密集地区进行了严格的调控管理，但因京津冀协同发展战略的实施和放宽中小城市的落户政策的实施，以及北京等大城市对于周围资源的吸引力并未明显下降，因此京津冀城市的社会拥挤得分在2013—2016年无明显变化。

与此同时，呼包鄂榆、中原、长三角、粤港澳大湾区、长江中游、成渝等六大城市群分布于中国东部、西部和中部，被涵盖在国家“两横三纵”战略布局之中。按照对平均拥挤得分影响最大的方面可以把这六大城市群大致分为三类：

（1）环境方面：呼包鄂榆城市群、长三角城市群；

（2）经济方面：粤港澳大湾区、成渝城市群；

（3）社会方面：长江中游城市群、中原城市群。

其中，呼包鄂榆城市群是全国重要的能源化工基地以及冶金和装备制造业基地，因此相对于其他城市群来说，呼包鄂榆城市群的污染更加严重。但是随着对环保的重视，呼包鄂榆城市群的生态环境保护政策日趋严格。呼包鄂榆城市群在开展生态工程和地质环境治理、水资源保护和小流域治理等重大行动的同时，恢复和提升自然生态功能，并加快发展区域中心城市，推进产业转型升级，进行因地制宜的规划。如图7.51所示，呼包鄂榆城市群2013—2016年环境方面的拥挤得分有较大幅度的下降。总体来看，呼包鄂榆城市群的平均经济拥挤得分处于中间水平，而其平均社会拥挤得分在11个城市群中最低。2013—2016年，呼包鄂榆城市群的平均经济拥挤得分和平均社会拥挤得分略有波动，总体较为平稳，其总拥挤得分下降的主要原因是环境拥挤得分下降了。

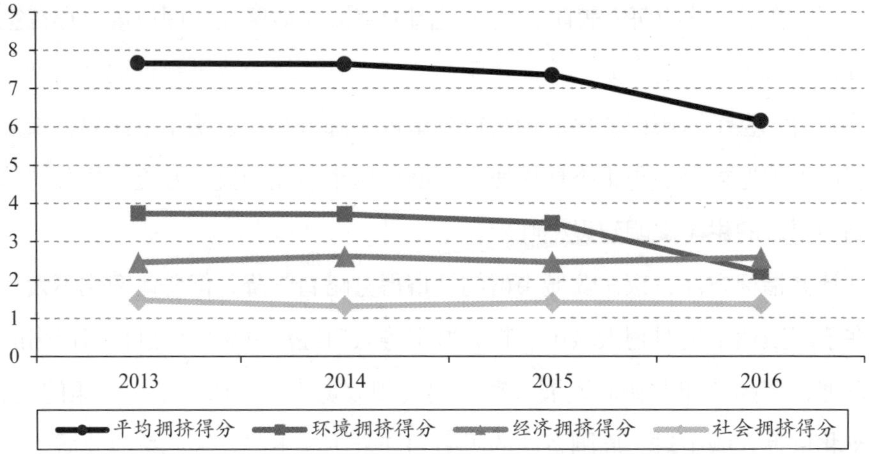

图7.51　呼包鄂榆城市群2013—2016年拥挤得分情况

长三角城市群是“一带一路”与长江经济带的重要交汇区域，以上海为核心，带动江苏、浙江与安徽等地区协调发展。伴随着人口的集聚和城市的发展，城市生活垃圾和工业固体废弃物急剧增加，导致土壤复合污染加剧，故长三角城市群的拥挤得分主要受环境影响，2013—2016年的平均环境拥挤得分要高于11个城市群的平均水平。以其代表城市上海为例，上海市的一般性加工制造比重较高，高能耗高污染型产业较多，因此上海市环境拥挤得分较高，在长三角城市群中排名第二，在11个城市群中排名第三。整个城市群发展质量较低，主要体现在制造业附加值不高，高新技术产业和服务经济发展相对滞后，因此长三角城市群的经济和平均社会拥挤得分在11个城市群中都处于中间较低水平。如图7.52所示，由于产业转型和发展的带动，长三角城市群的经济拥挤得分在2013—2016年略有上升。同时，产业结构的升级、创新能力的提高和环境治理力度的加大使得其环境拥挤得分逐年下降。

粤港澳大湾区位于全国“两横三纵”战略格局中“沿海通道”纵轴和“京哈广通道”纵轴南端，包括广东省中部和南部的部分地区。作为南方地区对外开放的门户，粤港澳大湾区是我国参与经济全球化的主体区域，是全国经济发展的重要引擎，是辐射带动华南、中南和西南地区发展的龙头。如图7.53所示，虽然粤港澳大湾区的社会拥挤得分基本不变，环境拥挤得分逐年下降，但经济拥挤得分在2013—2016年持续升高，使得它成为11个城市群中唯一一个总拥挤得分在这4年间略有上升的城市群。随着全球经济一体化的进程加快，粤港澳大湾区正朝着一体化程度更高的巨型城市区域发展。在自然力量、市场力量和

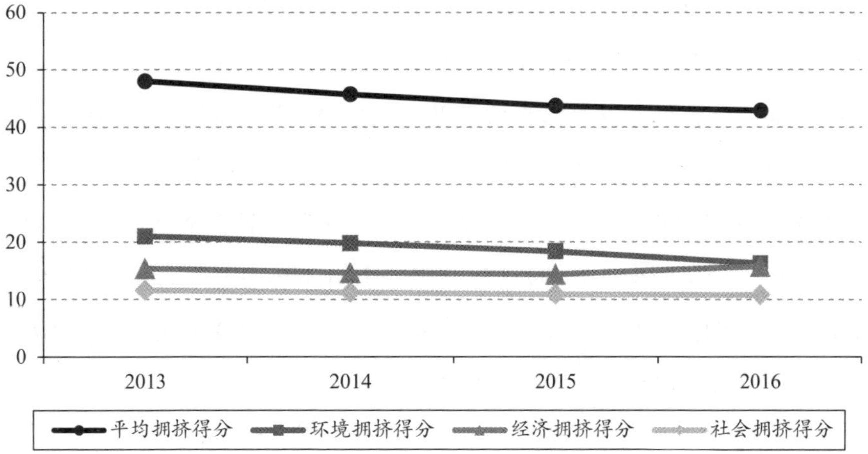

图7.52　长三角城市群2013—2016年拥挤得分情况

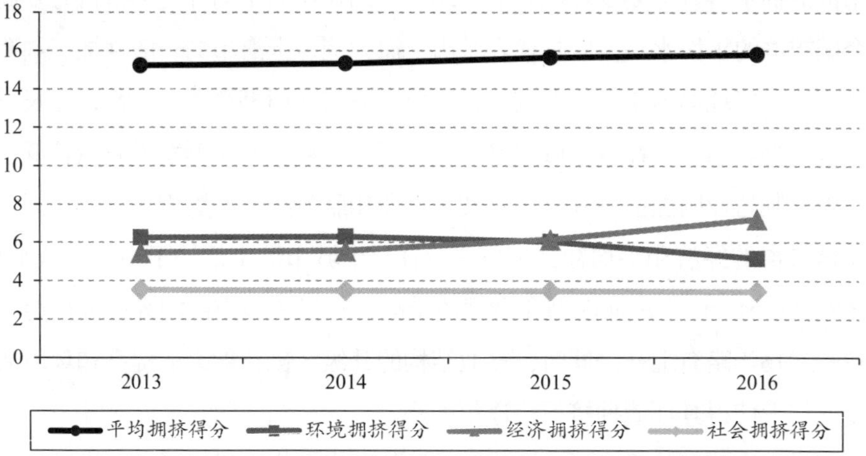

图7.53　粤港澳大湾区2013—2016年拥挤得分情况

政府力量的共同作用下，粤港澳大湾区未来的边界效应将降低，广莞、广佛、佛中、深莞、深惠、莞惠等边界地区将快速增长，粤港澳大湾区内部边界地区将崛起[182]。2016年，仅本节选取的粤港澳大湾区的9个城市就占全国 GDP 的9%。目前粤港澳大湾区虽然在人均产出、地均产出、区域的创新能力以及对全球经济的影响力等方面还稍有不足，但在经济规模、人口规模、占地规模等方面已经可以与世界级的三大湾区相媲美[183]。如图7.54所示，2013—2016年，成渝城市群三方面的拥挤得分都在下降，对平均拥挤得分变化趋势影响最显著的是平均环境拥挤得分。虽然重庆、成都的核心引领作用不断增强，城镇规模体系在不断完善，但是这些核心城市仍然存在“极化效应”，导致其周围城市的资源流出，阻碍了周围城市的发展。如核心城市之一的成都，在2013—2016年，GDP 和人口稳步增长，环境拥挤得分逐年下降，社会拥挤得分基本不变，而经济拥挤得分呈现出上升的趋势。但次级城市雅安在这4年间人口有小幅的减少，三方面的拥挤得分在这4年间的变化很小。这反映出在成渝城市群中，大中小城市分级较为明显，城市间发展不够协调。

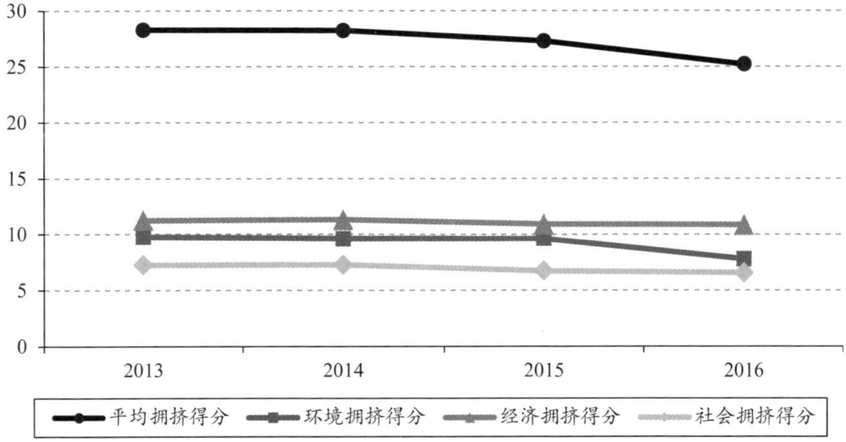

图7.54　成渝城市群2013—2016年拥挤得分情况

长江中游城市群的平均拥挤得分在11个城市群中排名第六，虽然它的平均经济拥挤得分和平均环境拥挤得分排名靠后，但是社会拥挤得分却位列第二。在2013—2016年，长江中游城市群 GDP 稳步上升，人口缓慢增长，用地变化不大。如图7.55所示，长江中游城市群在2013—2016年间各方面拥挤得分都有不同程度的下降，降幅最大的是社会拥挤得分，主要是因为长沙、武汉等核心城市进行了人口调控和用地管理。平均拥挤得分的下降意味着城市群的负面效应减少，也意味着长江中游城市群各方面效率得到了提高。

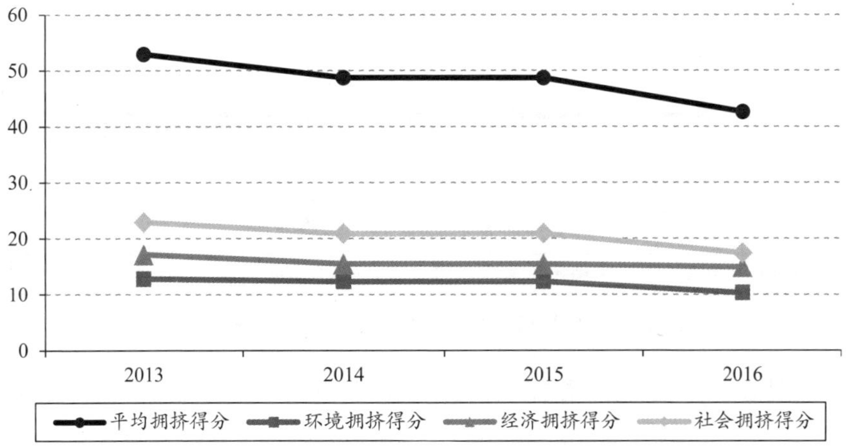

图7.55　长江中游城市群2013—2016年拥挤得分情况

中原城市群形成了较为完善的城镇体系，各产业发展势头较好，交通网络较为完善。同时，中原城市群拥有数量众多的大中小各级城市，城市协调度较高。中原城市群的平均拥挤得分在11个城市中排名第七，经济和环境两方面的平均拥挤得分都比较低，而平均社会拥挤得分排名第一，主要原因是完善的城市发展体系吸引了大量外来人口。在2016年年末，中原城市群的总人口占全国总人口数的约13.6%。如图7.56所示，中原城市群2013—2016年的社会及环境拥挤得分在下降，而经济拥挤得分上升主要是由于经济发展使平均房价上涨。

哈长、北部湾、关中平原这3个城市群的平均拥挤得分在11个城市群中都居于较低水平，并且在2013—2016年中平均拥挤得分都在下降，但这3个城市群的情况各不相同。在11个城市群中，哈长城市群的经济和社会排名都比较靠前，而环境拥挤得分处于中间水平。社会拥挤得分的变化对北部湾城市群拥挤得分影响最大，仅次于中原城市群和长江中游城市群，而它的经济和环境拥挤得分较低。关中平原城市群的三方面拥挤得分都位于处于中间水平，环境对其平均拥挤的得分变动趋势影响最大。

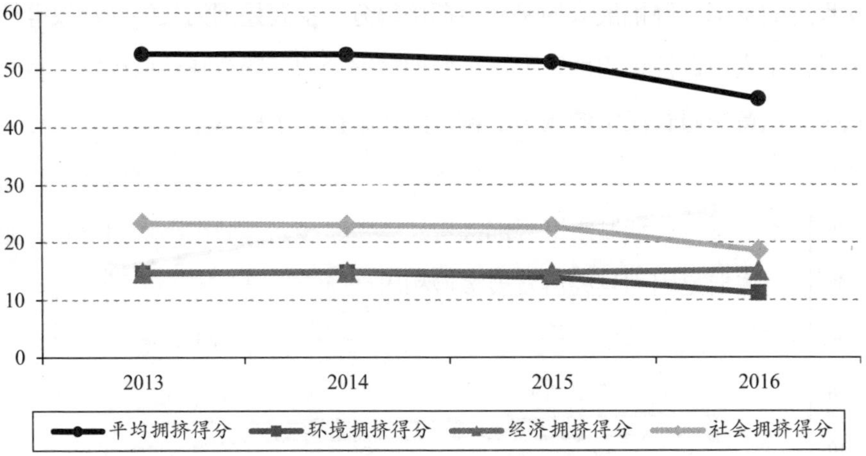

图7.56　中原城市群2013—2016年拥挤得分情况

哈长城市群的工业体系相对完善，但产业机构和企业活力不足，传统型的重工业造成的环境污染严重。因为哈长城市群在地理上邻近京津冀城市群，各类资源更易流入更具吸引力的京津冀城市群。从图7.57可以看出，哈长城市群在2013—2016年间的平均拥挤得分和环境拥挤得分基本呈下降趋势；经济拥挤得分出现波动，略有上升；社会拥挤得分基本不变。但哈长城市群中有一半的城市失业率在2013—2016年间有一定的上升。这表明哈长城市群中心城市的辐射和带动作用不足。

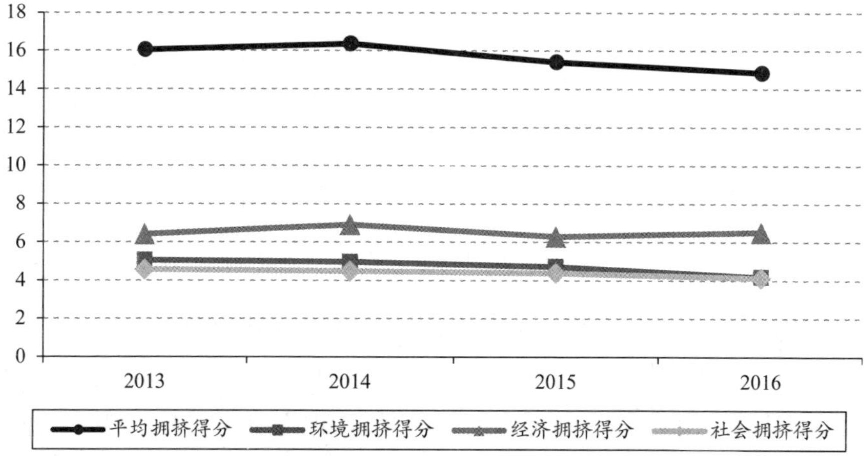

图7.57　哈长城市群2013—2016年拥挤得分情况

如图7.58所示，北部湾城市群在2013—2016年间的平均拥挤得分下降，经济拥挤得分基本不变，环境拥挤得分和社会拥挤得分略有下降。北部湾城市群内城镇分布较为稀疏，虽为沿海区域经济区，但港口城市却多以重化工业为主，未能充分发挥港口城市的优势，基础设施建设不够完善，城市之间孤立发展，经济联系不够紧密。从城市群内部来看，崇左、茂名等城市平均房价和失业率均有上升，主要是因为其经济发展缓慢和出现了近似通货膨胀的经济现象，而南宁、北海等中心城市集聚和辐射效应不强，未能带动周边城镇的经济发展。

关中平原城市群是《全国主体功能区规划》中所确定的23个优化开发和重点开发的区域之一。关中平原城市群在11个城市群的平均拥挤得分中排名第十，2013—2016年其平均拥挤得分略有下降。如图7.59所示，关中平原城市群的经济拥挤得分和社会拥挤得分基本不变，环境拥挤得分逐年缓慢下降。同时，关中平原城市群中大部分城市在2013—2016年拥挤得分变化不大，小部分城市的拥挤得分下降，说明这个城市群的城镇体系以及发展规划是较为合理的。

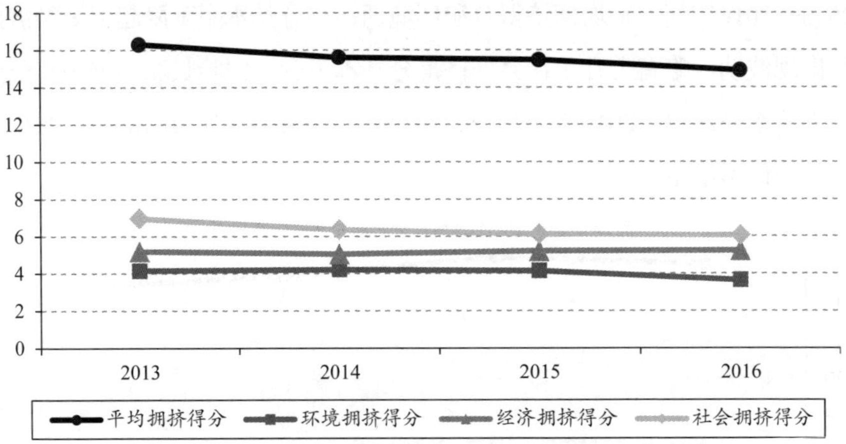

图7.58 北部湾城市群2013—2016年拥挤得分情况

兰西城市群地处我国西部腹地，一方面，由于基础设施薄弱，兰西城市群发展缓慢。而兰西城市群的核心城市兰州市和西宁市在11个城市群的158个城市中，经济方面排名相对靠后，不能充分带动周围城市的发展。另一方面，兰西城市群发展的时间较晚，且生态环境具有多样性和脆弱性，严格的环保政策在一定程度上限制了兰西城市群的经济发展。这导致兰西城市群的环境拥挤得分和社会拥挤得分都很低，而经济方面的平均拥挤得分在11个城市群中垫底。如图7.60所示，兰西城市群的社会拥挤得分波动不大，平均拥挤得分、社会拥挤得分及环境拥挤得分呈现先上升后下降的趋势。

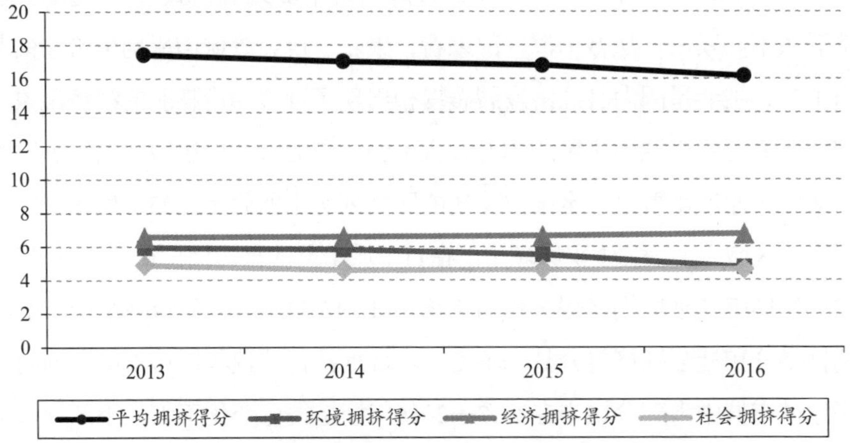

图7.59 关中平原城市群2013—2016年拥挤得分情况

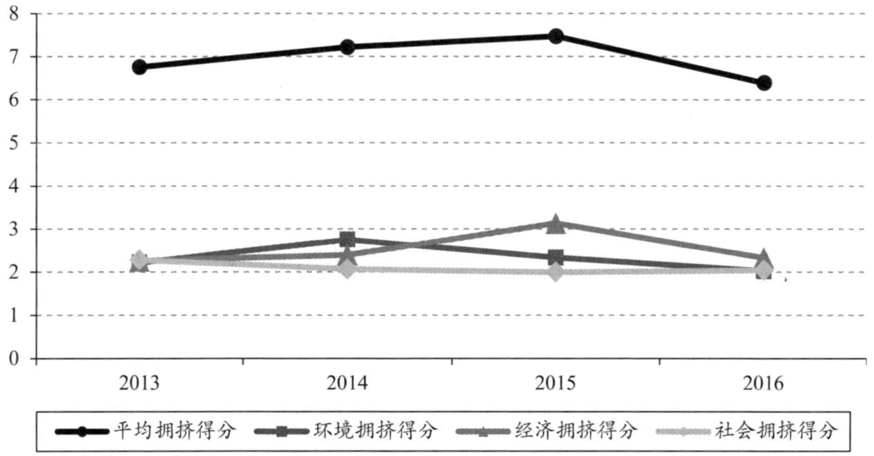

图7.60　兰西城市群2013—2016年拥挤得分情况

7.2.4.4　城市群拥挤效应影响因素分析

1．模型介绍

一个因变量 Y 往往会有多个因素影响着它，这些因素都是它的自变量（$X_1, X_2, \cdots, X_n$）。而要知道因变量与自变量之间的具体关系，一般采用多元线性回归模型来估计。多元线性回归模型如下：

$$Y = \mu_0 + \mu_1 X_1 + \mu_2 X_2 + \cdots + \mu_n X_n + \zeta \tag{7.19}$$

式中：μ_0 为常数项；$\mu_0, \mu_2, \cdots, \mu_n$ 为偏回归系数，决定各自变量影响因变量的程度；ζ 为随机误差，表示没考虑到的其他因素所带来的误差。

在 SPSS 软件中将相关数据按照多元线性回归分析步骤操作，得出相应结果。其中，模型整体拟合程度和回归系数及其显著性检验如表7.42、表7.43所示。

表7.42　模型摘要

模型	R	R^2	调整后 R^2	标准误
1	0.534	0.285	0.282	0.312

2．结果分析

表7.43中数据显示，X_2 的相伴概率 P 值为0.687，大于0.05，说明行政区域土地面积与总拥挤得分不存在显著的线性关系。

表7.43　回归系数及显著性检验 t 检验

模型		非标准化系数		标准化系数	t	显著性	共线性统计资料	
		B	标准误	Beta			允差	*VIF*
1	（常数）	1.700	0.012		137.034	0.000		
		0.069	0.016	0.189	4.361	0.000	0.608	1.644
		0.005	0.013	0.015	0.403	0.687	0.851	1.175
		0.149	0.015	0.405	10.004	0.000	0.695	1.440

本节尝试将 X_1 取 ln 人口，X_2 取 ln 行政区域土地面积，X_3 取 ln GDP；X_1 取人口原始数据，X_2 取行政区域土地面积原始数据，X_3 取 GDP 原始数据，经多种处理，但行政区域土地面积的相伴概率 P 值始终大于0.05，线性回归分析的结果表明行政区域土地面积与总拥挤得分无明显线性关系，因此剔除 X_2，得到以下方程：

$$Y = 1.700 + 0.069X_1 + 0.149X_3 + \zeta \tag{7.20}$$

由此方程可知，人口与总拥挤得分呈正相关，人口越多，那么总拥挤得分越高，即人口的增长会使城市群拥挤效应增大；GDP 与总拥挤得分也呈正相关，GDP 越大，那么总拥挤得分越高，即 GDP 升高会引起城市群拥挤程度提高。人口与 GDP 的系数相比，GDP 的系数更大，说明 GDP 对总拥挤得分的影响更大，GDP 的增长更能引起城市群拥挤。

7.2.4.5　总结

本节运用熵值法对2013—2016年间11个城市群的拥挤得分进行分析，比较了各城市群发展中的优势与劣势，较为完整地分析了各城市群的拥挤效应及其影响因素。如京津冀城市群的拥挤效应最强，平均经济拥挤得分在11个城市群中居第一，并呈上升趋势；其平均环境拥挤得分排名第二，呈下降趋势，因此京津冀城市群的总拥挤得分主要受环境和经济指标方面的因素影响。本节还探索了拥挤效应与人口、行政区域土地面积、GDP 三者之间的关系，但因数据不够充足，选取的指标可能代表性不够，导致分析结果存在一定的偏差，无法得出准确关系，未达到预期效果。

7.3　我国城市群集聚效应、拥挤效应以及最优规模分析

随着经济社会的发展，城市群的发展越来越受到人们的重视。为衡量当前城市群的发展和规模状况，本节运用比值法得到11个城市群共158个城市的集聚和拥挤得分，对当前城市发展状况进行分析。笔者运用比值法，将集聚得分除以拥挤得分，得出每个城市每一年的比值，进而求出每个城市群的对应比值。但为了使拥挤和集聚两方面的量级一致，结果更加科学，笔者对集聚方面的数据重新用熵值法进行处理，再将得出的新的集聚得分与拥挤得分进行对比。通过对比值变化的大小来分析相对应城市群在2013—2016年的发展状况，同时判断其是否达到最理想的城市群状态，即达到最优规模或位于最优规模区间内，并指出其发展中存在的问题，提出相对应的解决方案。

首先对158个城市进行比值处理，将每个城市群中的城市比值相加除以城市数得出每个城市群的平均比值。通过数据观察，发现城市群比值变化幅度大致可分为三类，如表7.44所示。

表7.44　城市群比值变化幅度分类

变化幅度	变化幅度小（0~3）	变化幅度中等（3~6）	变化幅度极大（>10）
城市群	兰西、粤港澳大湾区、呼包鄂榆	哈长、北部湾、关中平原、成渝、京津冀	长三角、长江中游、中原

由数据分析可知，2013—2016年城市群综合发展的增长速度较快的城市群有长三角城市群、中原城市群和长江中游城市群。相比于其他城市群，这3个城市群在2013—2016年整体的集聚和拥挤效应综合作用的效果更好，但仍有继续发展的空间。

（1）变化幅度极大（>10）。

长江中游城市群的集聚效应大于拥挤效应，城市群的发展空间还很大，其综合发展速度增长快的原因是武汉、长沙和南昌的集聚效果显著，具有优越的区位条件、发达的交通、丰富的科技教育资源。以武汉、长沙、南昌、合肥四

大城市为中心，继续完善产业结构，加大人才培育力度，与周围地区紧密相连，为各个城市“量身定做”发展战略，综合效果会更加显著。

中原城市群虽然在2013—2016年集聚与拥挤的综合作用效果处于一个比较好的状态，但集聚得分领先的城市与集聚得分落后的城市数量差距太大，普遍集聚效果差。中原城市群之间的城市也没有根据自身的发展需求，结合自身区位，与周边城市协调发展。其仍有很大的发展潜力，在这方面应继续强化。

长三角城市群中有不同等级的城市规模，在2013—2016年集聚和拥挤的整体效果处于一个偏高的水平，其原因是：该城市群是“一带一路”与长江经济带的重要交汇地带，有着得天独厚的地理位置，对外贸易条件优越；上海作为特大城市，对长三角城市群而言，发挥着无比重要的作用。

（2）变化幅度中等（3~6）。

2013—2016年城市群综合发展的增长速度适中的城市群为北部湾城市群、关中平原城市群、哈长城市群、京津冀城市群、成渝城市群。这5个城市群还未达到最优规模，城市群综合发展增长速度还可继续提高。

北部湾城市群的集聚效应大于拥挤效应，拥挤效应并不显著，虽然城市群综合发展速度在增长，但是增长速度却不够快，其原因在于城市群的中心城市发展水平不够，无法带动整个城市群的发展；城市群内部各城市的合作交流不强，产业分工不够明确，优势产业的发展有待提高，城市群离最优规模还有很大的距离。

关中平原城市群的城市群综合发展增长速度同样不快，其原因在于西安作为关中平原城市群的中心城市，对周围城市的辐射作用不够强，且其极化效应明显，吸引了周围城市的人才和技术；城市群内部的城市在空间距离上相距较远，辐射范围无法扩大至整个城市群，导致发展较慢的城市无法接收到中心城市的辐射，从而使得城市群整体的发展速度不快。城市群对外部的吸引力并不够高，集聚效应有待提高。

哈长城市群以重工业为主，但是城市群内部严重缺乏产业合作与分工，内部的竞争大，协同发展驱动力不足，合作意识不强且产业创新性不强。如果不能让哈长城市群的传统企业发展转变升级为高新企业，那么城市群的综合发展速度无法得到快速的提升。哈长城市群发展重工业时需要注意对环境的保护，否则拥挤效应会提高。

京津冀城市群中，尽管首都北京发展得很好，但是城市群整体的综合发展增长速度并不快，其原因在于北京的首都优势与丰富的资源使得它的极化效应极大，吸引周围城市的人才技术不断涌入，所以尽管北京对城市群内部其他城市有一定的辐射作用，但辐射作用并不够大；河北省几个城市的产业结构还不够完善，仍然需要时间进行产业转型与升级。京津冀城市群的集聚效应较大，但还有提升的空间，同时还需降低各因素带来的拥挤效应。

成渝城市群是西部地区综合发展增长速度最快的城市群，但是该城市群的两个中心城市——成都和重庆作为两个增长极，对周围城市的辐射作用不够强；在经济方面，城市群内部各城市的集聚度虽然较高，但是整体的竞争力却不强，产业分工也还需明确，这些都是其综合发展增长速度不够快的原因。

这5个城市群的综合发展还有很大的提升空间，都需要强化中心城市的辐射带动作用，使整个城市群协同发展。虽然城市群整体集聚效应不低，但是还需向集聚效应高的城市群学习，同时降低城市群的拥挤效应，这样才能达到最优规模。

（3）变化幅度小（0~3）。

数据统计结果显示，2013—2016年城市群综合发展的增长速度较小的城市群为呼包鄂榆城市群、兰西城市群、粤港澳大湾区城市群。这3个城市群的综合发展增长速度较慢，发展力度小，未来发展空间较大，但首先需要解决自身面临的发展问题。

粤港澳大湾区城市群在2013—2016年间是11个城市群中城市群综合发展的增长速度最小的，但是其集聚得分和拥挤得分是相对较高的。其综合发展的增长速度最小的原因主要是，城市群内部核心城市本身发展较好、人才集聚，但是周边落后城市发力不足，对城市群的发展帮助较小，所以协助周边落后城市发展经济、完善产业结构，是粤港澳大湾区进一步发展必须做的功课。

兰西城市群的集聚得分和拥挤得分相对较低，城市群内部的城市发展程度较差，中心城市发展程度不高，辐射带动范围小，和周边城市的协同发展作用力弱，产业结构需要优化，人才教育方面培育力度不足，人才外流，市场活力较差，企业创新受阻，这些都使得城市发展受限。

呼包鄂榆城市群地处中国北部，自然环境相对较差，是生态综合治理区，区域经济发展难度大，产业结构不合理，而且地广人稀，人才外流，集聚得分较低，集聚作用不显著。其未来发展空间较大，要抓住机遇，发展区域中心城市，壮大重要节点城市，促进城乡融合发展。

呼包鄂榆城市群、兰西城市群、粤港澳大湾区城市群这3个城市群的综合发展还有很大的提升空间，必须加强核心城市的辐射带动作用，着重发展城市群的关键节点城市，促进城乡融合发展，使整个城市群协同发展。总体来说，城市群整体集聚效应不高，仍然需要在努力发展自身的同时，积极向发展较好的城市群学习，尽力实现集聚和拥挤的最佳结合。

本章运用比值法对城市群发展状况和规模进行分类，具体分析了11个城市群在2013—2016年间的发展变化和是否达到最优规模的问题，并指出了每个城市群发展中存在的不足。如哈长、北部湾、关中平原、成渝、京津冀等5个城市群发展状况良好，但它们仍然存在进一步发展的空间，尚未达到最优规模状态。同时，本章还分析了各城市群的现状主要由哪些因素导致，如北部湾城市群虽然整体来说各方面的效率在提高，但由于其中心城市的带动能力不够，城镇体系尚不完善，拥挤效应也不能忽视。运用11个城市群的比值变化分析其4年间集聚效应与拥挤效应的变化后得出结论：虽然整体而言，所有城市群都处于积极向上的发展状态，但仍然没有一个城市群达到了最优规模状态。所有城市群在发展中都存在着一些问题，如中心城市的极化效应仍要强于回流效应且辐射带动能力不足，大部分城市需要加快产业的转型升级，加紧淘汰高污染高耗能型企业，且城市之间的协调度有待进一步提高。但由于比值法较为简略以及数据经过多重处理可能存在失真，所以分析结果可能与实际情况存在一定的偏差。

第8章 结 论

8.1 主要研究成果

本书基于加快推进新型城镇化建设与全面建成小康社会的背景，针对我国城市发展过程当中出现的资源浪费、房价过高、社会保障不足等问题，从用地规模与人口规模、直辖市与地级及地级以上城市等多个层面研究了城市及城市群最优规模问题，构建了可计算一般均衡模型，精确讨论了城市建设用地的最优结构以及各种经济指标变动对城市建设用地结构的影响。本书主要研究成果包括如下几个部分：

（1）本书利用瓦尔拉斯提出的一般均衡理论对城市最优用地规模进行分析，并且从劳动力和地价两种投入要素的角度研究城市最优规模。结论表明，在特定的经济发展水平下，城市最优用地规模达到上限时其劳动力投入占要素总投入的比例为1/3左右。此时城市最优用地规模的局部最大值随着要素投入的增加而增加，因此可以通过分析劳动力等要素的总投入来预测城市最优用地规模，如果达到城市最优用地规模上限，就应该引起警惕。同时，地价与城市最优用地规模呈负相关。在城市用地规模扩张的前期阶段，即城市用地规模小于400平方公里时，理论上地价的回落幅度较大，因而房地产价格的调控空间也较大，此时有利于促进房地产市场的理性发展。

（2）本书运用一般均衡理论构建了城市用地规模 CGE 初级模型，对城市最优建设用地结构及其变化进行模拟。笔者简单介绍了 CGE 各个模块的相关方程以及最优化条件，并且阐明了生产者、消费者等部门之间的商品和要素供求关系，由此完整地阐述了城市用地规模 CGE 初级模型的理论基础和结构。在生产模块中，其他学者通常运用包含资本与劳动力两种生产要素的生产函数进行分析，本书引入土地，将其作为第三种生产要素，通过设置三层嵌套函数构建生产模块。在理论分析的基础上，本书介绍社会核算矩阵 SAM 的基本原理、结构与数据平衡。SAM 表是投入产出表的进一步发展，可以更加全面地描述社会经济之间的关联，因此是 CGE 模型的数据基础。

结论表明：2015年，重庆市在经济发展各部门实现一般均衡的前提下，要顺应产业结构转型升级规律，转变经济发展方式，逐渐增加商服用地新增供给比例，同时大幅降低工矿仓储用地新增供给比例。重庆市在预期 GDP 增长6.5% 的情况下，要提高交通运输用地的新增供给比例，大幅增加公共管理与公共服务用地的供给。在预期重庆市土地价格上涨20%、劳动力总量增加20% 及平均工资水平上涨10% 的情况下，模型给出的模拟结构较为稳健，与最优结构一致，都显示应该大幅提高商服用地新增供给比例。模型显示，在2012年北京市最优建设用地供给结构中，工矿仓储用地新增供给比例较低；同时，北京市要降低交通运输用地新增供给比例，显著提高公共管理与公共服务用地新增供给比例。在预期北京市 GDP 增长6.5%、土地价格上涨20%、劳动力总量增加20% 及平均工资水平上涨10% 的情况下，模型给出的建议是大幅提高住宅用地新增供给比例。

2012年上海市工矿仓储用地新增供给过多，同时，交通运输用地、商服用地、公共管理与公共服务用地新增供给较为不足。具体来看，预期上海市 GDP 增长6.5% 时，上海市要大幅提高工矿仓储用地新增供给比例。当劳动力总量增加20% 时，上海市要增加公共管理与公共服务用地的有效供给。在土地价格上涨20%、平均工资水平上涨10% 的情况下，模型给出的模拟值较为一致，要大幅提高上海市商服用地新增供给比例。2012年天津市工矿仓储用地新增供给尤为不足，同时，在预期天津市 GDP 增长6.5%、土地价格上涨20% 的情况下，模型模拟的结构也较为一致，在大幅提高工矿仓储用地比例的同时，天津市要降低商服用地的新增供给比例。值得注意的是，当劳动力总量增加20% 及平均工资水平上涨10% 的情况下，模型给出的结论都是提高天津市的住宅用地新增供给比例。最后，与实际值相对比，模型求解出重庆2012年新增建设用地供给最优结构以及4种情景下新增建设用地供给结构变动的模拟情况。具体来看，重庆市2012年工矿仓储用地、交通运输用地、住宅与商服用地的新增供给比例都偏高。在4种情景模拟下，也基本延续了这个趋势，即降低工矿仓储用地、交通运输用地、商服用地、公共管理与公共服务用地的新增供给比例。值得一提的是，与2012年相比，2015年新增建设用地供给的重点应该由住宅用地转向商服用地，这与重庆市经济发展的规律是一致的。

（3）卡佩罗与卡马尼提出的 SOUDY 模型基于新古典经济学与城市经济学，从城市网络与城市体系的角度研究城市最优规模，相对于以往的研究方法来说是一种创新。本书首先具体介绍了 SOUDY 模型，认为 SOUDY 模型可以对现实情况做出更加有力的解释，即城市级别、经济发展水平与城市用地规模并无必然联系。

其次，本书借鉴卡佩罗与卡马尼所做的研究，引入经济环境、社会环境与物质环境所产生的总收益与总成本指标，利用2008—2017年中国地级及地级以上城市的数据进行估计与判断。同时，综合考虑城市区位条件与行政级别，以此将我国地级及地级以上城市划分为3个类别：第一类为北京等4个直辖市、省会城市、自治区首府与大连等5个计划单列市（35个）；第二类为东部地区其他地级城市（83个）；第三类是其他中西部地区城市（160个）。研究表明：总体上来看，我国用地规模过大的地级及地级以上城市在第三类城市中相对较多，第二类次之，第一类城市中用地规模过大的城市相对最少。我国各个类别城市中用地规模过大的城市所占比重均呈现下降趋势，说明我国城市用地规模增长逐渐趋于理性。分别来看，2007—2016年第一类城市中用地规模过大的城市所占比重历年来都不超过14.29%。这说明历年来大部分直辖市、省会城市、自治区首府与计划单列市的用地规模并未超出最优区间，仍然在理性增长的范围内。

2007—2016年我国第二类城市中用地规模过大的城市所占比重历年来均

超过了16.87%，最高达到了33.73%，说明近三分之一的东部地区非省会城市的用地规模超出最优区间。值得注意的是，2007—2016年我国第三类城市中用地规模过大的城市所占比重历年来均超过了49.38%，最高达到了70.63%，说明最严重的时期，我国广大中西部地区城市用地规模超出了最优区间。从空间分布上来看，2007年，我国用地规模过大的城市主要集中在甘肃省、黄河中上游地区、东北地区、成渝地区；除此之外，山东省、江苏省、湖北省与湖南省还构成了纵向带状分布，广西壮族自治区、湖南南部、浙江省与福建省构成了横向带状分布。2016年，我国用地规模过大的城市数量明显减少，主要集中在甘肃、黄河中上游地区、东北地区、成渝地区以及湖北、广西、江西与福建部分区域。

（4）Henry George 定理是20世纪70年代由西方经济学家提出并得到不断发展的城市最优规模理论，是新古典经济学与城市经济学关于城市最优规模研究的进一步发展与深化，但它在我国并没有得到大量的研究与应用。本章尝试引入 Henry George 定理，并对其进行一定的推导与完善，再运用它对我国地级及地级以上城市的最优规模问题进行研究。

本书根据 Henry George 定理提出了两个假设：第一，我国不同类别的城市都存在显著的城市集聚经济；第二，我国城市规模与最优值的偏离程度在同一类别城市中不会有太大差异，但是不同类别城市的这种差异显著，第一类城市的城市规模与最优值的偏离程度显著大于其他城市。通过运用2007—2016年我国地级及地级以上城市面板数据构建模型测算城市集聚经济，本书验证了这两个假设对于我国城市是基本成立的。但是我国第三类城市即广大中西部地区城市呈现集聚不经济状态，说明城市规模的增长超过了当地基础设施承载能力，人口的过度增长加剧了房价上涨、能源紧缺与生态环境破坏等城市集聚不经济效应。我国广大中西部地区城市应完善基础设施建设，提升就业容纳能力，加大资本投入，适度控制城市规模。从时间与空间上来看，我国长三角、珠三角与京津冀城市群人口容纳潜力增长最快，因此我国进行新型城镇化规划时应重点考虑这三大地区，合理引导我国城市规模布局。

（5）我国及世界上其他国家和地区一般是以人口规模衡量城市规模，而土地是一切经济活动的物质载体，也是可以直观感受到的空间规模，而且本书重点是研究城市最优用地规模，因此本书结合城市人口规模与城市用地规模，对我国地级及地级以上城市人口规模与用地规模进行了关联分析。

本书首先对我国城市人口规模与用地规模进行了总体分析，结论表明：总体来看，2007—2016年我国城市人口规模与用地规模增长趋势基本一致，2012年以前都呈缓慢增长态势，之后增长速度加快。历年来我国城市之间人口规模差距没有明显变化，城市人口规模结构相对稳定。而我国城市用地规模标准差自2014年以来增长较为明显，说明自2014年以来我国城市用地规模结构出现了显著的变化。2007—2016年我国城市人口规模与用地规模的确存在显著的相关关系。值得一提的是，这种相关关系从2014年开始明显增强，从57% 上升至70%，说明我国城市人口规模与用地规模之间的联系在不断加强。

通过引入经济规模概念，本书对我国地级及地级以上城市用地规模、人口规模与经济规模进行了偏相关分析，结论表明：在控制经济规模的情况下，2007—2016年我国城市的人口规模与用地规模之间的相关关系程度逐年略微下降，说明 GDP 对我国城市的人口规模与用地规模之间的关联并没有很显著的影响。本书分析了产生这种影响的原因，是2007—2016年我国城市经济规模与用地规模的相互影响程度较低。借鉴协调度模型，本书分别计算了2007—2016年我国城市人口规模与用地规模的协调性指数、人口规模与经济规模的协调性指数，分别分析我国城市人口规模与用地规模及经济规模的协调发展程度，并且对我国地级及地级以上城市进行分类。研究发现：第一类城市中人口规模与用地规模达到协调程度的城市所占比重相对最高，为48%；协调与基本协调的城市所占比重之和为71%，说明超过三分之二的直辖市、省会城市、自治区首府与计划单列市的人口规模与用地规模达到或基本达到协调程度；第三类城市中人口规模与用地规模达到协调程度的城市所占比重只有22%，协调与基本协调的城市所占比重之和只有34%，说明近三分之二的中西部地区城市人口规模与用地规模发展不协调，值得引起各级决策者注意；我国东部地区非省会城市的协调程度位于第一类城市与第三类城市之间，超过半数的东部地区非省会城市的人口规模与用地规模达到或基本达到协调状态。同时，2007—2016年我国三个类别城市的经济规模与人口规模协调程度都较低。我国直辖市、省会城市、自治区首府与计划单列市中经济规模与人口规模协调和基本协调的城市只占四分之一左右；我国其他东部地区城市的经济规模与人口规模协调程度有所提升，将近40%的城市达到或基本达到协调状态；我国广大中西部地区城市的经济规模与人口规模协调程度比直辖市、省会城市、自治区首府与计划单列市的还低，85%的中西部地区城市呈现不协调状态。

（6）依据国家出台的相关规划，本书选取了京津冀、长三角、粤港澳大湾区等11个城市群，从环境、经济、社会3个维度构建指标体系，运用熵值法与主成分分析法估计各城市的集聚效应与拥挤效应，进而分析城市群的最优规模。总体来看，由数据分析可知，2013—2016年综合发展速度较快的城市群有长三角城市群、中原城市群和长江中游城市群。相对于其他城市群，这3个城市群在2013—2016年整体的集聚和拥挤效应综合作用的效果更好，但仍有继续发展的空间。

8.2 政策建议

根据本书的研究结论，在加快推进新型城镇化建设、加速推动经济转型升级的大背景下，可以考虑如下政策建议：

8.2.1 科学预测初始要素投入规模，合理引导中小城市房地产市场

城市最优用地规模与劳动力、资本、土地价格等初始要素投入有密切关系，因此不应该笼统地控制或者约束某一类城市的用地规模，可以考虑在编制城市总体规划与土地利用总体规划时重点考虑与科学预测劳动力、资本与土地价格等初始要素投入，针对不同的城市提出不同的城市规划区范围与中心城区常住人口总量。并且可以设置一个城市用地规模的预警值（城市最优用地规模最大值），如果城市用地规模超过预警值，政府在供地节奏和力度上就要适度

控制。在建设用地审批环节依法办事，优先供应保障性安居工程建设用地。房地产市场一直是社会的热点话题，关系到人民群众的生活保障与生活质量。在城市扩张的初期阶段，城市土地价格回落空间较大，为房地产价格的平稳理性波动创造了一个有利的环境，因此可以考虑因地制宜、精准施策，对中小城市特别是建成区面积在400平方公里以内的城市的房地产市场进行科学预判与适度调控。比如可以建立房地产价格非理性波动的预警机制，每个月或者每个季度向社会公众公布与分析房地产泡沫指数；对申报价格偏高或价格波动过大的房地产项目，严格控制商品房明码标价手续。政府要科学合理地对全社会住宅用地需求进行预测，编制土地利用计划。优先保障公租房、廉租房等适合中低收入家庭的社会福利性住房的用地需求，也要充分考虑新就业的大学毕业生以及其他新增就业群体等对住房的刚性需求。

8.2.2 合理确定建设用地供给结构，加强保障商业与住宅用地供给

城市最优用地规模的影响因素较多，经济发展水平、居民效用与政府决策都会引起城市用地规模的不断调整。从产业的层面来看，城市最优规模涉及工矿仓储用地、交通运输用地、公共管理与公共服务用地等几种国有建设用地规模的相对比例与结构变动问题。因此可以考虑在编制城市总体规划与土地利用总体规划时引入一般均衡分析，建立相应的团队构建更加全面、综合的 CGE 模型，并对其进行定期的维护与更新，从而在方法与技术上进行升级，在城市规划部门、自然资源部门等相关部门制定决策与进行预测时提供更强大的智力与技术支持。同时，各级统计部门可以考虑完善投入产出表的编制工作，在时间上缩短5年一次的编制更新周期，并且将投入产出表的编制范围扩大至直辖市以外的地级城市。最后，结合本书研究来看，提高商服用地以及住宅用地在新增国有建设用地中的供给比例有利于城市经济的健康有序发展。一方面，在土地总体利用规划中可以考虑供给适当向商服用地与住宅用地倾斜；另一方面，在建设用地供应总量趋紧的前提下，可以通过从开发商处回收闲置土地、加强低效用地再开发、加大闲置用地处罚力度等方式收回、整合与盘活城市闲

置土地、工矿废弃地、边角地和未利用土地，并且将腾退减量后的土地用于重点保障商服用地以及住宅用地的新增供给。

8.2.3 提高东部地区城市用地效率，规范中西部地区城市园区建设

本书第4章结论表明，在严格控制特大城市新增建设用地的政策指导下，历年来我国直辖市、省会城市、自治区首府与计划单列市的用地规模大部分都处于合理区间，因此现行的建设用地供应政策仍然能有效促进我国直辖市等特大城市用地规模合理有序地发展；但是我国其他地级城市用地规模过大的情况比较显著，说明在经济高速发展的同时，部分城市集约利用土地的程度有所下降，城市空间的无序蔓延有所加剧。在开展土地节约集约利用工作时，应该因地制宜地针对我国东部与中西部地区地级城市制定不同的政策与措施。具体来看，首先，我国东部地区城市群的基础设施网络已经较为完善，城市间的产业分工与产业配套已经较为成熟，因此在节约与集约利用土地资源方面要注重从城市群层面统筹规划。可以从区域层面根据经济发展速度对各城市建设用地指标进行总体考虑，建立融合经济、人口与生态环境等因素的国土资源大数据平台，发挥土地市场的基础性配置作用，在省级区域内合理调剂建设用地指标，从而杜绝经济较为落后的城市出现大量闲置用地而经济发展较快的城市建设用地供应不足的现象。其次，针对东部地区部分城市建设用地日趋紧张的局面，可以加强对城镇地上与地下空间的开发，通过减税等方式鼓励住宅、工业、商业等建筑合理提高容积率，并通过开展地下空间权属的试点工作、探索城市地下空间的权责归属等方式合理开发城镇地下空间。最后，鉴于东部地区部分城市靠近沿海的地理特征，可以对滩涂、沿海等未利用土地进行挖潜盘活，从而有效控制东部地区部分城市建成区的盲目扩张。

在要素驱动的经济发展模式下，盲目建设工业园区、城市新区的现象在我国中西部地区城市中较为普遍，因此我国中西部地区城市用地规模过大的现象最为严重。在这种背景下，提高产业用地与开发区利用效率是我国中西部地区城市土地节约集约利用的重中之重。具体来看，一方面，应该加大对开发区以

及相关产业用地的审批力度，提高开发区准入门槛，根据项目落地情况与预计产值等配置产业用地，加强标准厂房建设，鼓励适度提高厂房容积率。合理控制与约束开发区用地规模，不超前供给，不过度供给。另一方面，从严监控用地使用情况，通过年度土地变更调查和年度城镇地籍调查数据及时跟踪土地开发程度，对于超过开工时间未开工等闲置土地的行为，通过行政处罚与黑名单制度等方式进行有效制止与严肃查处。

8.2.4　加快缓解东部地区城市人口压力，加速释放中西部地区城市人口红利

本书第5章的结论表明，除直辖市、省会城市、自治区首府与计划单列市以外，我国东部地区城市人口的承载空间与吸纳能力相对较小，我国中西部地区城市人口规模扩大反而不利于经济发展，说明我国部分二三线城市以及中小城市人口规模逼近或超过了最优规模，需要出台相应政策进行调控。具体来看，首先，东部地区城市对劳动力的吸引力相对较大，因此东部地区城市人口规模调控重点在于“转型”。东部地区某些非省会城市可以借鉴北上广深等一线城市的积分制落户政策，综合考虑教育水平、工作年限、工作性质等因素，通过设置阶梯式落户渠道等方式对城市人口规模进行调控，借助人才优势促进经济转型升级。其次，我国东部地区已经形成若干成熟的城市群，大城市与周边中小城镇可以借助完善的交通基础设施形成错位互补关系。一方面，可以突破现有行政区划壁垒，在教育、医疗、就业等方面加强协同发展；另一方面，可以适当降低中小城镇落户条件，在就业、随迁子女入学与社会福利等方面加大扶持力度。比如可以考虑设置农民工生活补贴与租房补贴，为中小城镇劳动密集型企业提供专项贷款支持等。从这两个方面双管齐下，提高大城市周边城镇对外来人口的吸引力，疏导东部地区大城市的低端产业与闲置劳动力资源。

与此同时，中西部地区部分城市有着丰富的劳动力资源，因此其人口规模的调控重点在于“因地制宜”。可以由控制人口规模转变为充分利用“人口红利”，承接与发展劳动密集型产业，壮大实体经济。政府可以根据当地文化特色、地形地貌与生态环境等资源禀赋为中小城市量身打造相关政策，根据不同

的产业内核打造具有鲜明特色的城市品牌，加快产业和公共服务资源向中小城市转移。但同时要注意为相关产业提供金融支持与人才保障，比如在信贷政策上进行倾斜，鼓励东部地区相关产业尤其是本土企业家回乡创业。政府可以考虑重点支持中西部地区社会急需的相关专业与院校建设，为本土经济发展输送人才。积极发展中西部地区城市有利于缓解特大城市压力，促进我国各种规模的城市形成良好的产业分工与协作关系，也有利于为务工人员在家门口就业创造条件，进而有效应对空心村困境，化解留守儿童与孤寡老人难题。同时，伴随国际劳动分工格局的转变与我国经济转型升级的加速，我国中西部地区城市劳动力与土地等要素成本优势已经逐渐下降。在招商引资的过程中，中西部地区城市一方面需要提升产业、人才与金融配套能力，从硬件上形成“产业粘性”；另一方面要提高服务水平，推行一站式服务、“保姆式”服务，建立专人团队，主动对接企业，了解并化解企业生产经营过程中存在的困难与瓶颈，从软件上形成“产业粘性”。

8.3 研究展望

笔者在撰写本书的过程中翻阅了大量的资料，也做了较多的工作，但是由于掌握的方法与研究能力有限，不可避免地存在一些缺点与不足，有待在未来的研究中进一步改进与完善。具体来看，未来可以开展如下工作：

（1）CGE 模型的构建是一个相当复杂的过程，牵涉社会核算矩阵表的编制、各个模块方程的设置、经济学方程转化为 GAMS 语言等过程，需要付出大量的精力，对多学科知识进行系统的了解与掌握。在 SAM 表的编制过程中，由于 SAM 表的数据基础——投入产出表的编制时间跨度是5年，所以最新的数据只有2015年的重庆市投入产出延长表。另外，我国只有直辖市才编制城市级别的投入产出表，缺少其他地级城市的投入产出表，这对运用 CGE 模型分析城市最优规模的相关问题是一个不小的困难与缺陷。在 CGE 模型各个模块方程的设置过程当中，需要较深入地掌握中高级微观经济学，这为 CGE 模型的普及与推广增加了不小的难度。在进行软件编程的过程当中，需要具备一定的编程与读写、修改程序的能力，这对于学习与应用CGE模型的学者来说也较为困难。因此，纵观我国与其他国家或地区，一般都需要建立一个团队负责开发与维护CGE模型，个人构建CGE模型难免会有点粗糙与不完善。

（2）单中心城市模型是城市经济学的经典理论，但是较少有学者将其与城市最优规模问题结合起来进行研究。笔者由于研究精力有限，也只对单中心城市模型进行了简单介绍，并未在这个方面进行更多突破。同时，Henry George定理与SOUDY模型在国外得到了系统与规范的研究，但是在我国并未引起相应的重视。本书在引入这两个模型进行研究的过程中，由于国内相关文献比较缺乏，在模型构建、变量选取、方程设置等方面很少有文献参考与借鉴，因此存在很多可以改进的地方。期待本书的研究能够抛砖引玉，未来会有更多的学者运用这些理论与模型研究城市最优规模问题。

（3）本书借助CGE模型对城市最优用地规模进行测算与模拟，是一种新的尝试与探索，为国土资源部门进行用地指标调整提供了一定的参考。然而城市的发展是经济、社会与资源环境综合决定的，影响城市最优用地规模的因素众多，难以一一概括总结，未来需要构建更加全面的指标体系来综合评价与测算城市最优规模。新时代的城镇化发展要关注“人的城镇化”，居民的生活水平与幸福感始终是新型城镇化、城市最优规模的重要考量，因此在未来的研究中要加强对居民效用的分析。同时，对城市最优规模的研究可以从文化的视角切入，保留和挖掘城市文化与本土特色，要让居民体会“文化可感受，历史可触摸，心灵有震撼”。未来可以在开放的背景下探讨城市最优规模问题，将国际贸易与城镇化相结合，研究城市在国际贸易分工中因承载的角色不同而具备的不同最优规模。可以在加强与完善农村道路、网络、教育、医疗卫生建设，发展农村特色经济，将城市发展与精准扶贫进行结合，加强城乡联动的背景下，基于城乡一体的人员流动、布局与社会发展等问题开展城市最优规模的研究。可完善城市群的协同发展研究，在城市之间分工与协作的基础上探讨如何发挥中心城市的引领作用，通过产业链与基础设施的传导机制，促进城市群经济又好又快地发展。这些都是未来切实可行的有益探索，也是笔者努力研究的方向。

参考文献

[1] ALONSO W. The economics of urban size[J]. Papers in regional science, 1971, 26(1): 67-83.

[2] BARR L. City size, land rent, and the supply of public goods[J]. Regional and urban economics, 1972, 2(1): 67-103.

[3] RICHARDSON H. Optimality in city size[J]//Systems of cities and urban policy: a skeptic's view. Urban studies, 1972(9): 29-47.

[4] EVANS A W. A pure theory of city size in an industrial economy[J]. Urban studies, 1972(9): 49-77.

[5] HENDERSON J V. The size and types of cities[J]. The American economic review, 1974, 64(4): 640-656.

[6] GETZ M. Optimal city size: fact or fancy[J]. Law and contemporary problems, 1979, 43(2): 197-210.

[7] ANTHONY M J, ROBERT S G. An indirect test of efficient city sizes[J]. Journal of urban economics, 1976(5): 46-65.

[8] FUMITOSHI M, TOMOYASU T, NORIYOSHI N. Estimation of optimal metropolitan size in Japan with consideration of social costs[J]. Dicussion paper series, 2012(19): 1-20.

[9] CAMAGNI R, CAPELLO R, CARAGLIU A. One or infinite optimal city sizes? In search of an equilibrium size for cities[J]. Annals of regional science, 2013, 51(2): 309-341.

[10] 王小鲁，夏小林. 优化城市规模，推动经济增长 [J]. 经济研究，1999（9）：22-29.

[11] 陈伟民，蒋华园 . 城市规模效益及其发展政策 [J]. 财经科学，2000（4）：67-70.

[12] 俞燕山 . 我国城镇的合理规模及其效率研究 [J]. 经济地理，2000，20（2）：85-89.

[13] 张宪平，石涛 . 我国目前城市化典型特点分析及对策研究 [J]. 经济学动态，2003（4）：35-37.

[14] 金相郁 . 最佳城市规模理论与实证分析：以中国三大直辖市为例 [J]. 上海经济研究，2004（7）：35-43.

[15] 宋戈，李静 . 黑龙江省典型城市合理用地规模确定的实证研究：以大庆市为例 [J]. 经济地理，2007，27（4）：634-636.

[16] 林目轩，何琼峰，陈秧分，等 . 城市合理规模的理论探讨和实证：以长沙市区为例 [J]. 经济地理，2007，27（1）：108-112.

[17] 张自然 . 中国最优与最大城市规模探讨：基于 264 个城市的规模成本 – 收益法分析 [J]. 金融评论，2015（5）：18-30.

[18] HOOVER E M. Location theory and the shoe and leather industries[M]. Cambridge, MA: Harvard University Press, 1936: 1-198.

[19] JACOBS J. The economy of cities[M].[S.l.]: Vintage, 1970: 1-288.

[20] JACOBS J. The death and life of great American cities[M].[S.l.]: Ashgate, 1961: 45-46.

[21] MILLS E S. An aggregative model of resource allocation in a metropolitan area[J]. American economic review, 1967(57): 197-210.

[22] MILLS E S, DE FERRANTI D M. Market choices and optimum city size[J]. Urban

growth and development, 1971, 61(2): 340-345.

[23] HENDERSON J V. Optimum city size: the external diseconomy question[J]. Journal of political economy, 1974, 82(2): 373-388.

[24] TOLLEY G S. The welfare economics of city bigness[J]. Journal of urban economics, 1974(3): 324-345.

[25] SEGAL D. Are there returns to scale in city size?[J]. Review of economics and statistics, 1976, 58(3): 339-350.

[26] MIYAO T, SHAPIRO P. Dynamics of rural urban migration in a developing economy [J]. Environment and planning, 1979(11): 1157-1163.

[27] CALINO G A. Manufacturing agglomeration economies as return to scale: a production approach[J]. Papers of the regional science association, 1982(50): 95-108.

[28] CARROLL G. National city size distributions: what do we know after 67 years of research?[J]. Progress in human geography, 1982(6): 1-43.

[29] HENDERSON J V. Population composition of cities: restructuring the tiebout model [J]. Journal of public economics, 1985, 27(2): 131-156.

[30] BRUECKNER J. The structure of urban equilibria: a unified treatment of the Muth-Mills model[M]//Handbook of regional and urban economics (Volume II), Edited by E. S. Mills.[S.l.]: Elsevier Science Publisher B.V. 1987: 822-844.

[31] FUJITA M. A monopolistic competition model of spatial agglomeration: differentiated products approach[J]. Regional science and urban economics, 1989(18): 87-124.

[32] YANG X, HOGBIN G. The optimum hierarchy[J]. China economic review, 1990 (2): 125-140.

[33] KRUGMAN P. On the number and location of cities[J]. European economic review, 1993(37): 293-289.

[34] CAMAGNI R. From city hierarchy to city network: reflections about an emerging

paradigm[M]//Structure and change in the space economy. Berlin: Springer Verlag, 1993: 66-87.

[35] KANEMOTO Y, OHKAWARA T, SUZUKI T. Agglomeration economies and a test for optimal city sizes in Japan[J]. Journal of the Japanese & international economies, 1996, 10 (4): 379-398.

[36] ANAS A. General equilibrium models of polycentric urban land use with endogenous congestion and job agglomeration[J]. Journal of urban economics, 1996(40): 232-256.

[37] MOOMAW R L. Urbanization and economics development: a bias toward large cities [J]. Journal of urban economics,1996(40): 13-37.

[38] BRUECKNER J K. Infrastructure financing and urban development: the economics of impact fees[J]. Journal of public economics, 1997(66): 545-556.

[39] CHOI Y H. Evolution of the efficiency of Taegu City by the optimal city size theory [J]. Journal of the Korean regional development association, 1998, 10(3): 53-74.

[40] ZHENG X P. Measure optimal population distribution by agglomeration economies and diseconomies: a case study of Tokyo[J]. Urban studies,1998(35): 95-112.

[41] DING Chenri, KNAAP G, HOPKINS L. Managing urban growth for the efficient use of public infrastructure: toward a theory concurrency[J]. Journal of urban economics, 1999(7): 53-68.

[42] BLACK D B, HENDERSON J V. A theory of urban growth[J]. Journal of political economy, 1999(107): 252-284.

[43] CAPELLO R, CAMAGNI R. Beyond optimal city size: an evaluation of alternative urban growth patterns[J]. Urban studies, 2000(9): 1479-1496.

[44] ROSSI-HANSBERG E. Optimal urban land use and zoning[J]. Review of economic dynamics, 2004(7): 69-106.

[45] BERTINELLI L, BLACK D. Urbanization and growth[J]. Journal of urban economics, 2004, 56(1): 80-96.

[46] FUJITA M, HENDERSON J V. Spatial distribution of economic activities in Japan and China[J]. Regional and urban economics, 2004, 4(65): 2911-2977.

[47] ZHENG X P. Measurement of optimal city sizes in Japan: a surplus function approach [J]. Urban studies, 2007, 44 (5): 939-951.

[48] CHUN-CHUNG A, HENDERSON J V. Are Chinese cities too small?[J]. Review of economic studies, 2006(73): 549–576.

[49] ITOH R. Dynamic control of rural-urban migration[J]. Journal of urban economics, 2009, 66(3): 196-202.

[50] DEWAN H. Equilibrium and optimum city size with the presence of pollution[J]. The open urban studies journal, 2011(4): 1-7.

[51] YARMOHAMMADIAN N, AKBARI N, ASGARY A, et al. Optimal and sustainable city size by estimating surplus function for Metropolitans of Iran[J]. International journal of business and development studies, 2014, 6(1): 21-38.

[52] KIM E, HEWINGS G J D, NAM K M. Optimal urban population size: national vs local economic efficiency[J]. Urban studies, 2014, 51(2): 428-445.

[53] HAN Lijian, ZHOU Weiqi, PICKETT S T A, et al. An optimum city size? The scaling relationship for urban population and fine particulate (PM2.5) concentration [J]. 2016, 208(Pt A): 96-101.

[54] BURNETT P. Overpopulation, optimal city size and the efficiency of urban sprawl [J]. Review of urban & regional development studies, 2016, 28(3): 143-161.

[55] CHENG Y, MA C. Rethinking the optimal city size from the perspective of the city network[J]. Open journal of social sciences, 2017, 5(5): 134-145.

[56] CHOI I. The optimum size of seoul’s districts in South Korea[J]. Journal of public Affairs, 2017, 17(3).

[57] 范芝芬 . 城市规模分布与中国城市体系的垂直和水平扩张 [M]// 中国乡村：城市转型与协调发展 . 北京：北京科学出版社，1996：1-58.

[58] 周加来，黎永生 . 城市规模的动态分布 [J]. 财贸研究，1999(1)：17-20.

[59] 王小鲁，夏小林 . 城市化在经济增长中的作用 [M]// 中国经济增长的可持续性 . 北京：经济科学出版社，2000：1-78.

[60] 王放 . 论中国城市规模分布的区域差异 [J]. 人口与经济，2001（5）：9-14.

[61] 潘佐红，张帆 . 中国的城市生产率 [M]// 中国城市化：实证分析与对策研究 . 厦门：厦门大学出版社，2002：58-64.

[62] 马树才，宋丽敏 . 我国城市规模发展水平分析与比较研究 [J]. 统计研究，2003（7）：31-34.

[63] 金相郁，高雪莲 . 中国城市集聚经济实证分析：以天津市为例 [J]. 城市发展研究，2004（1）：42 - 47.

[64] 吉昱华，马松 . 集聚效应条件下的均衡城市规模及政策工具比较研究：一个总量生产函数框架及其模拟分析 [J]. 财经研究，2004，30（11）：94-104.

[65] 俞勇军，陆玉麒 . 城市适度空间规模的成本－收益分析模型探讨 [J]. 地理研究，2005，24（5）：795- 802.

[66] 陈良文，杨开忠，吴姣 . 中国城市体系演化的实证研究 [J]. 江苏社会科学，2007（1）：81-88.

[67] 高鸿鹰，武康平 . 我国城市规模分布 Pareto 指数测算及影响因素分析 [J]. 数量经济技术经济研究，2007，24（4）：43-52.

[68] 陈莞桢 . 关于我国城市规模问题的理论和实证分析 [D]. 厦门：厦门大学，2007：1-51.

[69] 刘冰 . 中国城市最优规模的实证研究 [D]. 长春：东北师范大学，2007：1-26.

[70] 周文，连洁 . 城市规模理论的发展研究 [J]. 生产力研究，2007（16）：12-13.

[71] 李培 . 城市最优规模研究述评 [J]. 经济评论，2007（1）：131-135.

[72] 陈卓咏 . 城市最优规模理论与实证研究评述 [J]. 国际城市规划，2008，23(6)：76-80.

[73] 柯善咨，何鸣 . 规划与市场：中国城市用地规模决定因素的实证研究 [J]. 中国

土地科学，2008，22（4）：12-18.

[74] 安虎森，邹璇．城市最优规模选择与农产品贸易成本 [J]. 财经研究，2008，34（7）：74-86.

[75] 张应武．基于经济增长视角的中国城市最优规模实证研究 [J]. 上海经济研究，2009（5）：31-38.

[76] 刘永亮．城市规模经济研究 [D]. 大连：东北财经大学，2009：1-159.

[77] 许抄军．基于环境质量的中国城市规模探讨 [J]. 地理研究，2009，28（3）：792-802.

[78] 闰永涛，冯长春．中国城市规模分布实证研究 [J]. 城市问题，2009（5）：14-18.

[79] 黄金荣，雷国平，马和．哈尔滨市所辖周边市县用地规模合理性的空间分异 [J]. 经济地理，2009，29（1）：88-91.

[80] 李震，杨永春．基于 GDP 规模分布的中国城市等级变化研究：等级结构扁平化抑或是等级性加强 [J]. 城市规划，2010，34（4）：27-31.

[81] 王小鲁．中国城市化路径与城市规模的经济学分析 [J]. 经济研究，2010（10）：20-32.

[82] 王筱明，郑新奇．基于效益分析的济南市城市合理用地规模研究 [J]. 中国人口•资源与环境，2010，20（6）：160-165.

[83] 舒帮荣，刘友兆，李彦，等．城市用地规模扩张合理性研究：以江苏太仓市区为例 [J]. 南京农业大学学报（社会科学版），2011，11（4）：88-94.

[84] 袁正，郑勇，韩骁．城市规模与居民幸福感的关系 [J]. 城市问题，2012（5）：29-33.

[85] 焦张义．房价、生态环境质量与城市最优规模 [J]. 南方经济，2012（10）：63-72.

[86] 舒帮荣，刘友兆，李永乐．太仓市区城镇用地扩展合理规模计量研究 [J]. 中国土地科学，2013，27（1）：49-54.

[87] 陈旭，陶小马．城市最优规模与劳动力实际工资率关系研究：基于新经济地

理学的视角 [J]. 财贸研究，2013（3）：12-20.

[88] 徐清，陈旭 . 劳动力转移与城市劳动力集聚的最优规模：基于地级城市的面板数据 [J]. 当代经济科学，2013，35（5）：65-73.

[89] 苏红键，魏后凯 . 密度效应、最优城市人口密度与集约型城镇化 [J]. 中国工业经济，2013（10）：5-17.

[90] 段瑞君 . 中国城市规模及其影响因素研究：来自284个地级及以上城市的经验证据 [J]. 财经研究，2013，39（9）：82-94.

[91] 纪爱华 . 基于生态城市的城市最优规模理论研究与实证分析 [D]. 青岛：中国海洋大学，2014：1-97.

[92] 伍佳，吕斌 . 土地消费内生化的城市增长模型及最优城市增长边界 [J]. 城市发展研究，2014，21（5）：61-65.

[93] 王俊，李佐军 . 拥挤效应、经济增长与城市最优规模 [J]. 中国人口•资源与环境，2014，24（7）：45-51.

[94] 柯善咨，赵曜 . 产业结构、城市规模与中国城市生产率 [J]. 经济研究，2014（4）：76-88.

[95] 赵曜，柯善咨 . 城市规模、中间产品与异质厂商生产率 [J]. 管理世界，2015（3）：51-65.

[96] 梁婧，张庆华，龚六堂 . 城市规模与劳动生产率：中国城市规模是否过小？基于中国城市数据的研究 [J]. 经济学（季刊），2015，14（3）：1054-1071.

[97] 易艳春，关卫军，胡宏昌 . 低碳约束下的我国最优城镇规模研究 [J]. 城市发展研究，2015，22（5）：31-36.

[98] 孙祥栋，郑艳婷，张亮亮 . 基于集聚经济规律的城市规模问题研究 [J]. 中国人口•资源与环境，2015，25（3）：74-80.

[99] 张杰，解扬 . 基于能耗视角的我国城市最优规模研究 [J]. 城市规划学刊，2015（6）：70-74.

[100] 赵曜 . 集聚密度、集聚规模与城市生产率：对中国地级及以上城市最优集聚

密度的实证研究 [J]. 中南财经政法大学学报，2015（5）：12-20.

[100] 赵曜 . 集聚密度、集聚规模与城市生产率：对中国地级及以上城市最优集聚密度的实证研究 [J]. 中南财经政法大学学报，2015（5）：12-20.

[101] 田超 . 首位城市过大是否阻碍省域经济协调发展：基于中国省级面板数据的实证分析 [J]. 中国人口·资源与环境，2015，25（10）：87-94.

[102] 王振波，徐小黎，张蔷 . 中国城市规模格局的合理性评价 [J]. 中国人口·资源与环境，2015，25（12）：121-128.

[103] 魏守华，周山人，千慧雄 . 中国城市规模偏差研究 [J]. 中国工业经济，2015（4）：5-16.

[104] 蔡之兵，张可云 . 中国城市规模体系与城市发展战略 [J]. 经济理论与经济管理，2015（5）：104-111.

[105] 金晓雨，郑军 . 中国城市效率与城市规模研究：基于非参数与半参数的实证 [J]. 软科学，2015，29（3）：107-110.

[106] 孙久文，张超磊，闫昊生 . 中国的城市规模过大么：基于 273 个城市的实证分析 [J]. 财经科学，2015（9）：76-85.

[107] 李佳佳，罗能生 . 城市规模对生态效率的影响及区域差异分析 [J]. 中国人口·资源与环境，2016，26（2）：129-135.

[108] 孙斌栋，李琬 . 城市规模分布的经济绩效：基于中国市域数据的实证研究 [J]. 地理科学，2016，36（3）：328-334.

[109] 高健，吴佩林 . 城市人口规模对城市经济增长的影响 [J]. 城市问题，2016（6）：4-13.

[110] 岳文涛 . 基于全要素生产率的中国城市最优规模研究 [D]. 武汉：华中科技大学，2016：1-38.

[111] 周景红，王筱明 . 我国城市用地规模研究综述 [J]. 山东师范大学学报（自然科学版），2016，31（4）：126-130.

[112] 李怡达，余华义 . 新经济地理学框架下对我国城市适宜规模探讨：一个理论

扩展和实证分析 [J]. 经济问题探索，2016（10）：80-87.

[113] 傅红春，金俐，金琳 . 幸福框架下的城市最优规模 [J]. 城市问题，2016（2）：14-24.

[114] 高健 . 中国城市规模、效率与经济增长研究 [D]. 威海：山东大学，2016：1-151.

[115] 曹聪丽 . 产业发展模式、城市规模协同发展与城市经济绩效提升：基于空间计量的实证研究 [J]. 软科学，2017，31（5）：6-10.

[116] 王垚，年猛，王春华 . 产业结构、最优规模与中国城市化路径选择 [J]. 经济学（季刊），2017，16（2）：441-462.

[117] 苏红键，魏后凯 . 城市规模研究的理论前沿与政策争论 [J]. 河南社会科学，2017，25（6）：75-80.

[118] 项本武，张亚丽 . 基于环境友好视角的中国城市最优规模研究：来自 DMSP/OLS 夜间灯光数据的经验证据 [J]. 中国地质大学学报（社会科学版），2017，17（3）：74-84.

[119] 丁鸿君，周玉龙，孙久文 . 中国小城市的最优规模 [J]. 城市问题，2017（9）：13-18.

[120] 胡晨光，潘莉燕，王婷婷 . 城市最优规模研究：文献综述 [J]. 经济学家，2017（9）：97-104.

[121] 邹一南 . 城市最优规模与特大城市户籍管制的自增强机制 [J]. 中国人口 • 资源与环境，2017，27（11）：52-60.

[122] 郭力 . 中国城市规模效率与最优规模的生态考量：基于地级市面板数据的分析 [J]. 城市问题，2018（2）：11-35.

[123] 王智波，韩希 . 废止收容遣送制度的经济影响：基于检验最优城市理论的实证研究 [J]. 经济学（季刊），2018，17（3）：1014-1034.

[124] 李神福 . 实际工资水平与城市规模：基于江苏省地级市的空间计量分析 [J]. 兰州财经大学学报，2018，34（1）：44-51.

[125] FLATTERS F, HENDERSON, MIESZKOWSKI P. Public goods, efficiency and

regional fiscal equalization[J]. Journal of public economics, 1974(3): 99-112.

[126] ARNOTT R. Optimal city size in a spatial economy[J]. Journal of urban economics, 1979(6): 65-89.

[127] ARNOTT R, STIGLITZ J. Aggregate land rents, expenditure on public goods, and optimal city size[J]. The quarterly journal of economics, 1979(4): 471-500.

[128] HARTWICK J M. The Henry George rule, optimal population, and interregional equity[J]. The Canadian journal of economics, 1980, 13(4): 695-700.

[129] KUNCE M. A Nash Tax Game extending the generality of the Henry George theorem [J]. Economics letters, 1999, 66 (2000): 229-233.

[130] ARNOTT R. Does the Henry George theorem provide a practical guide to optimal city size[J].The American journal of economics and sociology, 2004(5): 1057-1090.

[131] FU Shihe. Dynamic Henry George theorem and optimal city sizes[R]//American real estate & urban economics association midyear meeting. Washington, D.C.: 2004.

[132] LEE K. Land taxation and the Henry George theorem under uncertainty[J]. Journal of urban economics, 2005, 58(1): 11-23.

[133] BEHRENS K, MURATA Y. City size and the Henry George theorem under monopolistic competition[J]. Journal of urban economics, 2009, 65(2): 228-235.

[134] RHEE, HYOKJOO. Transport Services and the Henry George theorem: a general equilibrium approach[J]. Journal of Korea planning association, 2014 , 49 (5): 241.

[135] KAWANO M. Optimal process of urbanization in a developing country dynamic Henry George theorem[J]. Letters in spatial and resource sciences, 2014, 7(3): 195-204.

[136] BEHRENS K, KANEMOTO Y, MURATA Y. The Henry George theorem in a second-best world[J]. Journal of urban economics, 2015(85): 34-51.

[137] 武彦民，杨峥 . 土地财政与城市最优规模 [J]. 经济与管理研究，2012（3）：

29-38.

[138] CAMAGNI R, DIAPPI L, LEONARDI G. Urban growth and decline in a hierarchical system[J]. Regional science and urban economics, 1986(16): 145-160.

[139] 朱玮，王德.从“最佳规模”到“有效规模”[J]. 城市规划，2003，27（3）：91-96.

[140] 张扬，王良健.基于 SOUDY 模型的我国城市有效用地规模研究 [J]. 经济问题探索，2014（12）：90-94.

[141] 肖龙，侯景新，肖叶甜.基于卡马格尼模型的有效城市规模研究：以中国 81 个城市为样本的实证分析 [J]. 人文地理，2107，32（5）：119-124.

[142] WALRAS L. Elements of pure economics[M].[S.l.]: George Allen and Unwin, 1969.

[143] ARROW K J, DEBREU G. Existence of equilibrium for a competitive economy[J]. Econometrica, 1954 (22): 265-290.

[144] NEGISHI T. Welfare economics and existence of an equilibrium for a competitive economy[J]. Metroeconomica, 1960, 12(2-3): 92-97.

[145] MAS-COLELL A. Pareto optima and equilibria: the finite-dimensional case[J]. Springer Berlin Heidelberg, 1985(244): 25-42.

[146] XIE J S S. Environmental policy analysis: an environmental computable general equilibrium approach for developing countries[J]. Journal of policy modeling, 1996, 22(4): 453-489.

[147] ALAVALAPATI J R R, WHITE B, JAGGER P, et al. Effect of land use restrictions on the economy of Alberta: a computable general equilibrium analysis[J]. Canadian journal of regional sciences, 1996, 19(13): 349-365.

[148] BOYD R, URI M D. A note on the use of conservation practices in U.S. agriculture [J]. Environmental monitoring and assessment, 2001(72): 141-178.

[149] OLATUBIA W O, HUGHSEB D W. Natural resource and environmental policy trade-offs: a CGE analysis of the regional impact of the wetland reserve program[J].

Land use policy, 2002(19): 231-241.

[150] PATRIQUIN M N, ALAVALAPATI J R. Estimating impacts of resource management policies in the Fotthills Model forest[J]. Canadian journal forest research, 2003, 33 (1): 147-155.

[151] CALLAN T, LYONS S, SCOTT S, et al. The distributional implications of a carbon tax in Ireland[J]. Energy policy, 2009, 37(2): 407-412.

[152] BENJAMIN B. Distributional effects of a carbon tax on car fuels in France[J].Energy economics, 2011(33): 121-130.

[153] VOHRINGER F, JEAN-MARIE G, Nicole A. Trade and climate policies: do emissions from international transport matter[J]. The world economy, 2013, 36(3): 280-302.

[154] SAEED S, ROOZBEH K, SUMIANI B. Economic and environmental impacts of energy-subsidy reform and oil price shock on the Malaysian Transport Sector[J]. Elsevier, 2015, 2(2): 65-77.

[155] LI W, JIA Z, ZHANG H. The impact of electric vehicles and CCS in the context of emission trading scheme in China: a CGE-based analysis[J]. Energy, 2017 (119): 800-816.

[156] 沈体雁 .CGE 与 GIS 集成的中国城市增长情景模拟框架研究 [J]. 地球科学进展，2006，21（11）.

[157] 冉茂盛，王蘅 . 重庆耕地面积减少的 CGE 模拟分析 [J]. 重庆大学学报（社会科学版），2011，17（5）：19-25.

[158] 曹立伟 . 基于可计算一般均衡模型的城镇建设用地需求预测研究：以南宁市为例 [D]. 南宁：广西师范学院，2012：1-55.

[159] 高阳，冯喆，娄峰，等 .CGE 模型在地理学综合研究中的应用 [J]. 地理研究，2013，32（7）：1345-1355.

[160] 朱勤，魏涛远 . 老龄化背景下中国劳动供给变动及其经济影响：基于 CGE 模型的分析 [J]. 人口研究，2017，41（4）：8-21.

[161] 陈继，勇计飞 . 加拿大和日本 EPA 经济效应研究：基于一般均衡模型的分析 [J]. 世界经济研究，2017（1）：85-95.

[162] 祝树金，赵玉龙，肖皓 . 利率市场化、信贷歧视与中国经济发展：基于动态一般均衡模型的分析 [J]. 财经理论与实践（双月刊），2018，39（2）：2-8.

[163] MARSHALL A. Principles of economics[M].[S.l.]: Cosimo classics, 1890: 7-10.

[164] RICHARDSON H W. The economics of urban size[M]. Saxon House: D. C. Heath Ltd., 1973: 11-14.

[165] BUTTON K J. 城市经济学：理论与政策 [M]. 北京：商务印书馆，1986：87-97.

[166] 张欣 . 可计算一般均衡模型的基本原理与编程 [M]. 上海：格致出版社，2010：1-272.

[167] LEONTIEF W. Essays in economics[A].[S.l.]: Transaction Books, 1985: 56-60.

[168] 艾克热木•阿布拉 . 基于基尼系数对新疆水资源配置研究 [J]. 价值工程，2019，38（21）：200-202.

[169] 国家统计局城市社会经济调查司 . 中国城市统计年鉴 [M]. 2013—2017. 北京：中国统计出版社，2013—2017.

[170] 洪景涛 . 基于空间自相关模型的华东地区人口分布研究 [D]. 长春：吉林大学，2019：5-11.

[171] 乔佳，宁小李，邓红蒂，等 . 城市郊区耕地细碎化及其空间自相关性分析：以河北省保定市新市区为例 [J]. 国土资源科技管理，2015，32（2）：9-15.

[172] 俞路，蒋元涛 . 我国区域经济差异的时空分析：基于全国与三大都市圈的对比研究 [J]. 财经研究，2007（3）：17-28.

[173] MCCANN P, ACS Z J. Globalization: countries, cities and multinationals[J]. Regional studies, 2011, 45(1): 17-32.

[174] CAMAGNI R, CAPELLO R, CARAGLIU A. Static vs. dynamic agglomeration economies: spatial context and structural evolution behind urban growth[J]. Papers in regional science, 2017, 95(1):133-158.

[175] 周牧之，陈亚军，徐林 . 中国城市综合发展指标 2017[M]. 北京：人民出版社，2017.

[176] 方创琳 . 中国城市群研究取得的重要进展与未来发展方向 [J]. 地理学报，2014，69（8）：1130-1144.

[177] 李琳，韩宝龙，李祖辉，等 . 创新型城市竞争力评价指标体系及实证研究：基于长沙与东部主要城市的比较分析 [J]. 经济地理，2011（2）：14-17.

[178] 郭显光 . 改进的熵值法及其在经济效益评价中的应用 [J]. 系统工程理论与实践，1998（12）：99-103.

[179] 朱喜安，魏国栋 . 熵值法中无量纲化方法优良标准的探讨 [J]. 统计与决策，2015（2）：12-15.

[180] 张立军，袁能文 . 线性综合评价模型中指标标准化方法的比较与选择 [J]. 统计与信息论坛，2010，25（8）：10-15.

[181] 周京奎，王文波，张彦彦 ."产业－交通－环境"耦合协调发展的时空演变：以京津冀城市群为例 [J]. 华东师范大学学报（哲学社会科学版）,2019,51（5）：118-134+240.

[182] 李郇，周金苗，黄耀福，等 . 从巨型城市区域视角审视粤港澳大湾区空间结构 [J]. 地理科学进展，2018，37（12）：1609-1622.

[183] 钟韵，胡晓华 . 粤港澳大湾区的构建与制度创新：理论基础与实施机制 [J]. 经济学家，2017（12）：50-57.

附　录

A　我国城市分组名单

我国三大等级城市名单

直辖市、省会城市、自治区首府与计划单列市	北京、天津、石家庄、太原、呼和浩特、沈阳、大连、长春、哈尔滨、上海、南京、杭州、宁波、合肥、福州、厦门、南昌、济南、青岛、郑州、武汉、长沙、广州、深圳、南宁、海口、重庆、成都、贵阳、昆明、西安、兰州、西宁、银川、乌鲁木齐
除直辖市、省会城市、自治区首府、计划单列市以外的东部地区城市	鞍山、抚顺、本溪、丹东、锦州、营口、阜新、辽阳、盘锦、铁岭、朝阳、葫芦岛、淄博、枣庄、东营、烟台、潍坊、济宁、泰安、威海、日照、莱芜、临沂、德州、聊城、滨州、菏泽、无锡、徐州、常州、苏州、南通、连云港、淮安、盐城、扬州、镇江、泰州、宿迁、温州、嘉兴、湖州、绍兴、金华、衢州、舟山、台州、丽水、莆田、三明、泉州、漳州、南平、龙岩、宁德、韶关、珠海、汕头、佛山、江门、湛江、茂名、肇庆、惠州、梅州、汕尾、河源、阳江、清远、中山、潮州、揭阳、三亚、唐山、秦皇岛、邯郸、邢台、保定、张家口、承德、沧州、廊坊、衡水
除直辖市、省会城市、自治区首府、计划单列市以外的中西部地区城市	大同、阳泉、长治、晋城、朔州、晋中、运城、忻州、临汾、吕梁、包头、乌海、赤峰、通辽、鄂尔多斯、呼伦贝尔、巴彦淖尔、乌兰察布、吉林、四平、辽源、通化、白城、齐齐哈尔、鸡西、鹤岗、双鸭山、大庆、伊春、佳木斯、七台河、牡丹江、黑河、绥化、芜湖、蚌埠、淮南、马鞍山、淮北、铜陵、安庆、黄山、滁州、阜阳、宿州、六安、亳州、池州、宣城、景德镇、萍乡、九江、新余、鹰潭、赣州、吉安、宜春、抚州、上饶、开封、洛阳、平顶山、安阳、鹤壁、新乡、焦作、濮阳、许昌、漯河、三门峡、南阳、商丘、信阳、周口、驻马店、黄石、十堰、宜昌、襄樊、鄂州、荆门、孝感、荆州、黄冈、咸宁、随州、株洲、湘潭、衡阳、邵阳、岳阳、常德、张家界、益阳、郴州、永州、怀化、娄底、柳州、桂林、梧州、北海、防城港、钦州、贵港、玉林、贺州、河池、来宾、崇左、自贡、攀枝花、泸州、德阳、绵阳、广元、遂宁、内江、乐山、南充、眉山、宜宾、

续表

	广安、达州、雅安、巴中、资阳、六盘水、遵义、曲靖、玉溪、保山、昭通、丽江、思茅、临沧、铜川、宝鸡、咸阳、渭南、延安、汉中、榆林、安康、商洛、嘉峪关、白银、天水、武威、张掖、平凉、酒泉、庆阳、定西、陇南、石嘴山、吴忠、固原、中卫、克拉玛依

注：由于数据获取困难与行政级别调整，剔除了我国港澳台地区、拉萨等16个城市与地区的数据。

2016年用地规模过大的城市名单

直辖市、省会城市、自治区首府与计划单列市	南宁、重庆、乌鲁木齐
直辖市、省会城市、自治区首府与计划单列市以外的东部地区城市	葫芦岛、枣庄、聊城、滨州、菏泽、宿迁、衢州、莆田、三明、龙岩、宁德、江门、梅州、阳江、清远、唐山、张家口
直辖市、省会城市、自治区首府与计划单列市以外的中西部地区城市	朔州、晋中、忻州、吕梁、乌海、赤峰、通辽、鄂尔多斯、巴彦淖尔、白城、齐齐哈尔、鸡西、鹤岗、双鸭山、大庆、伊春、七台河、牡丹江、黑河、绥化、黄山、宿州、六安、亳州、池州、宣城、吉安、宜春、抚州、三门峡、信阳、十堰、宜昌、襄樊、荆门、咸宁、张家界、永州、防城港、钦州、贵港、贺州、河池、来宾、崇左、广元、乐山、南充、达州、雅安、巴中、资阳、遵义、玉溪、保山、昭通、丽江、思茅、临沧、铜川、宝鸡、延安、榆林、安康、商洛、嘉峪关、白银、天水、武威、张掖、平凉、酒泉、定西、陇南、石嘴山、吴忠、固原、中卫、克拉玛依

2007—2016年我国土地城镇化与人口城镇化不协调城市名单

直辖市、省会城市、自治区首府与计划单列市	福州、南昌、呼和浩特、深圳、银川、郑州、海口、武汉、乌鲁木齐、西宁、福州、南昌、呼和浩特
除直辖市、省会城市、自治区首府与计划单列市以外的东部地区城市	珠海、承德、盘锦、烟台、泉州、张家口、鞍山、锦州、金华、惠州、韶关、唐山、三亚、营口、莆田、沧州、本溪、铁岭、枣庄、泰安、莱芜、衢州、台州、丽水、三明、漳州、宁德、廊坊、抚顺、湖州、湛江、中山、佛山、阜新、江门、河源
除直辖市、省会城市、自治区首府与计划单列市以外的中西部地区城市	三门峡、牡丹江、安庆、濮阳、蚌埠、娄底、咸宁、河池、忻州、滁州、防城港、咸阳、抚州、宝鸡、运城、乌兰察布、黑河、安康、贵港、通辽、永州、湘、绥化、泸州、吉安、齐齐哈尔、鹤岗、新余、宜春、漯河、信阳、来宾、铜川、白银、大同、长治、晋中、临汾、吕梁、鄂尔多斯、鸡西、双鸭山、大庆、黄石、荆州、邵阳、北海、玉林、

续表

	攀枝花、德阳、资阳、曲靖、保山、汉中、商洛、嘉峪关、武威、张掖、平凉、酒泉、庆阳、陇南、郴州、赤峰、襄樊、天水、昭通、南充、伊春、常德、延安、吉林、鹰潭、遂宁、衡阳、七台河、佳木斯、定西、巴中、广元、宜昌、广安、崇左、安阳、萍乡、晋城、榆林、乐山、自贡、平顶山、固原、临沧、淮北、怀化、白城、宣城、黄冈、张家界、四平、内江、吴忠、朔州、阳泉、荆门、益阳

注：城市名越在后面，代表该城市不协调程度越高。

2007—2016年我国经济规模与人口规模不协调城市名单

直辖市、省会城市、自治区首府与计划单列市	成都、杭州、南昌、长沙、重庆、银川、天津、北京、长春、哈尔滨、合肥、南京、昆明、郑州、乌鲁木齐、上海、呼和浩特、西安、宁波、贵阳、海口、福州、太原、武汉、兰州、西宁
除直辖市、省会城市、自治区首府与计划单列市以外的东部地区城市	承德、温州、盐城、珠海、菏泽、常州、惠州、枣庄、潍坊、聊城、湛江、汕头、佛山、唐山、中山、朝阳、淮安、无锡、营口、莆田、嘉兴、日照、丽水、宁德、台州、江门、宿迁、沧州、泉州、漳州、河源、金华、淄博、莱芜、烟台、三亚、葫芦岛、衢州、廊坊、锦州、湖州、汕尾、舟山、泰安、韶关、镇江、抚顺、三明、阜新、鞍山、本溪、铁岭
除直辖市、省会城市、自治区首府与计划单列市以外的中西部地区城市	平顶山、株洲、周口、芜湖、贺州、眉山、呼伦贝尔、焦作、玉林、鹤壁、延安、来宾、蚌埠、安阳、淮南、贵港、长治、鄂尔多斯、柳州、晋城、商丘、晋中、郴州、河池、阜阳、昭通、酒泉、庆阳、宜春、怀化、吕梁、娄底、牡丹江、包头、中卫、信阳、曲靖、六安、亳州、防城港、张家界、吴忠、永州、鹰潭、朔州、吉安、九江、大同、新余、运城、平凉、阳泉、德阳、新乡、榆林、南阳、乌兰布、北海、武威、白银、崇左、天水、忻州、邵阳、保山、临沧、思茅、陇南、萍乡、抚州、宿州、咸阳、赤峰、黄山、景德镇、滁州、咸宁、泸州、益阳、汉中、丽江、宣城、孝感、鄂州、安康、襄樊、巴中、池州、商洛、资阳、宜昌、南充、通辽、乐山、湘潭、渭南、广安、广元、自贡、遂宁、定西、临汾、常德、内江、漯河、安庆、吉林、张掖、衡阳、铜川、石嘴山、六盘水、荆州、攀枝花、淮北、辽源、黄冈、绥化、白城、固原、齐齐哈尔、巴彦淖尔、佳木斯、乌海、四平、通化、黑河、荆门、双鸭山、七台河、鸡西、伊春、鹤岗、随州、克拉玛依

注：城市名越在后面，代表该城市不协调程度越高。

B 基尼系数计算过程

基尼系数计算过程以京津冀城市群人口为例。

2013年京津冀城市群相关数据

城市名称	2013 年总人口 / 万人	城市累计	人口累计	绝对平均累计
秦皇岛	292.7	0.100 0	0.038 817 055	0.100 0
承德	378.1	0.200 0	0.088 959 618	0.200 0
廊坊	422.4	0.300 0	0.144 977 124	0.300 0
张家口	466.9	0.400 0	0.206 896 094	0.400 0
唐山	738.7	0.500 0	0.304 860 42	0.500 0
沧州	754.3	0.600 0	0.404 893 575	0.600 0
石家庄	1 003.2	0.700 0	0.537 935 15	0.700 0
天津	1 004	0.800 0	0.671 082 819	0.800 0
保定	1 163.9	0.900 0	0.825 435 979	0.900 0
北京	1 316.3	1.000 0	1	1.000 0
合计	7 540.5			

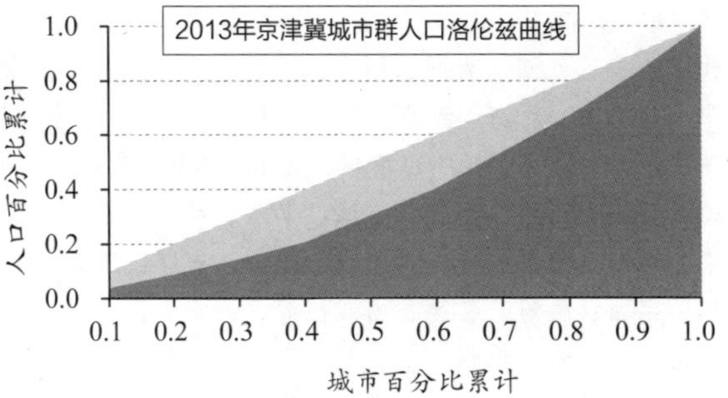

$$y=0.993\,4x^5-2.927\,3x^4+3.185\,6x^3-0.728\,7x^2+0.477\,5x-0.001$$

$$S=\int_0^1(0.993\,4x^5-2.927\,3x^4+3.185\,6x^3-0.728\,7x^2+0.477\,5x-0.001)\mathrm{d}x=0.371\,4$$

S（月牙形面积）$=0.5-0.371\,4=0.128\,6$

基尼系数 $=0.128\,6/0.5=0.257\,2$

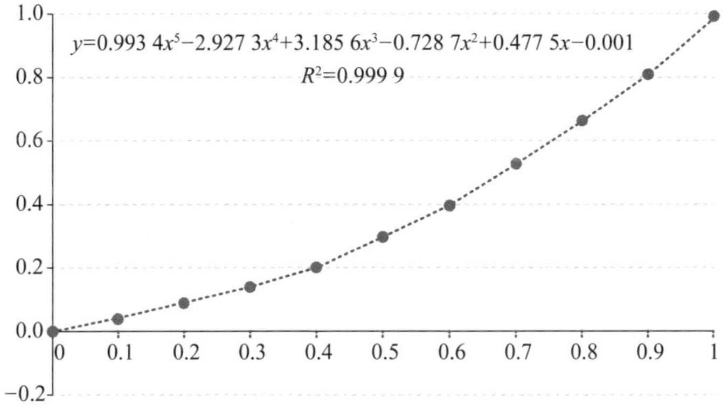

2014年京津冀城市群相关数据

城市名称	2014 年总人口 / 万人	城市累计	人口累计	绝对平均累计
秦皇岛	295.1	0.100 0	0.038 384 495	0.100 0
承德	380.7	0.200 0	0.087 903 226	0.200 0
廊坊	450.4	0.300 0	0.146 488 033	0.300 0
张家口	468.6	0.400 0	0.207 440 166	0.400 0
唐山	753.2	0.500 0	0.305 411 03	0.500 0
沧州	768.4	0.600 0	0.405 359 001	0.600 0
天津	1 016.7	0.700 0	0.537 604 058	0.700 0
石家庄	1 024.9	0.800 0	0.670 915 713	0.800 0
保定	1 196.6	0.900 0	0.826 560 874	0.900 0
北京	1 333.4	1.000 0	1	1.000 0
合计	7 688			

$S=\int_0^1(-0.415\ 6x^4+0.962\ 6x^3-0.071\ 1x^2+0.380\ 6x)\mathrm{d}x=0.371\ 53$

S（月牙形面积）=0.5−0.371 53=0.128 47

基尼系数=0.128 47/0.5=0.256 94

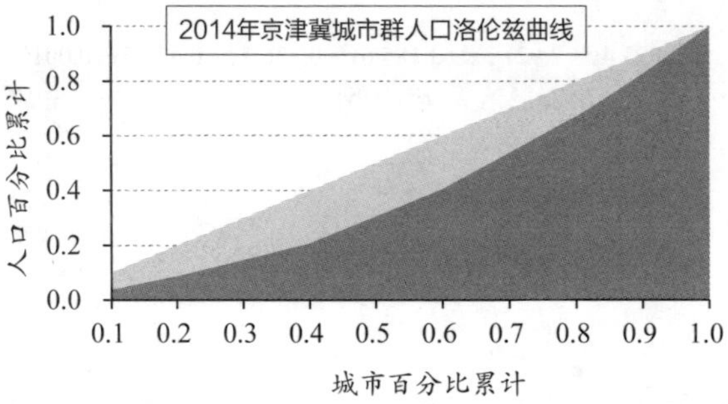

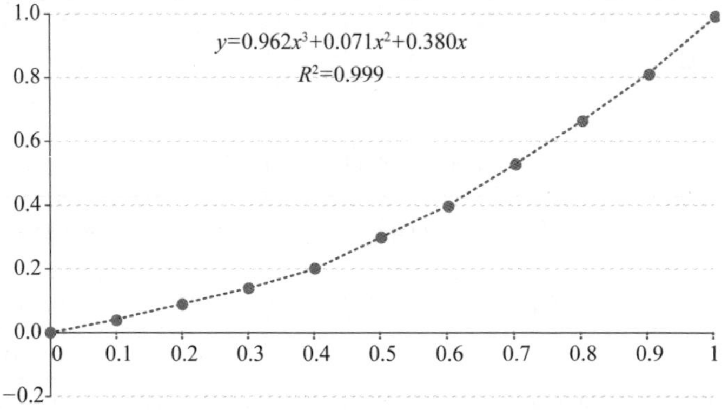

2015年京津冀城市群相关数据

城市名称	2015 年总人口 / 万人	城市累计	人口累计	绝对平均累计
秦皇岛	295.64	0.100 0	0.038 193 52	0.100 0
承德	382.35	0.200 0	0.087 589 044	0.200 0
廊坊	461.13	0.300 0	0.147 162 099	0.300 0
张家口	469.01	0.400 0	0.207 753 166	0.400 0
唐山	754.96	0.500 0	0.305 285 909	0.500 0
沧州	774.36	0.600 0	0.405 324 924	0.600 0
天津	1 026.9	0.700 0	0.537 989 401	0.700 0
石家庄	1 028.84	0.800 0	0.670 904 506	0.800 0
保定	1 202.19	0.900 0	0.826 214 573	0.900 0
北京	1 345.2	1.000 0	1	1.000 0
合计	7 740.58			

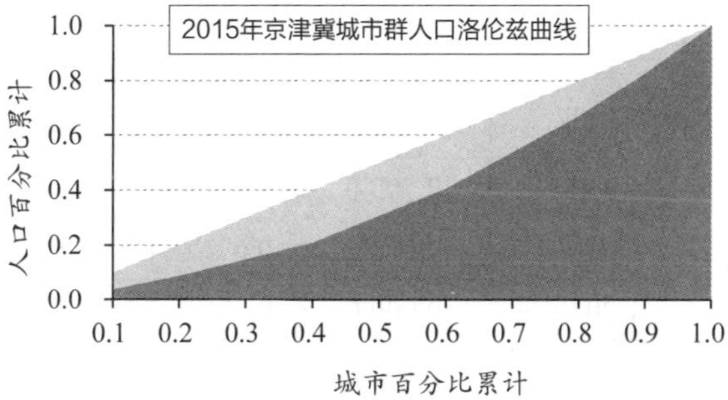

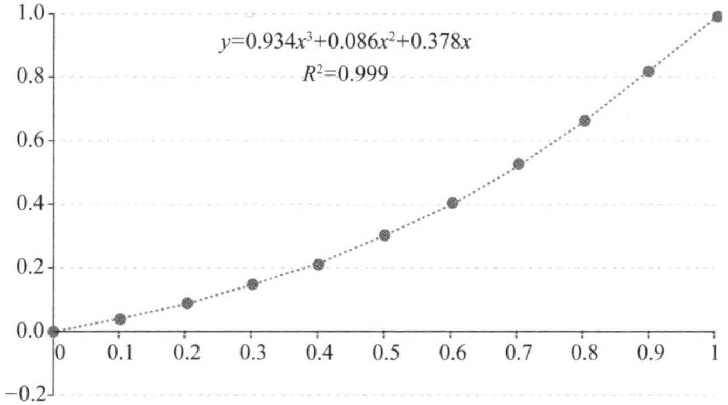

$y=-0.401\ 2x^4+0.934\ 5x^3+0.086\ 9x^2+0.378\ 4x$

$S=\int_0^1(-0.401\ 2x^4+0.934\ 5x^3+0.086\ 9x^2+0.378\ 4x)\mathrm{d}x=0.371\ 55$

S（月牙形面积）$=0.5-0.371\ 55=0.128\ 45$

基尼系数 $=0.128\ 45/0.5=0.256\ 9$

2016年京津冀城市群相关数据

城市名称	2016 年总人口 / 万人	城市累计	人口累计	绝对平均累计
秦皇岛	298	0.100 0	0.038 141 559	0.100 0
承德	383	0.200 0	0.087 162 422	0.200 0
廊坊	470	0.300 0	0.147 318 572	0.300 0
张家口	470	0.400 0	0.207 474 722	0.400 0
唐山	760	0.500 0	0.304 748 496	0.500 0
沧州	780	0.600 0	0.404 582 107	0.600 0

续表

城市名称	2016 年总人口 / 万人	城市累计	人口累计	绝对平均累计
石家庄	1 038	0.700 0	0.537 437 604	0.700 0
天津	1 044	0.800 0	0.671 061 052	0.800 0
保定	1 207	0.900 0	0.825 547 165	0.900 0
北京	1 363	1.000 0	1	1.000 0
合计	7 813			

$y=-0.403\ 3x^4+0.941\ 1x^3+0.082\ 3x^2+0.378\ 5x$

$S=\int_0^1(-0.403\ 3x^4+0.941\ 1x^3+0.082\ 3x^2+0.378\ 5x)\mathrm{d}x=0.371\ 298\ 333$

S（月牙形面积）$=0.5-0.371\ 2=0.128\ 8$

基尼系数 $=0.128\ 8/0.5=0.257\ 6$